本书编委会

编委会主任：李　军

编委会副主任：严卫华　黄登纪　包晓辉　刘成业
　　　　　　　刘建红　邱参政　占王剑　张　莉

编委会成员：罗国强　郑　路　周　钢　姚益华
　　　　　　李　波　毛　瑜　陶艳芳　刘志明

执 行 主 编：包晓辉　邱参政

执 行 副 主 编：周　钢　刘志明

执 　　　笔：刘志明

广丰剿匪追记

（1949—1953年）

政协上饶市广丰区委员会◎编

江西人民出版社
Jiangxi People's Publishing House
全国百佳出版社

图书在版编目（CIP）数据

广丰剿匪追记：1949—1953 年 / 政协上饶市广丰区

委员会编 . -- 南昌：江西人民出版社，2025.3.

ISBN 978-7-210-15969-8

Ⅰ . E297.51

中国国家版本馆 CIP 数据核字第 2025Z6A109 号

广丰剿匪追记
GUANGFENG JIAOFEI ZHUIJI

政协上饶市广丰区委员会 编

责 任 编 辑：李鉴和
封 面 设 计：回归线视觉传达

 出版发行

| 地　　　址：江西省南昌市三经路 47 号附 1 号（邮编：330006）
| 网　　　址：www.jxpph.com
| 电 子 信 箱：jxpph@tom.com
| 编辑部电话：0791-86892125
| 发行部电话：0791-86898815
| 承 印　　厂：江西省和平印务有限公司
| 经　　　销：各地新华书店

开　　　本：720 毫米 ×1000 毫米　1/16
印　　　张：17.5
字　　　数：250 千字
版　　　次：2025 年 3 月第 1 版
印　　　次：2025 年 3 月第 1 次印刷
书　　　号：ISBN 978-7-210-15969-8
定　　　价：58.00 元
赣版权登字 –01-2025-258

序 从剿匪精神中汲取奋进动力

广丰区政协编纂的文史资料第十三辑《广丰剿匪追记（1949—1953年）》，以时间为经，以事件为纬，收录了解放初广丰剿匪的一系列文献资料和亲历者的口述、回忆文章，其中不乏现场感很强的真实故事，多侧面多角度地反映了广丰剿匪的史实，彰显了广丰军民为捍卫共和国新生政权进行剿匪斗争所付出的艰辛努力和巨大牺牲，颂扬了广丰人民和人民解放军战士不屈不挠、顽强拼搏、誓死卫国的剿匪精神。读罢全书，感受颇深，书中文字耐人寻思，给人启迪。

解放初期，国民党残余势力还未消灭，全国有一些地区，土匪横行，恶霸猖獗，严重威胁着新生政权。不剿灭土匪，不但土地改革运动得不到大力开展，而且国无宁日，民无宁日。为此，人民解放军按照中共中央和中央军委的指示，先后抽调39个军140多个师，150余万人的兵力，在全国范围内迅速展开了大规模的剿匪斗争。解放初，广丰与全国一些位于深山峻岭的县份一样，匪患严重，基层新生政权常常受到威胁。至1949年，土匪达1.3万多人，枪6000多支，为历史上所罕见。面对严峻的匪情形势，广丰人民和二野部队及四野470团战士，团结一致，顽强抗匪，取得剿匪斗争的一次次胜利，从而进一步巩固了人民民主专政政权，保卫了革命胜利果实，维持了广丰县的社会秩序，为广丰县经济、政治、文化等方方面面的发展作出了不可磨灭的贡献。

"深山剿匪把命拼，一片赤诚为国安。"这是一位在剿匪战斗中牺牲的战士所写的一句诗。这朴素无华的语言，体现了剿匪战士勇于拼搏、誓死卫国的一种大无畏的革命精神。可以说，广丰解放初的剿匪斗争，是广丰军民保护新生政权、保护人民群众生命财产的一部壮烈史诗，描绘出了军民顽强抗匪、英勇战斗的一幅幅画卷。他们不忘初心、献身斗争的剿匪故事，化作丰溪大地上一声声铿锵的足音，不断激励着广丰人民奋勇向前；他们用生命与鲜血铸就的剿匪精神，融入前方明亮的曙光之中，在新时代焕发出历久弥新的魅力。今天，在这崭新的时代里，我们仍然需要牢记剿匪历史，把用血与火淬炼出的革命精神挖掘开来、传承下去。广丰区政协重拾史料、结集成书，就是要弘扬剿匪精神，弘扬英雄精神，从中汲取精神动力，做到不忘初心、牢记使命，进一步增强"四个意识"、坚定"四个自信"、做到"两个维护"，激励全区广大党员干部用顽强的革命精神，在新的长征路上吹响广丰改革发展的嘹亮号角。

《广丰剿匪追记（1949—1953年）》集档案与口述为一体，汇多种史料之精粹，充分体现了广丰剿匪历史的客观性、公正性。全书分大事记、剿匪简史篇、剿匪档案篇、剿匪纪实篇、众说剿匪篇。剿匪简史篇，简要记录了广丰军民剿匪及镇反的历史；剿匪档案篇，主要展示了编者从广丰档案馆等馆藏处收集并整理出的与广丰剿匪有关的史料及动态；剿匪纪实篇及众说剿匪篇，主要通过人物回眸、事件追述、群众口述等多种方式，讲述一些剿匪人物、剿匪故事，还原解放初广丰剿匪的历史场景及历史事实。全书充分体现了取材的广泛性、史料的稀有性、内容的真实性，为更全面、更深入研究广丰解放初剿匪的历史拓宽了视野，具有较强的历史价值和研究价值。全书以史实为基础，以时间为线索，展开解放初广丰剿匪的空间与场景，记述广丰剿匪的事件与人物，还原广丰剿匪的历史原貌。全书脉络分明，数据详实，资料丰富，围绕"三亲"（亲历、亲见、亲闻）原则，做到以史料为依据，以事件、人物为佐证，全方位记录解放初广丰剿匪及镇反的历史。

缅怀剿匪历史，弘扬革命精神。回望、记述剿匪历史，目的是更好地铭记剿匪历史，更好地继承和弘扬无私奉献、不畏艰难、顽强拼搏的革命传统。希望全区广大党员干部、读者朋友以阅读本书为契机，弘扬好剿匪精神，传承好红色基因。同时，我们也要从剿匪精神中汲取前进的动力，不忘初心、牢记使命，为谱写中国式现代化广丰新篇章而作出不懈的努力。

李军

政协上饶市广丰区委员会主席

2024 年 6 月

选编凡例

1. 本书的选编，坚持历史唯物主义的基本观点、方法，贯彻实事求是的思想路线，入选文章以历史见证人的亲历、亲见、亲闻为原则，兼选地方志书中的资料互为印证，力图再现历史的本来面目。

2. 本书选编时间为 1949 年至 1953 年间的 4 年，以广丰解放初剿匪历史为中心，个别事例根据内容需要，适当做前伸和后延。纪年采用中华人民共和国的公元纪年。

3. 口述部分尊重口述史的一般原则与要求，注重保持口述史的原生态、口语化，保留广丰地方语言的特色，除人名、地名、时间、地点有明显的错讹用括注纠正外，尽量完整地记录口述者的原始表述。

4. 对地名、人名均按口述的表述记录，与当今有区别或管辖地域不相同之处，用括号加注说明，对部分地名、人名、物品名，在页下或文尾附注释说明。

5. 口述史中凡受政治运动、政治事件影响的姓名，为保护他们的隐私，一般只标出姓氏或用某字替代；从出版物选编的口述内容，按原姓名使用，未做硬性统一。

6. 本书中所用数字，除固定词组、专用名称外，一般都采用阿拉伯数字表述；地理名称、行政区域以当时、当地称谓为准。

7. 对一些比较难懂的方言俚语，做了必要的括注说明。

8. 档案篇中出现"□"这样的方格，表示原材料模糊不清。

目录

三、剿匪纪实 / 056

四、众说剿匪 / 205

大事记

1949 年

1948 年 9 月—1949 年 5 月，广丰独立团先后收编广丰土匪 300 多人枪，土匪头子李志海、潘求丰等被收编。

5 月 5 日，广丰解放。5 月 20 日，成立广丰县人民政府。为巩固人民政权，维护社会治安，县人民政府和解放军二野部队立即部署剿匪工作。

5 月 29 日，首任县长梁子庠召开士绅座谈会，动员士绅敦促土匪向人民政府交枪自新。

6 月，二野部队和新组建的解放军县大队、区中队，对土匪发动进攻，到土匪活动猖獗的大南、吴村、排山等地围剿土匪，所到之处，打得土匪抱头鼠窜。一个月内，俘匪 108 名，击毙击伤匪徒 16 名，缴获长枪 51 支，短枪 12 支，子弹 410 发。

6 月，成立中国人民解放军广丰县大队，为地方军编制，主要任务是配合野战军进行剿匪战斗，肃清残余势力，保卫人民政权。县大队大队长丁伟盛、政委张军直（兼）、副政委杨文中（又名杨石，后担任县委副书记、县大队政委）。

6 月，《广丰县人民政府接管总结报告》记录了广丰争取土匪的情况。

6 月 22 日，国民党特务头子戴笠之弟戴云龙在广丰九都召开黑会，与会者柯国金（匪首）、毛鹤翔（国民党保安团长）、张志洲、王之桢、肖良斌、陈次松、俞永生 7 人，组成中国国民党人民自治军的反动组织，阴谋搞反革命暴动（未遂）。

7月，解放初期，社会动乱，土匪横行，尤其是二野、四野交接之隙。土匪集中五六百人，先后攻打排山、沙田、少阳、华岭等区乡人民政府，杀害干部、民兵、群众150多人，夺枪80多支。因此，县委、县人民政府把剿匪反霸列为中心工作，组织了地方武装，配合二野主力部队围剿土匪。据统计：在6—7月，共有俘虏355名，毙伤43名，自新54名，缴获步枪153支，卡宾8支，短枪23支，机枪2挺，子弹1513发，手榴弹4枚，夜光弹20枚，电台1部，电话总机3部，单机5部。同时，地方上开展了反霸斗争，关押大小恶霸33名。

7月，全县已有五个区建立区中队，二野部队重新部署剿匪兵力。

8月13日，匪特潘凤奎被枪决。

9月，匪首钟耀荣、徐久明、王日瑞等，纠集匪徒数百名，半夜袭击少阳乡人民政府。

9月30日，杨石在岭旱塘剿匪时牺牲。

10月2日，浦城县匪首郭永槐，纠集广丰县惯匪纪老呆、王永师、吴毛这、王华仔等，率匪徒400多人，乘夜袭击沙田区人民政府。

10月7日，四野部队470团进驻广丰。

10月16日，匪首周益水、柯国金、黄三光，纠集江山官溪、卅二都等地土匪400多人，袭击天桂区人民政府。

10月29日至11月1日，第一次全县农民代表会议召开。会议讨论实行减租、剿匪反霸、巩固政权等事项。

1950年

3月，470团和县大队一部分兵力，追剿叶化龙、周绵富、刘盘崽、柯国金、王华仔、纪老呆等逃匪。

3月30日，《中国人民解放军470团命令》对"部队转为地方武工队的工作"进行了部署。

9月26日，匪首王大蛇、王华仔等20余人枪，围攻沙田区河泉乡人民政府。

11月，民兵抓获土匪头子余太仔。

1951 年

1951年《江西省施政报告》举例指出：广丰有个乡是历史上的匪患区，镇反后，可以夜不闭户。

4月，广丰人民政府公告：枪决匪首李志海、潘求丰。

4月28日，洋口民兵抓获从洋口监狱越狱逃跑的土匪、恶霸10多名。

5月26日，四野部队470团贯彻剿匪指示，成立罗城、柱石、沙田区剿匪联防指挥所。

6月5日，县委和470团联合下达命令，贯彻清匪任务。

1952 年

5月，撤销县公安局（曾剿过土匪），县民兵支队部（曾剿过匪）改为中国人民解放军广丰县人武部。

1953 年

1月16日，在县城西门外广场召开公审大会，枪决了从浙江抓回的匪首纪老呆、许辉子。至此，为害数十年的土匪全部被消灭。广大人民群众称赞说：共产党有办法，根绝了匪患！

4月13日，县人民政府下发通知：《为了消灭土匪，使广大劳苦大众过着安居乐业的生活》。

一、剿匪简史

解放前夕剿匪简况

自 1941 年以来，广丰土匪日渐增多，匪氛日炽。人数众多的匪群，必然消耗大量的生活物资。于是四处劫掠、时有杀人放火、强奸妇女之事发生，搞得四境不宁，人心惶惶。土匪的猖獗，"影响地方治安，政令无法推行"[①]。广丰县政府深感头痛，虽也组织进剿，但兵力有限，顾此失彼，捉襟见肘，对边远地区则鞭长莫及，苦于土匪肆虐而无可奈何。为维护良好的社会秩序，只得请求"上峰"派军队来协助剿匪。

兵力部署 1942 年，开始进行全面性的剿匪。除县保安警察大队、义勇警察队民众自卫队全部投入剿匪外，陆续有国民党军及地方军进驻广丰县剿匪。1942 年 6 月，第六区（上饶）保安司令部直属大队进驻廿四都；8 月，陆军 26 师 76 团、77 团、78 团分驻吉峰乡、盘岭乡；12 月，陆军 32 师进驻洋口，该师 94 团驻新村，95 团驻廿四都。1943 年 5 月，陆军 44 师进驻洋口等地，协助清剿土匪。44 师 131 团驻壶峤，后移驻大南负责信河南岸县境内散匪之清剿。44 师 132 团驻廿四都。1944 年 3 月，浙江省保安第 3 团第 1 大队进驻七都，负责清剿罗城、杉溪、天桂、鳌峰、柱石、管村、吴村、大南、壶峤等地的散匪。1946 年，江西省保安第 15 团第 1、

---

① 广丰县军事志编纂委员会编：《广丰县军事志》，2010 年，第 173 页。

2 大队驻县剿匪，"负责东南乡一带"①。1948 年 6 月，陆军第 102 师 11 团 1 营 3 连，驻杉溪、五都等地剿匪。

与匪交战 与土匪的战斗时有发生，但资料甚缺，下面是获知的一些零星战斗情况：1942 年 8 月 20 日，陆军 26 师和县保警大队、霞宇区警察队，围剿十五都匪窟。经过一番战斗，捕获匪首黄癞子、周渭清及吴启高之妻，救出被匪绑架的人质 2 名。匪首吴启高、吴边海脱逃，蒋老七、张老八、管品林、颜老牛、林古董等小股匪徒漏网，化整为零，潜伏四乡。1944 年 6 月，闽浙赣三省边区绥靖指挥部直属保安警察大队第 2 中队，由中队长曹富生率领，搜剿十五都石人底、黄土岗、坳头庙等处残匪。土匪闻风逃匿，潜藏深山。1945 年 4 月 2 日，霞宇区巡逻队队长颜日兴，在大塘地方遭遇土匪，发生枪战，当场击毙匪首吴天喜，余匪溃逃。同年夏季，县保警队围剿十五都广、浦边境地区，搜捕自新后旋复为匪的张老八等 8 人。匪徒闻风窜入盘岭乡铁家山一带，保警队追击，分驻盘岭乡黄家洲、萧家"扼要防剿"②。1946 年 5 月 14 日，浙江省保安第 3 团第 1 大队与江西第六区保安直属大队第 2 中队，在盘岭乡双井与张老八股匪二三十人战斗，历经 3 小时，击毙匪首张老八。是年 8 月 26 日，集益区人民自卫队在路亭山与土匪夏金荣部 30 余人战斗 4 小时许，解救被阻的七八十名过路商人。同年 8 月 15 日，霞宇区人民自卫队和县保警大队 2 中队 1 分队在桐畈毛溪，与王大蛇股匪 30 余人战斗 2 小时，毙匪 1 名，俘匪 7 人，救出被土匪绑架的"肉票"2 名。同年 10 月 12 日，霞宇区人民自卫队在吉岩乡与匪首王华仔部 20 余人，战斗 3 小时，击伤匪徒 1 名，俘匪 1 名。1947 年 1 月 18 日，县保警大队与县警察队，在少阳乡与潘恒禄匪部 20 余人战斗 2 小时半，俘匪眷属 2 人。1948 年 6 月 20 日，陆军第 102 旅 11 团 1 营 3 连，派出一排兵力，由杉溪乡自卫队为向导，于薄暮出动进剿，至三都与土匪遭遇，双方展开激

---

① 《广丰县军事志》，第 174 页。
② 《广丰县军事志》，第 174 页。

战，直至次日清晨，将匪全部击溃。是役当场击毙匪首吴太荣，俘匪 18 名，缴获步枪 11 支、短枪 7 支、冲锋枪 1 支。

剿匪结局 历时数年的剿匪，兴师动众，费尽心力，但收效甚微。开始剿匪时，提出"以政治配合军事，剿抚兼施"[①]、"三分军事、七分政治"[②]的主张，设立"感化队"，劝导土匪自新，对土匪进行收编等策略。大兵压境时，曾有些土匪自新。但一些顽匪性情狡诈，恶习难改，自新后复为土匪。匪首吴太荣、吴太升、王其雨曾被"收编"，并委以自卫队长、联防队长、侦缉队长等重任。孰料此辈白日为兵，夜间为匪，为害更烈，使收编之举成为泡影。外来军队本无心剿匪，加之地形不熟，大军进剿时，土匪龟缩潜藏于深山密林中，军队一筹莫展，无计可施。经过多年的剿匪战斗，土匪虽有些伤亡，一批俘获的土匪头目也被处决，但主要匪首漏网，土匪元气未伤，实力仍存。更有甚者，官绅与土匪暗中勾结，对土匪明抓暗放；军警中的败类，竟将缴获的枪弹转卖给土匪。各种弊端，导致剿匪之举尽成画饼。至 1949 年初，国民政府行将崩溃，剿匪军队已全部撤走，土匪更加横行无忌。因而民国时期的剿匪，土匪越剿越多。至广丰县解放前夕，全县土匪总数达 4000 多人枪，形成了洋口王其雨（三划）股匪、三都吴启高股匪、排山周益水股匪、吴村纪老呆股匪、九都柯国金股匪、横山夏修水（雷雷滚）股匪等匪群。人数之多，匪群之多，前所未有。

解放初匪患危及新生政权

在地方政府建立的过程中，新解放地区面临一个突出问题：旧政权遗留的反革命势力还很大，许多地方的匪患相当严重。

广丰由于地处闽、浙、赣三省边缘，境内多山。尤其是东南边境，山深林密，便于土匪隐藏与逃匿。解放前夕，土匪达 1.3 万多人，枪 6000 多支，

---

① 《广丰县军事志》，第 174 页。
② 《广丰县军事志》，第 174 页。

为历史上所仅见。1949年初，匪首李志海、潘求丰自感势力单薄，便投机革命，率20余人至铜钹山投奔杨石领导的地下游击队（扩编为广丰独立团，后二匪又阴谋叛变，于1951年4月被处决）。经过多年的吞并与角逐，各路土匪逐渐形成了"山头"，各霸一方。至1949年春，本县各股匪的实力及活动地区如下：王其雨股匪，120余人枪，盘踞于洋口，常在河北、鹤山及广饶交界处活动；黄老五股匪，10余人枪，盘踞于博山，常在广饶交界处公路上活动；柯国金股匪，有近5000人，盘踞在罗城、社后区一带；周益水股匪，有200余人，枪100余支，在天桂、杉溪一带活动；王水碓股匪，有120余人，活动在沙田、盘岭区一带；纪老呆股匪，原在城北、施村、吴村一带活动，后转到沙田、盘岭及广、浦边境等地，有160余人；钟耀荣股匪，有100余人枪，盘踞在盘岭、沙田、吉岩等区边境处；夏修兴股匪，包括夏修和、占辉州、王日瑞等股匪，共500余人，分布并活动于横山、少阳、霞峰、大石乡等地；许爱同股匪，原在吉岩、少阳等地活动，后转到沙田区境内，30余人；夏杰闾股匪，原是纪老呆旧部，50余人，在施村、吴村及广玉边境活动；杨老四、叶化龙股匪，共100余人枪，在下溪、大南、湖丰乡及广玉边境活动。此外，还有邱老芳、周绵富、刘盘崑、吴运潭、夏贵兴等股匪，人数也不少。在县境东南边缘，又盘踞着浙江省江山县的戴藏宜股匪和福建省浦城县郭永槐股匪，不时窜入境内骚扰。

各股土匪打家劫舍，做出许多诸如杀人放火、分票绑票、强奸妇女、霸人妻女等勾当，无恶不作，罪恶累累，罄竹难书。1949年初，匪首王其雨、柯国金、纪老呆、邱老芳、吴运潭等300多人携枪，参加了国民党特务反动武装，成为政治土匪，充当反革命工具。此一行人于1949年9月至10月间，乘中国人民解放军二野部队和四野部队换防的间隙，攻打区乡人民政府，妄图颠覆新生的人民政权，活动甚为猖狂。

这些土匪武装的破坏活动，严重扰乱刚刚建立的新政府各项工作的开展，威胁着人民政府的巩固和人民财产的安全。广丰各界人民群众强烈要求人民政府和人民解放军坚决消灭土匪，根除匪患。

新生政权建立剿匪队伍

为根除匪患，1949 年 6 月，广丰县成立中国人民解放军县大队，为地方军编制，正副大队长均由军队干部担任，主要任务是配合野战军进行剿匪战斗，肃清残余反动势力，保卫人民政权。全队建制为 3 个连，566 人，大队长丁伟盛，政委杨石（后在岭底旱塘剿匪时牺牲），大队部设县城鸟林街（址在县人民政府后院，后兴办印刷厂）。各区设区中队，每中队设 4—5 班，按现役军人待遇，配发军装、武器、弹药和生活给养。其人员除少数从正规军调入担任骨干外，大部分是广丰县招收的新兵。该支部队，从 1949 年至 1952 年，配合四野、二野部队的官兵，做好追剿、围剿等各项工作，为广丰剿匪作出了不可磨灭的贡献。

新生政权拉开剿匪序幕

1949 年 5 月，新建立的县委、县人民政府根据中央提出的关于"南方解放后，人民解放军的首要任务之一就是消灭国民党的反动武装，在乡村中则是首先有步骤地展开清剿土匪和反对恶霸即地主阶级当权派的斗争"① 的指示，拉开了全县军民剿匪的序幕。

5 月 29 日，首任县长梁子庠召开士绅座谈会，动员士绅敦促土匪向人民政府交枪自新。谢石醒、俞永瞻、汤又斋、俞伯鸾、徐纶、潘竹铭、徐子超等 15 名知名士绅参加了座谈会。会上，梁子庠报告了当前形势，宣布了"约法三章"，讲解了争取土匪的政策。同时，分配了争取土匪交枪自新的任务：周益水股匪由谢石醒、俞伯鸾、俞永瞻等 11 名士绅去说服、争取；大南乡的土匪由汤又斋去说服、争取；东北乡的土匪由潘竹铭、徐纶、徐子超去说服、争取。经过一段时间的思想教育及说服、争取，土匪

① 据《中国共产党江西省上饶市广丰区历史》（第二卷，1949—1978 年），此句话是 1949 年 3 月，党的七届二中全会提出的方针。

头子王其雨、周益水向政府悔过自新，其后又有匪首黄老五并土匪一名自动上缴枪支。枪支：3 支快机、2 支卡宾、两把盒枪 1 支、三把盒枪 1 支、左轮 2 支、白朗宁 3 支。以上是上缴后送往县公安局的。上缴后并交付军区的有盒枪 4 支、白朗宁 2 支、左轮 2 支。

与此同时，中国人民解放军二野部队和新组建的中国人民解放军广丰县大队于 1949 年 6 月，向土匪发动了有力的进攻。一个月来，俘匪 108 名，击毙伤匪徒 16 名，缴枪 63 支，子弹 410 发。

1949 年 7 月，全县已有 5 个区建立区中队。二野部队重新部署兵力：37 团驻洋口，分布在博山、枧溪、少阳等地；136 团驻东南乡，分布在鳌峰、沙田。各区中队配合主力就地作战。军事上运用大部队围攻和便衣奔袭的战术；政治上大力宣传剿匪政策，分化瓦解土匪。7 月 15 日，驻鳌峰 136 团某部，围攻毛岩柯国金股匪，活捉 7 人，击毙 1 人，缴获子弹 3 箱。当月，洋口、杉溪、大南、沙田、排山 5 个区中队积极查匪追匪，主动出击，与土匪作战 36 次，俘匪 103 人，击毙击伤 6 人，瓦解土匪 42 人；缴获长枪 45 支、手枪 13 支、卡宾枪 2 支、子弹 1103 发。正规军 7 月份共俘匪 144 人，击毙击伤 21 人，缴获机枪 2 挺，电台 1 部，还有其他各种枪支、弹药及电话机等。

顽匪企图破坏新生政权

1949 年 6、7 两月追击式的剿匪战斗，虽然取得胜利，但受创的只是小股散匪。而大股土匪和受国民党特务利用的政治土匪元气未损，时刻伺机反扑。8 月，二野部队奉命西进，由上饶开来两个东北新兵连接防。数日后，两新兵连调回上饶，另调来两个主力连，一个连守城，一个连下乡剿匪。由于兵力不多，地方工作繁忙，8、9 两月没有主动剿匪，土匪获得喘息机会。土匪认为时机已到，纷纷出动，袭击区、乡政府。

1949 年 9 月，匪首钟耀荣、徐久明、王日瑞等，纠集匪徒数百名，半夜袭击我少阳乡政府。正在少阳乡工作的县委组织部部长赤枫、通讯员张德有、洋口区中队长林清良等，急率区中队战士迅速占领屋后的一座小山，奋力还击，坚持到次日上午9时。而后援兵赶到，土匪逃窜。9月26日，匪首王大蛇、王华仔等20余人携枪，围攻沙田区河泉乡人民政府，后被县中队、乡干部、民兵赶跑。10月2日，浦城县匪首郭永槐，纠集广丰县惯匪纪老呆、王永师、吴毛这、王华仔等，率匪徒400多人，乘夜袭击沙田区人民政府。区委书记傅振寰、区长崔宝山、县委民运部副部长王世新、区委委员沙俊峰、高风洲和干部、战士40多人、民兵40多人坚守还击，打退土匪多次冲锋，同时派人去五都求援。驻五都的县大队长丁伟盛率队跑步去沙田。次日下午1时，土匪仓皇逃遁。同月，匪首杨老四、马玉光杀害大南区中队战士朱德龙。10月16日，匪首周益水、柯国金、黄三光，纠集江山官溪、卅二都等地的土匪400多人，袭击天桂区（排山）人民政府。当时区政府仅有干部战士6人。习武出身的中队长陈常永临危不惧，沉着应战，从上午9时激战到下午2时，击毙土匪5人。后因解放军470团机炮连连长刘天文率援兵赶到，土匪逃窜。

土匪除了攻打区、乡政府之外，还进行各种颠覆政权的反革命活动。1949年6月22日，国民党特务头子戴笠之弟戴云龙在广丰九都召开黑会，由与会者柯国金（匪首）、毛鹤翔（国民党保安团长）、肖良斌等7人，组成了中国国民党人民自治军，企图搞反革命暴动。后行迹被我剿匪部队发现，粉碎了此次反革命阴谋。8月13日，匪特潘凤奎组织人员企图搞阴谋暴乱，后被剿匪部队发现，制止了暴乱，枪决了潘凤奎。

470团全力围剿顽匪

1949年10月，按照江西军区《第三期剿匪命令》"将剿匪组织与指挥重点转移到剿匪反霸斗争，发动群众，彻底肃清境内股匪"的指示，全县开展剿匪反霸运动。10月7日，解放军四野157师470团进驻广丰，执行剿匪任务。县委在总结工作、分析形势时指出：前段时间，因部队主力未到，土匪猖獗，受到损失较大。因此，对匪徒决不能手软，必须坚决打击，并决定进行"有重点的分散清剿"①。470团派一个营进驻沙田,寻机作战。10月份该营主动出击,与土匪进行多次战斗,打掉土匪的嚣张气焰。11月、12月,在土匪较多的东南乡,开展积极的追击与清剿,打得土匪四处逃窜。同时,按照"军事清剿、政治瓦解"②的剿匪方针,开展政治攻势。另一方面,充分发动群众,组织民兵,开展清匪根、挖匪赃,带路,报告敌情等行动,使土匪无处藏身。两个月内俘匪268人,击毙84人,自新1003人(其中俘获匪首14人,击毙匪首4人,自新匪首21人),缴获步枪500余支,短枪157支,重机枪1挺,轻机枪6挺,卡宾枪20余支。经过连续打击追剿,土匪已溃不成军,纷纷瓦解,只剩下少数罪恶累累的匪首和惯匪,龟缩在县境边缘的深山密林中,负隅顽抗。

470团和县大队合力追歼残匪

根据残匪人数不多、潜藏深山的情况,1950年3月30日,470团部队和县大队抽出兵力分到6个区,组成武工队,每队3个班(七都区4班),25—30人。另外县大队以一个连驻排山,一个排驻双桥;470团5连驻二渡关,11连驻四十二都。这次部署的军事力量,人员精悍,行动快捷,武器精良。各队之间既分工又合作,互相呼应,紧密结合。战术上采取"敌集中我集中,敌分散我分散;以集中对集中,以分散对分散;以隐蔽对隐蔽,以便衣对便衣"③等灵活多变的作战方法,神出鬼没,打得土匪精疲力竭,心惊肉跳,许多匪徒纷纷落网。这一阶段的清剿,持续一年多,至1951年5月,县境内股匪已基本消灭,只剩下4股23个顽匪,藏匿在闽浙接壤的县境边缘山区。

---

① 《广丰县军事志》,第176页。
② 《广丰县军事志》,第176页。
③ 《广丰县军事志》,第176页。

军民齐心搜捕穷寇

经社会调查和军事侦察，掌握残匪藏匿地点：柯国金股匪 8 人，在紫荆山一带；邱老芳股匪 4 人，在罗家岗、纱帽山一带；夏桂兴股匪 3 人，在杨柳乡境内深山中；纪老呆股匪 8 人，在浦城古楼与广丰县铜钹山交界处。情况既明，县委与 470 团于 1951 年 5 月 26 日决定，成立罗城、柱石、玉石、沙田 4 区联防指挥所，设于十都，由王世新、朱庆文、关成祥、彭参谋等组成。下设毛岩、白刀岗、华山 3 个分指挥所，其任务是控制柯国金、邱老方、夏桂兴，防其潜逃出境。另以 470 团 5 连驻分水岭、七星背一线，并组成两个武工队，控制边境匪特，寻机捕捉纪老呆。各区武工队组成坚强的飞行组，专抓逃窜之匪。

布下"拉网"肃清匪患

围捕开始不久，夏桂兴股匪即被歼灭。接着，各指挥所收缩包围圈，网越拉越紧。至 1951 年 6 月底，各股匪的最后窝点已被拔除，残匪已逃得无影无踪。经群众和民兵搜遍山沟洞穴，也不见人影。经查明，在最后围捕中漏网的匪徒有纪老呆、柯国金、邱老芳等 18 人。至 1951 年 8 月，陆续捕获余太明等 4 人，尚余 14 人，县人民政府悬赏缉拿。到此为止，全县的绝大部分土匪被剿灭，各地治安形势呈现出良好的状态。1951 年《江西省施政报告》举例指出：广丰有个乡是历史上匪患乡，镇反后，可以夜不闭户。

1952 年，除柯国金等个别漏网外，其余匪首先后被擒。1953 年 1 月 16 日，在县城西门外广场召开公审大会，枪决了自浙江抓回的匪首纪老呆、许辉子。至此，危害当地数十年的匪患已被全部肃清，境内土匪全部消灭。这史无前例的剿匪业绩，得到了人民群众的一致赞誉。广大人民群众称赞说：共产党有办法，根绝了匪患。

（此部分内容由刘志明撰写）

二、剿匪档案

县委 470 团联合命令（贯彻清匪任务）

广丰县委会　　联合命令　　作联宗一号　　四七〇团　　一九五一年六月五日　　于广丰（贯彻清匪任务由 [①]）

根据分区五月十五日作战会议的精神，县委及团于五月下旬结合本地区具体情况，拟定了《贯彻清匪指示》草案，于五月二十六日发下，并责成罗城区组织了四区联防会剿总指挥所，其下成立三个主要据点（毛岩、华山、八道岗）为分指挥所。本此精神，须有组织有计划地有重点地进剿，为了急速完成此项任务，县团根据目前情况，特作如下部署：

一、组织领导

四区联防指挥所仍设十都，有县委王部长、民兵支队朱支队长、罗城区关区长、团司彭参谋，以王部长兼主任，彭参谋兼副主任，其他为委员，负责统一指挥。三个分指挥所仍然不动，同前部署。丁参谋带一个班机动活动，坚决于六月廿五日前将柯匪歼灭。

二、剿匪部署方面

（1）五连四十人，仍驻毛岩二十人，另二十人仍驻分水岭、七星背，组织武工队（任务同前）。

[①]　原文如此。

（2）迫击炮连分驻华山、罗家岗、田边、坑口各十人，捕捉邱夏等匪。

（3）侦察排驻八道岗一个班、十都一个班利用机会进行教育，要灵活执行歼匪任务。另一个班归丁参谋掌握作为机动部队，专门捕捉柯匪。

以上之部队，根据情况转变，可以灵活移防，均属总指挥所统一领导。

一、汇报制度

乡的治安小组及情报纲，每二天向分指挥所汇报一次，分指挥所三天向总指挥所汇报（书面口头均可），总指挥所每五天向团汇报一次，其内容主要是这几天做了哪些工作，收到哪些成绩，发生哪些问题，情况有何变化，现在情况如何，主要或突出的经验教训（最好带总结性），有特殊情况立即向总指挥所报告，总指挥所用电团，以便呈报分区。

二、注意事项

（1）此次剿匪要结合社会调查，一定切断匪隐蔽巢穴，必须紧紧地依靠群众，有计划地领导教育群众，向匪特作最后斗争，加强民兵组织，有重点建立民兵基干班，结合部队进剿。

（2）端午节到临，匪定要出现活动，希我剿匪部队，争取在过节中歼灭匪首，如对匪有线索，暂不过节，集中力量趁此机会歼灭残匪。

（3）务于六月二十五日前，争取完成任务。

以上部署，希严切执行，为要！

此令

1951年端午节是6月9日

广丰县委会 四七〇团

（录自广丰区档案馆藏：县委办 1951-8-4）

贯彻清匪指示

广丰四七〇团贯彻剿匪指示（草案）

一九五一年五月二十六日于广丰

我团自一九四九年九月即展开重点较长期的全面清剿、会剿相继有一年零八个月，在各级党委具体领导军政民配合下，部队发挥了高度的积极性，克服了一切困难，取得辉煌的成就，全县匪犯基本平息，民兵武装已组织起来，完成了第一期土改，使社会安定，奠定了建设的基础。

目前全县情况除罗城、柱石、沙田、管村边沿尚有几名残匪外，广大地区有形之匪亦不存在，现知名潜伏匪首如纪老呆、柯国金、邱老芳、夏桂兴，在表面上显得平静，却暗中在活动。一年来证明这些漏网的残余匪首惯匪是何等的顽强狡猾。

为贯彻这清匪肃特之任务，各剿匪部队在各级党委统一领导下，配合地方民兵公安武装为骨干，彻底加速扫清残匪，预期于六月底完成全歼匪首之任务。

为贯彻这一清匪肃特任务，县委及团特作如下部署：

一、境内外之匪情

1. 柯国金匪股八人（俞大仔、毛有利、柯拉子、李玉明、徐老凤、陈全强、徐牙仔），冲锋枪三支、卡宾枪二支、手枪四支、步枪一支，于本月十八日打死百姓三名，即进窜紫荆山一带潜伏。

2. 邱老芳匪股共四人（魏利照、余太明，另一人不详），步枪一支、手枪三支，现活动于罗家岗、沙帽山一带地区。

3. 夏桂兴匪股共三人（刘万有、刘树仁），卡宾枪一支、步枪三支，活动于杨柳村一带。

4.纪老呆匪股共八人枪支不详，据百姓反映现潜伏浦城古楼一带地区。

二、剿匪指挥所组织与领导

柱石、罗城、沙田组成"四区联防清匪肃特委员会"总指挥所，设在十都，由关区委、朱支队长、副丁参谋统一指挥，并设三个分指挥所：

1.毛岩指挥所由赵区长、罗城沙田民兵大队副迫炮连排长统一指挥。

2.白刀岗指挥所由赵区长、管村民兵大队副侦察排班长刘作臣、民兵干部等负责指挥。

3.华山指挥所由五连排长罗城区赵区中队长公安员指挥。

4.毛岩白刀岗之据点唯一是搞柯国金，其办法除安置主要据点控制外沿，使匪不能窜走，另派游动组三至五人（每组配合武装民兵七八人）进行内围清剿，罗城、柱石两区大量组织工作队负责调查这个区的社会状况，挖匪根与清匪肃特相结合。

5.华山据点游动组外大体部署与毛岩白刀岗据点相同。

这次清匪以健强武工队飞行组为骨干，结合广大群众，各地区根据不同情况，掌握重点，组织工作队，每个工作队，再组织飞行组，用几个武工队专门对付匪之一股或专门捉某一匪首。并须结合民兵从广大群众工作做起，才能抓净匪首。在清匪时应有高度的积极性不怕山高路远，黑天白昼，匪跑到哪里追到哪里，使匪无喘息之时定可歼匪。

在指挥上统由四区联队清匪肃特委员会负责统一指挥。

三、剿匪部署方面

1.五连分水岭之部队进到罗城二十人、侦察排二十五人、炮兵连四十人，共八十五人。五连侦察排捕捉柯国金、炮兵连捉邱老芳夏桂兴等匪。

另五连其余二十人仍驻分水岭七星碑，组成两个武工队控制边沿匪特寻机捉住纪老呆。

2.防匪窜跑之边沿据点主要是防柯国金位置，是毛岩白刀岗红坑为主要据点，其余地区作为游动区域以搜捕为主，只要不叫柯匪窜出那个地区，找好关系是很有把握的歼灭他。对邱老芳主要控制与搜捕地区是沙帽山。

四、报告制度

分指挥所每五天向总指挥所报告一次（书面或口头均可。总指挥所每月十五日向团作一次书面综合报告）。此外，对特殊情况应随时报告，上级也强调了这一点。报告内容主要是随这阶段做了哪些工作做到哪些成绩，产生哪些问题，情况有何变化，现在情况如何，以及主要或突出的经验等。

以上指示，希各指挥所根据具体情况进行研究定出计划限定时间，以加速完成清除匪首之任务。

广丰县委 四七〇团

（录自广丰区档案馆藏：县委办 1951-8-3）

广丰镇压反革命工作的调查

（一）镇反前的社会情况

全县三十一万二千人，处闽、浙、赣三省交界，其中约五万人口的地区，是过去的红色地区。全县多山，蒋匪军败退时，布置大批特务、土匪武装，并勾结恶霸、反动军官、封建会门、地方势力等派，继续与人民为敌，大肆抢劫人民财产，攻打我区、乡人民政府，组织封建会道门、地下军，到处练武习法，随时企图暴动，社会情况异常复杂，反革命的社会基础非常浓厚。共有以下几类：

地方当权派（指乡保长以上）六百六十七人。土匪（系三年以上者）计一千二百二十五人，反动党团计一千零二十六人，各类特务计一百一十二人，反动军官三百六十六人（指尉级以上），做过伪警察、伪宪兵的计有一百二十人，政治土匪：纪老呆、王桂患、柯国金、邱老芳、吴连潭、程牛自等六股。镇反前，大肆活动，到处行劫，全县到处有土匪，攻打区、乡人民政府，计杀我工作干部及群众积极分子三百余人（二野部队被害者未计在内）。社会秩序，人民生命财产，时刻都有被土匪杀、烧、抢劫的危险。因此，人民对土匪恨之入骨。一九四九年至一九五〇年一月间，二野一个师驻县剿匪，花费了四余人的代价，按据点三十余处，经半年多围剿，共收匪枪二千余支（打死和俘获的计算不出来）。基本上压抑了匪患。群众反映说："共产党有办法，广丰几十年来的匪患被打下去了，这是天大的幸福。"并说："过去旧军队剿匪是越剿越多，甚至官匪不分。现在与过去完全不同了。"有的说："只有土匪搞光了，哪怕不分田也好。"

该县的封建势力与反革命分子的社会基础异常浓厚，互相勾结，控制人民不准与我政府及工作人员靠近，压制人民群众的反抗。全县的封建势力，计有以下的几种：

（1）全县性的"大恶霸"十一户，　区性的六十五户，乡性的一百四十九户，村性的三百二十八户。

（2）"大官僚"：县性的十五户，区性的十七户。

（3）伪职员一百四十九户。

（4）一般地主一百一十二户。

（5）特务人员：中统组长以上十二名，一般性的三十一名，军统组长以上的六名，一般性的五十三名。

（6）中美合作所四名，别动队一十二名，保密局的一名，国防部二厅的三名，国民党县党部书记、区分部书记、委员、党员计有九百二十余人，民社党的书记、组长、党员计有七十余人，青年党书记、党员计有十余人，青年党革新派部长、委员等计有一十四人。

（7）反动军官：校、尉计有三百六十六人。（八个区的统计数字）。

（8）伪警察人员：局长、科长、督察长、巡官、警校人员、警士等共计一百零二人。

（9）伪宪兵人员：将、校、尉一十九人。

（10）反动会道门:同善社、大刀会、青帮、一贯道、柴门道、协识会、兄弟会、十兄弟、十二兄弟、佛教会、青年会等十一种，计入会众一千余人。

以上反革命基础、反动势力，在镇反前到处活动，造谣惑众，破坏我政府的各项工作，阴谋暴动，会以同善社为名，"忠义救国军"，准备在去年十二月暴动。总括来说，在镇反前的社会情况是非常恶劣的，恐怖的气象笼罩全县。但经镇反后，社会气象完全改变。

（二）镇反的收获

去年十月间，结合着土改，开始了大捕大杀，共逮捕各种类型的反革命分子达三千余人，到今年四月底，处死刑犯达八百六十余人（镇反前杀了一十四人不计在内、狱中病死的四十三人和自杀的二十人均加在内），其中匪首、惯匪、土匪计四百一十四人，恶霸三百三十人，特务及地下军一百五十二名（判徒刑、管制与释放的数字难以统计）。经过这样一个严厉镇压以后，给了浮在面上的一层反革命组织以致命的痛击，把过去的土匪、特务那种猖狂的气焰打击下去了。尤其是该县的土匪和恶霸，我们认为镇压得比较彻底，老百姓说："为大家除了坏根。"这样一来，群众也敢积极大胆地协助自己的政府和军队进行剿匪、报告敌情、挖匪根、带路，并自动组织起来与土匪作斗争。如：罗城、天桂等区股匪刘盘崽、周捍富，在民兵不断的围剿下，终于被民兵将刘、周二匪首打死。又如：沙田民兵二十余人，自己带给养长期配合部队到福建剿匪，叫他们回来过年，他们说："我们没把土匪抓住就不过年了。"而类似这些情况的例子是很多了。现在全县作了四个土匪大头子：柯国金、纪老呆、邱老芳、夏贵兴尚隐居省界的大山中外，除边沿区间或发生抢劫外，全县基本上没有土匪抢劫的现象了。以前三五人敢行动，现在一人走路也无危险了；过去商人不敢出门做生意，群众赶集十中有九被抢劫，现在已无此事。

……

（录自广丰区档案馆藏：县委办 1951–8–9）

同善社、一贯道情况介绍

中共广丰县委会

甲、广丰同善社情况

（一）组织起源历史与性质

（1）起源

同善社是一九一二年起源于四川段祺瑞（军阀）为了与袁世凯争政，而组织起这个以迷信为掩护的反动团体。一九一七年由罗介动传玉山、南昌，一九二二年八月由玉山张汗臣传来广丰，以太无仁药店老板宋桂新为发起人，进行组织发展广丰的同善社。

（2）历史

广丰的同善社一九二二年初成立时，参加者有韩金齐、韩金炉、郑晓山、潘希浪等，由俞乃斡、徐次如、韩金池、郑皖山等担任社长，买建社房，四乡煽动群众参加，扩大组织人员最多发展至二万余人，至一九二八年间，曾改名为"中华江西省广信府广丰县先觉祠"，一九四九年五月间同善社总社派曾任第三战区司令部总社监熊崇忠及蒋匪××军参谋长罗会途二人来江西社任正副长首，即着手筹划恢复整理各地旧有同善社组织，于五○年春广丰县同善社社长郑晓山任省正副长首，熊罗之激，曾去南昌参加整理社务商讨改组并布置活动的任务，全省各同善社负责人会议，郑晓山回广丰，即召开布在全县各乡的廿四个事务所负责人召开会议（其中有四个事务所未参加）。至五○年五月间，由罗会途派毛维有至广丰传授柴门教法，至五一年元月破案时才停止活动。

（3）性质

同善社军阀段祺瑞派以该组织各议长为掩护进行，培养封建统治势力的活动，同时也是地主官僚阶级对人民的一种剥削手段。广丰同善社社长郑晓山就是依靠收会费念符咒发家的。解放后同善社是匪特所操纵的反革命组织。该社蒋匪特务机关操纵之下，积极从事各种破坏活动，破坏我们的社会治安、经济建设及社会改革工作，但其中绝大部分社众不是反革命分子，而是被反革命分子所蒙蔽、欺骗之基本群众。

乙、洋口区新桥乡一贯道情况典型调查

（一）组织起源、组织名称系统

一九四八年十一月间新桥乡许家村中农许启银因脚生疯，经人介绍请上饶灵山脚山山底钝猪（即割猪卵的）的张牙园（一贯道之徒）前来医治。张牙园来时即宣传一贯道的好处，并说入了一贯道保证脚能三日好，同时又适逢许启发（即许启银兄）的姨丈廖腊梨（上饶马院地方人），亦前来宣传一贯道能免病痛、灾难，于是逐计划成立一贯道佛坛，四处宣传，以亲戚动员亲戚的方法，先后共拉拢了30个人参加。参加时登记名字岁数及缴交六升大米（每人）的功德费，于一九四九年二月十九日（阴历）观音老佛生日那天，要许启银家中正式设坛，举行开坛点道，由上饶市来的点传师卜慢云（女，住上饶西河沿开碗店陈老图之妻，四十多岁，根据上饶破一贯道案夫妻二人都已判徒刑）主持开坛，另有点传师傅诸绍分（上饶人，职业石匠，四十来岁）、马先生（上饶市抗建路人，三十余岁，男）、邱先生（上饶马院地方人，职业教书，担任一贯道执礼的）及道友邱梅云（上饶郑清邱家地方人，十九岁，职业木匠，来时会帮道友做木匠的）、关（？）祝君小姐（女，三十来岁，住上饶市西河沿，未出嫁，历来□□□），亦前来参加开坛，并带来了设坛用具，于佛字画一轴，蜡烛插一对，香炉三个，桌子一张，碟子五个，无背椅子二条等，当时开坛的情况：不准外人观看，坛上挂有一轴写有佛字的画（说那个能拜得，将来会看得画里的老佛），中间摆有一桌子，桌子有围裙围着，上面陈列着五色果子、松香以及香炉，桌边角摆一椅子，由点传师邱先生担任执礼（即司仪），由执

礼长喊令，首先由他们上饶来的五个人先拜（即点传师老道友先拜），然后由新参加者逐个的（即一个个的）每人点起十五香往坛前跪拜十五下，将香一支一支插入香炉中，最后全体新参加者跪倒，由点传师卜慢云拿一个纸做的纸煤，口里念着，一指中央往新参加者额上画一画，即所谓点道，点道后交待道内事情不可外说，如说了会天诛地灭……等等。

（二）组织机构分布地区

（1）组织机构

道有坛主点传师，而上饶那些点传师时常要到杭州去开会的。

（2）分布地区

该新桥乡一贯道会分布在他们本乡六个村，关于上饶方面情况：上饶市西河沿卜慢云家设佛坛，此外上饶马院、陈清两个地方都设有佛坛。

（录自广丰区档案馆藏：县委办 1953-4-16）

为了剿匪工作完成剿匪任务的命令

中国人民解放军第四百七十团命令　　战字第四号

一九五〇年卅日于广丰本部

根据上级剿匪指示，为了明确剿匪工作，完成剿匪任务，因而部队要地方化，由部队变为地主武工队，特命令公布之：

（一）组织问题

（1）大南区由侦通连抽调十五人，本区队抽调十人，共编成三个班，为大南区武工队，任命侦通副连长李龙为队长。

（2）排山区管村，由三连抽调十五人，本区队抽调十人，共编成三个班，为排山区武工队，任命三连副连长胡兴宝为队长。

（3）杉溪区由八连抽调十五人，本区队抽调十人，共编成三个班，为杉溪区武工队，任命八连副连长李光亮为队长。

（4）七都区由迫炮连抽调三十人，本区队抽调十人，共编成四个班，为七都（沙帽山、十都、二十四都）等区域之武工队，由迫炮连副连长李鹤林为队长。

（5）沙田区由七连抽调二十人，本区队抽调十人，共编成三个班，为沙田区武工队，任命七连副连长朱连喜为队长。

（6）吉岩区由六连抽调十五人，本区队抽调十人，共编成三个班，为吉岩区武工队，任命六连副连长唐永禄为队长。

（7）排山区、天桂住县大队两个排，杉溪区、双桥住县大队一个排。

（8）为了统一指挥领导起见，特决定各武工队长一律参加区委，住排山之县大队参加天桂区委，住双桥之县大队参加杉溪区委。

（二）领导关系

各营对此武工队在思想上、行政管理生活上有领导责任，除此而外，在工作上、指挥上由各区委负责领导，总的统一于团县领导指挥，各区书（记）兼任本区武工队指导员。

（三）任务

各区所组成之武工队，负责消灭本区所有之股匪、散匪，并进行发动群众挖匪根，要求在四月底将境内土匪肃清。

大南武工队负责消灭叶化龙股匪及散匪，天桂区武工队负责消灭管村所有散匪，排山县大队协助吴村区队负责消灭狗吹子及天桂、吴村所有散匪，配合双桥县大队负责消灭周绵富、刘盘崽、朱老三、朱老五等匪。

杉溪区武工队、县大队负责消灭周绵富、刘盘崽、朱老五、于老一等匪，七都武工队负责消灭柯国荆（金）、周绵富、小吕等匪，沙田区武工队负责消灭华崽，吉岩武工队负责消灭郑老鸭子及土保长王某。

十一连抽一个排为机动排，于四十二都边沿活动，负责剿除县境边沿的股匪及散匪，并负责消灭周绵富。

五连抽出一个排为机动排，于二渡关一带活动，负责清剿边沿股匪与散匪，并要专门负责消灭纪老呆股匪。

（四）获缴处理

挖出的物资归当地政府处理，战斗缴获的全部归团处理。

以上所命令之各部队任务，应很快组织好，马上进入自己剿匪区域投入进剿。

各剿匪部队十天向团司备报一次剿匪经验教训及报告各区域土匪活动情况，以便及时交流经验和指导剿匪工作，发生特殊情况要及时报告。

以上即遵照执行！

此令

团长　张庆诚　　政委　何郁亭

副团长　张以成　副政委　白洁　　副参谋长　苏兴中

（录自广丰区档案馆藏：县府办 1950-13-32）

枪决匪首李志海、潘求丰

广丰县人民政府公告

公元一九五一年四月

匪首李志海、潘求丰一贯为匪，祸害人民，一九四六年起即结合一处，集党徒二十余人，勾结匪首吴太荣、王水碓、王大加、周衰禄等股匪到处肆意行劫，杀人放火，强奸妇女等罪恶，昭彰了血案堆积如山，骚扰地区之广几遍广丰全境。现将其主要罪恶公布后：

一、一九四六年十二月共同烧死盘岭区老百姓一人，一九四八年在大阳地方共同打死一家夫妻二人，又在少阳打死玩龙灯百姓二人。

二、一九四七、四八年中，本县出口耕牛百分之八十为该二犯去出卖，一九四七年广丰和外县全部交通竟被该二犯带领股匪断绝达九月之久，并数次勾结自卫总队派出中队之兵共同抢劫祸害人民。

三、一九四九年二犯率党徒混入封禁山我游击队，同年五月我县解放收集武装千余支，编为广丰独立团，由李犯任团长，潘犯任营长，并乘机将好枪支隐藏分散达三十余支以上出卖和出借，与匪首詹辉舟、徐久明、王日瑞、郑老四、吴忠龙、钟辉荣、杨贞华、王水碓、李志道等在外行劫，并以枪与土匪换牛，往江山出卖不少。

四、匪杨寿喜、吴邦炉绑去姚三狗得金五十两由二犯均分，又勾匪郑老四绑杨绳端得谷三十石，仍由二犯同分，以后调上饶时仍继续与杨匪保持密切联系。

五、各自藏卡宾枪一支，二号木壳枪一支，准备待机为匪特使用。

六、调军政大学学习时，即以李犯为首，积极从事反革命活动，秘密进行反动地下青年救国团组织，发展党徒多人，开会二次，计划上山为匪，并在校进行造谣、破坏等阴谋活动。

以上罪状均经该犯等供认属实，似此解放前一贯杀人放火，强奸妇女，抢劫耕牛财物，解放后又积极从事阴谋破坏组织反动地下军，似此彰冥顽不化之反革命罪犯。为巩固民主政权，维持社会秩序，彻底肃清土匪特务，保障人民权益，根据惩治反革命条例第七条之精神，经呈请上饶专署批准，依法处以死刑。

兹于本月　日午时绑赴刑场枪决以昭戒

此布

枪决匪首两名：

李志海（又名十八子）　三十一岁　本县吉岩区少阳乡人

潘求丰（又名横端）　　三十岁　　本县城厢区南屏乡人

县长韩礼和　副县长陈英

（录自广丰区档案馆藏：县府办 1950-12-14）

判惯匪顾溪标死刑

广丰县人民政府布告

法刑字第拾壹号

　　查惯匪顾溪标，本县霞坊区易新乡顾坞村人，自幼就是赌博流氓，从公元一九四二年日寇窜犯本县后，即开始上山为匪，到公元一九四九年即为股匪中队长，经常率众打家劫舍，杀人放火，强奸妇女，无所不为。解放后，该匪并曾率队配合其他股匪围攻我洋口中队驻少阳之一部队武装，抢去公粮万余斤，步枪六支，电话机一架，去年曾先后被我洋口区中队捉住两次，总是教育后宽大释放，本望该匪能悔改前非，重新做人，岂知该匪劣性难移，回家后又继续为非作歹。今秋征粮开始，该匪变本加厉勾结匪徒，煽惑群众，威胁我区乡干部、修改公粮底册，抗粮不交。该匪六七年来罪恶如山，解放后仍屡教不改，国法实难容忍，为此，本政府特向上饶专署请示已经批准处以死刑，以儆效尤，特此布告通知，希我县人民继续发挥爱国精神，完成各人公粮，不得像该匪一样破坏秋征致干罪咎！

　　枪毙破坏征粮匪犯壹名顾溪标　霞坊区易新乡顾坞村人

县长　张晓风

中华人民共和国公元一九五〇年十月十八日

（录自广丰区档案馆藏：县府办 1950-12-5）

拟定剿匪奖惩具体办法

广丰县人民政府布告

公元一九五一年 月 日字第 号

查我县匪患历有二十余年，过去反动国民党统治时期，"官绅匪"勾结一体，狼狈为奸，因此匪氛日盛，祸害转剧，致使广大人民遭受匪徒奴役杀害，如处水深火热，惨不忍闻，冤苦莫伸。

解放二年余来，由于共产党和人民政府正确领导，严格执行了剿匪政策，部队不分昼夜辛勤剿捕及我农村广大群众热忱协力，著名匪首已大部被捕，匪势瓦解，协从纷纷自首，二十余年祸害基本肃除，境内秩序安定，社会正气上升，邪气下压，因此人人莫不称快。

唯壤接闽、浙之边沿地区仍有少数漏网散匪执迷不悟，继续作恶，与人民为敌，我部队结合民兵严紧追剿，上月十七日已捕获漏网著匪余太明，缴获木壳枪一支，其余散匪纪老呆、柯国金、邱老芳，在我军民合围之下，已走上穷途末路，如釜中游鱼，结果难逃人民巨掌惩罚。

为了早日剿灭根除匪患，巩固人民专政和确保人民生命财产安全，我人民政府仍本着"镇压与宽大相结合"的一贯精神，继续贯彻执行"首恶必办，协从不问，立功受奖"的原则，彻底进行清剿。

兹特依据中华人民共和国中央人民政府政务院颁布的"惩治反革命条例"拟定剿匪奖惩具体办法如下：

（一）打死或活捉匪首者，不分军民和工作人员亦一律给予荣誉物质奖励并申请专署通报嘉奖表扬。

（二）打死或活捉匪众者，不分军民和工作人员亦一律给予物质奖励由本府通报嘉奖表扬。

（三）检举或密报因而得捕获或击毙匪首匪众者，酌情给以奖励和通报表扬。

（四）匪众协从分子诚心悔罪立功，打死或活捉匪首归案者，或携带武器弹药下山自新者，除给予自新之路，保证生命安全外，并酌情给以奖励。

（五）因受匪者威胁，欺骗被迫而相从为匪者，如悔罪自首或规劝同伴一并自首者，保证生命安全或酌情给奖。能密告匪徒行踪，因而击毙或捕获匪首众者并将酌情嘉奖，执迷不悟顽抗与人民为敌者坚决缉拿归案法办。

（六）土匪家属亲友能规劝匪徒自新或检举，密告其行踪和土匪隐藏处所及献交土匪枪支弹药的，同样给以奖赏和表扬。

（七）举凡一贯给土匪暗通情报，供给土匪粮食、弹药和电筒等给养或掩护包庇土匪并散布谣言，为匪张目，经屡戒不改者一律依法严惩不贷。

上述规定办法除通令各级人民政府自即日起严格执行外，待行布告，希我全体人民剿匪部队工作人员一体懔遵！

县长　韩礼和

副县长　陈　英

附录匪首匪众名单如后：

匪首之名：纪老呆、柯国金、邱老芳

匪众：李意民、魏利照、徐大豆风、余大仔、毛癞痢、李东香、柯腊子、邱禄根、陈正昌、徐牙仔、谢爱月

（录自广丰区档案馆藏：县府办 1950–11–10）

关于广丰县人民政府呈报该县于十月二十日发生股匪杀干部的通报

江西省上饶专署行政督察专员公署通报

（一九五○年十一月十一日民优字第六八一号）

各县（镇）人民政府：

据广丰县人民政府呈报该县于十月二十日晚发生股匪十余人杀害我乡村干部五人及复员军人一人，并抢去复员军人许显修同志复员证明书、登记表及陈字第（114295）号生产补助粮报告联合一份等情况。这是国民党反动派在大陆失败后，有组织有计划的反革命破坏活动之一，并以此来破坏我们各时期的中心工作（如征粮、土改等）。广丰这一事件的发生，要求我们对匪特活动要严加注意，提高政治警惕并以积极方面进行清剿。为此，除转报省府并指复该县外，特抄附原始报告，通报各县府，希提高警惕，并注意保护仓库与土改工作，关于失去复员证明书、表一律作废，今后在处理复员军人工作中，并应仔细检查为要。

附抄广丰县人民政府原呈一件。

专　员　黄

副专员　何

（录自广丰区档案馆藏：县府办 1950-19-9）

关于沙田区匪特枪杀干部五人等人呈报

广丰县人民政府呈（一九五〇年十月二九日民优字第一〇四号）

黄、何专员：

查我县沙田区河泉村于本月二十日晚上九时发生匪特十余人持着长短枪杀死该乡干部五人，并杀死复员军人许显修一名，兹将其经过叙述如下：

该天晚上睡在乡政府（在副乡长家里）共有八个人，二个民兵，一个民兵队长，复员军人一人（该复员军人因双亲早亡，家无依靠，故暂住乡公所），两个助理员，一个副乡长，帮工一个。副乡长他们正在办理征粮工作，被匪首王华仔、蒋贵禄带领匪徒十余名将乡公所围住，先派匪敲大门，里面民兵队长知道情势不好，即持土炮抵抗，但后门却被匪徒打进了。

不问皂白，见人即枪杀，当场英勇牺牲的六名即副乡长刘华才、复员军人许显修、民兵队长黄治才、民兵鲍金谁、副乡长刘华达、帮工许显忠，两个助征员侥幸逃免。查匪首王华仔是我县惯匪，这次的蠢动，主要是想破坏我们征粮，我们除加强清剿外并通知其他各区提高警惕，以防意外，但这六个被伤者都是因公牺牲，应以烈士看待，给予优抚。为此，恳请钧署准予发给光荣牺牲证及抚恤金并请核示！

广丰县人民政府县长　张晓风

（录自广丰区档案馆藏：县府办 1950–13–23）

关于马玉光串同匪首杨老四谋害朱德龙情况报告

广丰县人民政府报告

一九五〇年四月二十二日 法刑字第〇〇四号

事由：为本县前第三区大南乡住民马玉光串同匪首杨老四谋害区中队战士朱德龙一案，兹将具体情况报告于后：

（一）马玉光的一切情况

凶犯马玉光现年三十四岁，为本县前第三区大南乡马家村人，农民出身，富农成分，家有兄，长兄做酒生意，次兄种田，都已分灶，本身有一妻三女，砖墙大屋一幢，自田四亩，另承包了他人田种，一共种了二十五亩田种，雇有长工二人，耕牛农具俱全，过去曾当过兵一年，未解放前任副保长，解放后仍然任保长，在族村可谓翘首一指之人物。

（二）杨老四的一切情况

匪首杨老四（毙）现年三十三岁，出身农民家庭，年长时半为农民半为流氓，于一九三九年就开始当土匪，始当土匪近年来与匪首叶化龙联络，有匪徒一百条人，长短枪有一百多支，在本县西北乡间声势浩大。白日化装农民在田间工作，晚上勾结匪徒任意搅乱地方治安。家有田产九亩左右，雇长工种。房屋一幢，有一妻一妾，富农成分，其妾系抢劫而来的，于杨老四毙命后即离开。

（三）朱德龙的一切情况

战士朱德龙年仅三十一岁，出身农民家庭，系贫农身份，为本县前第五区吴村乡人，家有父母兄各一，于去岁解放后随工作员俞其炎同志到法雨乡工作后调区中队任战士。

（四）马玉光与杨老四之间的关系

马玉光之妹生有一女嫁于杨老四为妻，马为杨之舅翁，双方居住地点相离不足一里之路，平日来往之密切，马玉光在解放后复任保长之原因是因他与杨老四的亲戚关系，老百姓平日间畏惧，恐有见罪于他，遭家散人亡之苦。

（五）战士朱德龙死的原因与情形

A.一九四九年八月间（即农历七月，二野还没有离开）本县大南湖山一带，天然地势多山，森林苍郁，交通便利，多半是弯路曲径，但匪氛甚盛，当时区政府为了解决两乡土匪情况起见，遂将区中队战士分派了几个人，每日下乡调查匪情，战士朱德龙被派到大南乡一带探听匪首杨老四的踪迹。

B.八月二十八日上午，战士朱德龙奉令到大南乡马家村探悉匪情，因马玉光是该村第八保保长，故战士的目视亦在马家，当战士到马玉光家时，适马外出未归，战士对马妻简略问了几句杨老四的情况，马妻马上回答不晓，战士又出向他处去，待马于下午返家时，马妻已将战士今日来的言语一一告诉丈夫，一会儿，战士又从其他地方折回马玉光家，已遇见马玉光喝茶、吸烟，遂问马玉光杨老四在哪里，马说不知道。战士因说话过于不慎，硬说马知道。马不承认，战士说"你通匪，是杨老四的窝主"。此时，双方发生争执，战士已负气从马家出来准备回返区政府。

C.战士出马家门时已近黄昏，行步不到半里，马遂往杨老四家告诉今日战士来他家的情形，对杨说区政府派人侦察我们，若不赶快捉住回去，一定派队伍来抓我们。因此，杨老四就同匪徒徐良仁、余伍树、郑海亮、余才里狗连同马玉光共六人即追赶战士朱德龙，被拥拉到第九保大洋山底石次塘旁用绳绑起后用香烧了头部，然后用石头绑在战士身上扔到塘里淹死。这是事情发生后马玉光被捕在区政府供认的。

D.马玉光于战士死后第二日就逃往地方，杨及几个匪徒因有长短枪共七支，他们一群没有逃却，在附近烧山抢劫。

（一）区政府没有追找朱德龙的原因

A.当朱德龙将去马家村前曾向区政府负责人说过，此次调查了杨老四情况后要回吴村老家一趟，所以，区政府认为他回老家了，耽误了追踪凶犯的时间。

B.朱德龙被害后一星期，区政府派人赶到朱家准备催朱迅即回来工作，结果由朱的哥哥赶到区政府来说他的弟弟没有回家，区政府始恍然大悟往大南乡寻问。

（二）发现尸体的情况

A.朱德龙的尸体是由打鱼的人在朱死后一星期发现。

B.因气候炎热已腐烂。

（三）主谋犯马玉光及匪首杨老四、匪徒徐良仁、余伍树、郑海亮、余才里狗等的落网情况

A.马玉光于一九四九年九月初二二野西进接收时自以为此后对他是没有事了，于是安然返家生活，于农历七月十五让大南区政府查获捕押，一星期经过调查审讯后送公安局扣押。

B.匪首杨老四在马玉光被捕后即潜往玉山及上饶临江湖一带隐现抢劫因剿匪反霸开始不容再踞，于是又返回大南乡附近，经老百姓报告法雨乡工作队（与大南交界）陈英部长（县委宣传部）通知部队前往围剿战场打死。

C.郑海亮、余伍树亦因持枪对抗受毙，余才里狗却又是让匪首杨老四的哥哥枪杀（因内部发生矛盾），徐良仁因当时部队剿匪紧急曾携带杨老四短枪一支自愿投降区政府，已由区政府送交县公安局反省未改。

（四）马玉光杨老四的社会关系

A.据各方面调查，马玉光不但与杨老四是亲戚关系，而与住村附近的土匪却有联络，唯未直接参加抢劫而已。

B.杨老四怙恶不悛（其表兄也是土匪），并与法雨法区匪首叶化龙勾结匪徒与枪数百余，经常集队抢劫，搅乱人民生活陷于不安状态，解放后仍然如故。

（五）我们对马玉光的处理意见

A.马玉光家系富农身份，身为伪保长，到解放后仍然继任该保保长之职并与匪首杨老四有亲戚关系，因为战士朱德龙工作亦不唯直接问马杨的行踪，同时相互发生了口角，所以马玉光谋害朱德龙的死不成问题，马玉光是应负主要责任的。

B. 马玉光应负主要责任的理由：

（1）身任伪保长解放后仍继续作保长，当时不接受人民解放军的约法八章，这是他不想悔过戴罪立功想顽抗到底的具体表现。

（2）私藏土匪杨老四。

（3）身为恶 富农身份无疑是反革命工作的。

（4）战士朱德龙向他询问杨老四随即被杨匪首杀死，这是毫无疑问马所勾结。

（5）根据我们在各方面的调查了解和该犯本人第一次的认供，是根本无疑的。

C. 通知杨老四同主谋害死战士朱德龙违抗人民政府法律。

D. 自解押公安局后经审讯不承认事实。

E. 此案已于上月由公安局移送本府处理，经派人前往调查事实，提审二次仍不承认所犯显系内心存有法律制裁乞请指示判决。

谨　　呈

上饶督案专员何　黄

广丰县人民政府　张晓风

（录自广丰区档案馆藏：县府办 1950-9-1）

关于土匪杨焕祖、杨克煌等杀死刘绍枫情况报告

广丰县人民政府报告　　一九五〇年四月廿六号

法制字第〇〇七号

事由：为本县前第一区霞坊乡方村杨家土匪杨焕祖、杨克煌主使杨绳飞、杨绳贵等杀死农民刘绍枫一案，兹将此案前后情况报告如后：

（一）主使人杨焕祖一切情况

A. 杨焕祖现年三十四岁，系本县霞坊区复兴乡方村杨家人，农民家庭出身，父母已亡，家有一妻三子，长已十三岁，有田产十亩左右，雇长工一人（系妻之弟）并无工资，富农身份。

B. 该匪犯系一知识分子，拾柒岁时在城内小学卒业又继续入初中读书二年，以后在私塾任教书生涯多年，一九四三年当伪保学校校长。一九四五年至四八年任乡镇区代表期间，该乡地主兼乡民代表杨仕勾结邻村西工一带土匪即韩南来（在押）等多人短枪十余支，该犯品行不端，对受害人民利益等事颇有计谋，当初系做说客，如遇他人被掳掠时，由他向被捉之家属讲价取赎，后自一九四七年才自己正式组织匪群行抢，并在本村又串合本宗兄弟杨克煌、绳飞、绳风、绳贵、克岳以及同村居住的刘树高、刘朝财等，并又联系邻乡村的零星小土匪，白天扮作农民在田野间工作，如遇有钱人或商人肩挑物资者过境截途抢劫掳掠，常在晚间则由该犯杨焕祖计划分布往邻近乡村抢劫物资及掠夺妇女并曾杀死一个，所抢住户多般是农民身份之家的农作物及耕牛等，地主和恶霸所处根本不能抢夺。

C. 查该匪村庄共有人数五十多户，其中除杨伪乡代表杨克仁及智（知）识分子杨绳海居住城里处，其余一般多余属农民。杨焕祖在该村上有"江湖客"之绰号，言词善于狡辩，对统治全村人民有"一手摸平"之称，平日间老百姓对他的行动畏惧万分，不敢多言，言后不但这人生命危险家庭亦遭洗劫。

（二）杨克煌的一切情况

A.杨克煌现在四十二岁，与杨焕祖在同一村庄居住，农民出身，家有妻子二人，兄弟共四人均各自己生活，以其本身的房屋田产计是一个中农身份。一九四一年前务农为业，四二年后开始任伪乡公所乡丁经济干事（当时因被免壮丁关系）及本村副保长等职五六载，中间停顿一个短时间，到解放前后复任副保长，另一方面与杨焕祖等勾结匪徒行事抢劫。

B.去岁解放后（当时系二野）夏季借粮期间，有一次霞坊乡政府战士（带有短枪一支）往离乡政府有八九里远的地方催粮，战士至湾勾岭亭时（离杨家村约十里路），人烟稀少，该杨克煌竟用柴刀向战士头部劈去，战士当时受伤不及作斗，身上短枪竟让该犯夺去。

C.杨克煌等此种举动在当时二野接取因工作任务繁重不及顾虑到社会治安，而这群匪就趁此段时间内成行结伴散布在乡间路亭中恣意抢掠赶市集回来百姓肩挑的食物及干部战士之枪支。

（三）死者刘绍枫一切情况

A.刘绍枫年已六十四岁，住霞坊乡前第三保大山底（离杨家村仅一里路之远），秉性刚直，农民出身，贫农身份，有一妻（残疾）四子，长子及三四子俱种田，唯第二个儿子名树忠，于一九四三年出征抗日至日降后返里，此段时间在乡镇公所任自卫队员及中队长，将近解放时升为队长（按伪政府时各乡公所设有自卫队的目的是防土匪保护老百姓，其实就是自卫枪支）。

B.刘绍枫自己儿子做了队长后对往日受人欺侮敢怒而不敢言无助的心情现在好像已得到无限的安慰与希望，故常言语不慎夸夸于人前，遇有不服之事开口就说要控告叫人坐班房，这些言语为他父亲种下了杀身之祸根。

（四）被杀死的原因

A.远因——查刘绍枫在杨家村有一舅父名杨土仔（农民），于一九四八年夏间种植了将近两亩田的烟叶已有一尺多长在不久的时日便可采摘，不料有一天晚上为杨克煌、绳风（伪保长）、绳飞、绳贵等六七人完全砍伐。当次日杨土仔走到田间目睹自己辛勤的种作有希望的收获为这等匪徒一夕损毁殆尽，满目凄凉悲痛交加，以农民的身份在反动统治下彷徨无措不已。

B.当刘绍枫得知其舅父种植被彼等坏人损害的消息前往劝慰并叫其子树忠派枪兵将伪保长杨绳风捉到该乡公所扣押。另一方面又扬言非要杨绳风等七人赔偿不可，否则叫他们坐三年的牢。

C.杨绳风被押后，当然对杨焕祖等所不满，于是假意出来负责调查承认赔偿稻谷三十石，由杨焕祖出具条据为证。

D.同年秋收后，杨焕祖同村人曾运了一批烟叶往上海出售得价为伪金元数十万元，当时可购稻谷二十余石，自己仍在上海先托同伴带回家，而此人竟将此款交于杨土仔抵偿杨绳风等损烟赔款，后来杨焕祖得知这批烟价被作了赔偿费深感不满，认为是刘绍枫的用意，遂挟恨于怀。

近因——住在杨家村上有一名杨景高者（农民）与刘绍枫有亲戚关系，家境颇可，于去岁农历正月间被土匪劫去黄牛一头，在三月间又被土匪将自己绑去而生性憨直的刘绍枫认为此事又是杨绳风等搞的，于是赶到该匪家中大骂不是，要杨绳风将杨景高放出，黄牛退回，如若顽抗对他不起，从此后更引起杨绳风这一群人对刘绍枫深刻的怀恨。

（五）刘绍枫的死期及情形

A.去年农历五月初四日的下午（解放后不到一月），时间四时左右，刘绍枫手提酒瓶从家赶到杨家村买酒晚餐喝，适逢这天下午杨焕祖、克煌、杨绳风、绳飞、绳贵、刘朝财、刘树高等七人山上砍树看见绍枫到杨家村去，由杨绳风先提议说："绍枫与我们都有怨气，现在可报复他。"于是其余的几个都赞成，坐在山上等待绍枫买酒来，当绍枫回来时看见他们几个人坐在那儿心中未免在害怕，于是折回到杨家村躲在放山家里给杨绳风等看见，马上追赶抓了出来拖到离人炊处的庙里，用绳捆到吊在梁上等夜深时由杨绳飞用梭标往刘绍枫胸前穿进，当时声音断绝将尸体放在地上由刘朝财将尸体砍作四段扔在河里任流水漂浮去。

B.杨绳贵曾将刘绍枫的胡须割下来放在衣袋内又还拿出给别人看（查

该匪有憨愚之状态）。

（六）死后

A. 当刘绍枫被害后时在初夏雨特别多河水亦深湍急，故当时家未寻找到尸首亦无人告获，而这批匪首在当地威震人老百姓亦不敢声张。

B. 后于农历五月上旬末由其子向公安局告获于十一月始将主使匪犯杨焕祖及杨克煌捉来公安局扣押。

C. 经二野公安局审讯股详细审问承认事实，录有口供在案。

（七）我们对此案的处理

A. 此案于上月由公安局移交本府处理，曾派员前往实地调查匪事属实，而我们提审时则不承认事实，其不承认的原因是以为人民政府的宽大，若将事实承认出来了恐怕不会释放。

B. 从调查整理材料当中我们认为杨焕祖为首要的主谋人，杨克煌与杨焕祖系同一类的匪首，并在解放后杀伤战士及缴去短枪与人民为敌，应依法制裁。

C. 此案中除刘朝财于去岁因抢劫被人打死外，动手杀的有杨绳风、绳飞、绳贵、克煌、克岳、刘树高等六人未受人民法制的处分，本府准备派战士前往逮捕归案法办。

D. 对在押的匪犯及将逮捕的几个匪犯，据我们的调查，在过去，不但抢劫而且杀人烧焚房屋都进行，当霞坊乡到西工村及杨家村与少阳交界一带行人不是遭到抢夺掳掠，便是痛打，对这批匪犯，应该受到人民法律严重惩办判处徒刑及剥夺公权若干年。

（八）全案报请核示以便遵办

谨　　呈

上饶督案专署专员何、黄

广丰县人民政府县长　张晓风

（录自广丰区档案馆藏：县府办 1950-9-16）

关于广丰县洋口区于四月廿八日夜里发生犯人集体暴动越狱事件

江西省人民政府上饶专署公安处通报

各县公安局：

广丰县洋口区于四月廿八日夜里发生犯人集体暴动越狱严重事件，除转报省厅中央外特通报如下：

洋口是非土改区，全区共押犯人一百二十名，五一时发生问题。把其中五十一名重犯调押一个房号，二十八号天降大雨，监狱则由匪霸要犯方炳盛、张冬狗、谢家荣、纪家荣、吴祖礼、曾兴狗、郑西畈等八犯发起了号召全号越狱，因多数惧怕未成功，随即个别酝酿："五一到了，咱们这个房号，政府准备分两批枪决，我们不如逃出，还可能落一条活命，决定先夺枪打死哨兵，再到看守室解决全部武装，及解决区、镇政府，打死区、镇长，分两路出福建。"于当日午及三时即开始破镣（是木镣），选力大之犯用手拉，将被褥撕破拧成绳子拉，于夜里零点五十分，木镣全部破坏完毕，即由方炳盛破坏监房铁锁，这时才被哨兵发现，即去报告班长，此时犯人冲出监狱，班长即以冲锋枪弹压，大部分犯人仍回监房，除打伤一犯人，吊死淹死一犯人外，共外出十七名，当即通知民兵堵击，至五月一日止，已抓回十二名，还在逃五名。

案件之所以发生，原因首先是区委思想麻痹，对镇反越深入垂死阶级的报复挣扎更疯狂认识不足，犯人暴动时，区队长还在区里开会，只六个战士两个班长看守一百二十名犯人，监狱案犯进行将十小时的暴动计划，大张旗鼓地动员与破镣，哨兵还不知道，对监狱又不检查，同时把五十一名要犯关到一个房子是不合适的，平时对犯人既无教育又无侦察，不了解犯人思想动态，亦无各种制度，特别对警卫武装也缺乏教育，而引起不应有的严重惨痛事件，希县委很好责成区委进行检查及追究责任，找出教训，教育全体干部提高警惕，以防再次发生。

各县接此通报后，应有有关部门特别是公安、司法部门进行传达讨论，教育看守武装，并通报各区，再不允许这样事件发生。

江西省人民政府上饶专署公安处印记

处长　鲁　夫

副处长　聂　朝

一九五一年五月五日

（录自广丰区档案馆藏：县府办 1951–15–1）

为了消灭土匪，使广大劳苦大众过着安居乐业的生活

广丰县人民政府通知　　秘字第 049 号

一九五三年四月十三日

主送机关：各区镇人民政府

抄送机关：公安队　武装部

事由：为了消灭土匪，使广大劳苦大众过着安居乐业的生活

匪患最盛的广丰，几千年来广大人民遭受了极深重的痛苦，特别是蒋匪帮统治时。解放四年来，广丰全体人民可感到的而是切身的，是消灭了境内的土匪，使广大劳苦大众始能过着安居乐业的生活，这是与公安部队、当地驻军的不辞辛劳及广大人民群众密切配合分不开的。但有部分匪首股匪仍潜逃在外，为了早日根绝匪患，使广大人民能在自己的土地上积极搞好生产，过上好日子，因此必须引起高度警惕，配合部队积极清剿，为消灭股匪而努力。近查各区对公安部队下乡剿匪不予照顾，甚至有个别的区简直就置之不理，这是不对的，为此今后公安部队及驻军下乡剿匪，除密切配合外，还应照其食宿（供给由自己本人付），以安其部队的工作情绪，从而更加强了剿匪的信心，以上希遵照执行为要！

县长马汉卿

（录自广丰区档案馆藏：县府办 1953-13-7）

关于枪毙土匪头子呈报批准处死刑

上饶行政督察专署公署批答　　第　号秘字第四号

一九五〇年四月六日

事由：为批答广丰县电关于枪毙土匪头子事，呈批准处以死刑由 张县长：

拟四月四日来电，关于黄拉子等五名土匪头子呈请批答处以死刑等情，同意该五人枪毙意见，但须注意如下几点：

一、应分几次执行，不要一次枪毙。

二、应依法组织人民法庭公审，发动群众斗争。

三、该五人中如有不是匪首亦不必全部枪毙。

以上数点，仰即遵照执行为要。

专　员　黄知真

副专员　何行之

（录自广丰区档案馆藏：县府办 1950–19–10）

匪首王大蛇材料

比古乡政府整理

匪首王大蛇，成分地主，四十二岁，流氓出身。从九岁起至十五岁牧牛砍柴，十六岁起廿五岁一段时间专门嫖赌，暗地纠结土匪。廿五岁至三十岁就上山为匪，和陈至台到处抢劫，三十一岁隆冬，曾向伪政府自新一次。在家两年，游手好闲，仍不劳动，以敲烤榨剥削为生。三十三岁又上山为匪，并与匪首张老八、张善达、陈牛牯、张老牛等专门杀人放火，到处侵略人民。到三十六岁，向伪县长叶昌明自新一次。三十七岁三月间仍上山为匪，进行组织土匪王水碓、王华仔、纪老呆、杨贞华、韩南云等专门屠杀人民、放火烧屋，到处抢劫，强奸妇女，无所不至。到四十岁，即一九五〇年，解放来下半年，曾向人民政府赵瑞家自新一次，仍不悔过老实，继续阴谋进行活动，组织反革命分子黄善义（是浦城念坑人）、罗城九都柯国金、十都王之贞、纪老呆等到处活动，进行反抗人民政府，与贫雇农作对头，思想不老实、不悔过，不改造，进行大规模屠杀人民，强奸抢劫，无有恶不作尽，使人民痛恨，恳请人民政府依法处以极刑，兹将重要罪恶分别列后：

1. 活动地区江山廿八都，洋礼地方，浦城廿（念）坑、罗城九都、浦城盘亭、塘秀乡、船岭地方陈安河前、王家村、深坑毛溪、下社杉麻山周华村，十都下坞坑、黄坞关大小坑、六石坑田边等地活动。

2. 大蛇手下掌握最密切的是纪老呆、柯国金、王华仔、王水碓、杨贞华、韩南云、罗呆子、张善达、黄善义，其次又一代余太明、邱老芳、魏利照、王铺留、吴毛这、刘则元、蒋贵禄、王树山、陈牛牯、王之贞、鲍虎卵、王番薯、王瞻子等。

3. 打死人命。三七年八月，打死蒋日龙一命，当年九月打死蒋日信一命，三五年六月打死蒋衰海一命。三六年五月打死陈牙仔一命，陈春花女子一命。三五年正月，打死评洋头蒋贵兴一命。三二年六月打死方炳生一命。三六年八月打死杨利兴在岭塘岭头品发娇女子一命。三六年十月打死小坑龙井边鲍学成、鲍松牡等二人，和呆子匪首共同进行。三七年塘村打死张光来一命，当年九月间打死比古方花猪女子一命。

4. 烧毁房屋。三七年十一月间烧毁大坑郭宗开房屋共四间，烧毁郭宗怀房屋五间。三五年烧毁蒋坞地方陈禄生房屋四间。

5. 强奸妇女。于三一年强奸蒋坞地方柯冬南，当年十月间强奸蒋日凤。三二年四月间强奸王彩花，当年八月间强奸岭脚碓许米头，三三年强奸妇女鲍美彩，七月间强奸蒋坞徐衰月，三四年强奸妇女比古方爱莲，三五年二月强奸妇女方礼花。

6. 侵占用地。于民三五年侵去蒋坞蒋光祥田亩二亩五分，于民三四年七月间侵去大坑村郭礼乾田亩三亩，于三六年九月间侵去鲍行有田亩二亩，于三三年二月间侵去蒋武仁熟地二亩，三六年八月侵去蒋庭昌田亩二亩六分。三五年七月间侵去鲍老青田亩四亩八分，三八年十二月间侵去方满昌田亩九亩。

侵占群众耕牛。于民三二年二月间侵占蒋庭昌黄牛牯三条。三四年七月间侵去蒋庭波水牛牯一条，当年十月间侵去蒋武仁水牛牯一条。三五年三月间侵去蒋贵生黄牛牯一条。三六年七月间侵去蒋石刚黄牛牯两条。

7. 购买枪支弹药子弹。于民三六年八月到沙田谢子丹买来二号木壳枪二条，子弹一千二百发，给水碓公（王水碓）、王华仔应用。三七年十月间买来快机四四支，子弹五百发，给纪老呆、柯国金，当年十二月间买来步枪七支，子弹四百发给邱老芳、余太明二人应用。

负责人　王明满

比古乡主任　张光满

亲写人　郭崇山

（录自广丰区档案馆藏：县委办 1951-11-7）

典型报告惯匪首周洪茂材料

天桂区政府（一九五一年六月十九日）

惯匪首周洪茂，现年三十一岁，流氓出身，游民身份，系天桂区牌门乡梅树村人，从幼即不务正业，经常为匪探报情况，为了在政治上取得地位，在二十二岁任伪保队副，廿五岁下半年任伪保长，二十六岁在柱石区柱石乡做乡干事，同年又为首组织新社会，先后被该犯引入其会的三十余名，企图以扩充政治武装，一九四二年日寇窜扰广邑时，该犯又组织抓牙朱炎闵、李洋牯等四十人和著名惯匪纪老呆等组织扰乱人民的游击队，充任中队长，大肆烧杀奸劫、危害人民，于日寇投降时，该犯即一来胡作胡为，持枪械和匪首纪老呆结党落草为匪首，到处抢劫，甚为猖狂，为老天桂区著名而又出色的匪首，甚至土改时，将该犯捕获归案后，该犯才算停止他的罪恶活动。在经济上该犯平素勾结恶霸周映天（伪县长）、周金皆、周云程、周云图等操纵老天桂区吴村乡、牌门乡、建设乡及排山乡之一部的经济命脉（这些地方本是该匪经常活动的势力范围），由于该犯在政治上与经济上掌握了大权，所以其凶横霸道，穷凶极恶，确为天桂区人民切齿痛恨而入骨髓，兹将该犯罪恶事实写在后面：

（一）杀害人命。该犯于一九四五年因行劫事把农民周维兴打死在油麻塬地方，一九四七年因抢劫罗会炉兄之耕牛，罗因牛被抢心痛跟随在后面被该瞥见即将罗兄一枪击毙。一九四八年七月林毓兰的哥哥挖煤赚得一点金钱，该犯见财起意发去绑架肉票一张，要林交金他，果因林一时铸错不及未送金给该犯，而该犯就谓林兄顽抗抵触即将林打死在牌门横路煤沤里，计该犯先后杀害人命任对质属有三起，其不知姓名者不能枚举而云。

（二）强奸妇女。于一九四五年四月强奸处女苏银花、杨银花，四七年三月强奸詹爱莲、杨爱花，四八年四月强奸俞静香共计强奸妇女五名，但其中最惨酷的有处女苏银花，那时她才十七岁，被这班无人性的色狼将该妇女拉到梅树村荫樟树庙里施行轮奸，这个年轻的处女当该犯第一位强奸时该女叫了一声，该犯还叫其所掌握之匪徒将剥夺干干净净一纱不留，可怜这女子奄奄一息地躺在那里，到了天亮时有附近群众走到庙里看到一个赤裸裸的女子躺在那里，于是即拿了一件衣服把她穿上，将她从万死一生中救回原气，而该处女因受奸过度加之又很年轻，故到现在仍是面黄肌瘦，天天生病，简直失之作用。

（三）抢劫财物。该犯一贯为匪，先后计有八九年历史，农民受该犯之抢劫者达五十余户之多，如抢劫农民饶火宜家三次，农民周树梅、杨恒云、杨树炉等共计劫去耕牛有六十余头，其它零星财物难以数计。

（四）解放后该犯仍冥顽不悟，甘愿与人民为敌到底，于一九四九年八月该村民兵队长梁言墩放哨被该犯碰见，即叫他不要再放哨，并将民兵队长打得满身创伤以资阻挠群众运动。

（五）其于任伪保时，即积极拉丁勒索，先后共强拉壮丁有农民吴成炉等五十余名，其中农民吴成炉本已过了年龄，但该犯把心恶毒狠一心要害吴，将吴之年龄改少几岁充当兵役，至于勒索农民血汗等罪恶不一而足，据近所知晓的，该犯共勒索人民财物达谷二百余担、牌门乡煤山三座。

（六）公审该犯时的各种情况及群众之反映。

（1）该犯未逮捕前，群众对政府的政策怀疑，生怕人民政府宽大无边，对这班惯匪、恶霸不依法制裁。

（2）该犯逮捕后，群众普遍反映说：现在人民政府把这只老虎关起来，再也不会害人民，我们可以安心工作了（民兵队长梁言墩虽称心愉快，但心里有顾虑，怕政府将来放他出来）。

（3）开群众大会。工作同志召集群众大会，在会上进行镇压反革命的政策宣传后，并说："你们只要把该犯的罪恶材料搜集出来，政府一定替你们撑腰，保证将该犯正法。"当场群众一律要求把该犯处以死刑。被害人苏银花、罗会炉等二十余人员哀哭地在群众面前控诉出该犯的罪行。

（4）开公会时群众情绪及诉苦情况。自我工作同志将该犯的罪恶事实搜罗完善呈报专署批准处以极刑，定于五〇年十二月十日召集全乡群众在排山地方开公审进行诉苦，教育合法斗争。群众一听到这个好消息，无不活跃欢腾，老少皆来，当时到会的有牌门乡、建设乡、双峰乡、庙前乡、排山乡等五个乡，群众二千余名，济济一堂，秩序井然进行诉苦教育，从上午十一点钟起一直至下午四点钟止，也没有诉完群众的苦楚。计签名诉苦的群众有林毓兰等一百来人，事先由审判长宣布开会意义，接着就是诉苦斗争，有林毓兰说："你这个王八蛋，真正毒狠，我哥哥挖了一些煤，赚了一点钱，被你知道要叫他全部拿给你，结果因哥哥一时拿不出，你即把他杀死。还将他家的东西全部劫去，你心何狠！现在你还有什么可说呢？"农民周诗阎说："我一个七十来岁的孤老，一生孤苦伶仃，所积蓄的十五元白洋作养老费的，被你一下抢劫而去，至害得讨饭，你想想你的心毒不毒。"妇女苏银花诉苦说："四五年四月廿九日我才十七岁时，你们把我拉到庙内施行轮奸后，还把我身上的衣服全部剥去，几乎把我奸死，害得我现在身体未好，并将我家的牛和猪一起杀死，你这个坏家伙，现在我要枪决你，也不能消我心头恨。"类似不仁的情形多不甚多，难以尽举。于开会三点钟光景，群众在台下就喊起来："不要斗了，赶快拉出去枪毙，以解心头恨！"农民老杨说："慢点吧！我一肚子的苦水要吐一吐。"农民老周说："我未曾没有。"结果由于时间的关系，即将该犯执行枪决。正法后，群众饶绍昌、饶火宜、罗会炉等二十余人齐声说："对啦！这个坏蛋枪毙了即使不分田亦是快乐得很。否则我们绝对不能安居的，我们的生命财产是保不住的。"然而这个人枪决后群众运动的热潮就蓬勃地开展起来，农民亦无顾虑，大家都很积极地工作、生产。

（录自广丰区档案馆藏：县委办 1951–11）

联合剿匪布置图

广丰县委会 一九五一年十一月八日

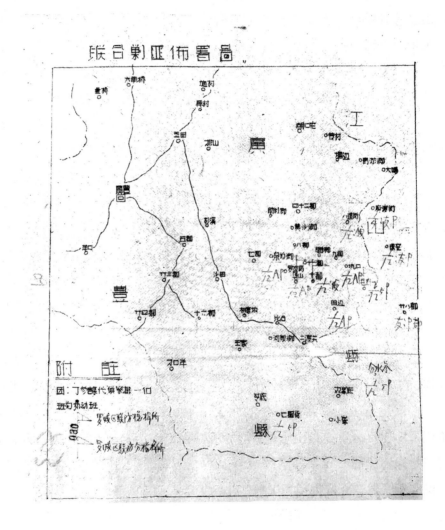

（录自广丰区档案馆藏：县委办 1951-8-13）

白刀岗指挥所剿匪图

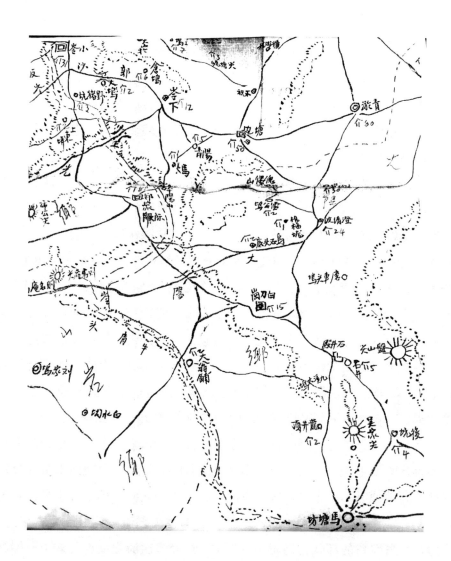

（录自广丰区档案馆藏：县委办 1951-8-13）

广丰县镇反工作总结报告

　　广丰县三十一万二千零十二人新区，闽浙赣边近闽北有五万人口，是苏区时代的游击区。解放前，本县阶级关系紧张、政治情况异常复杂，主要特点土匪多，长期与豪绅相依为命。戴笠系的特务青帮势力很大，也与豪绅土匪相依为奸。在这批恶霸特务匪首为中心的领导下，组织了数十种的反动封建外国组织以从另一方面来愚惑控制人民，如"新社会""同善社""青帮"，以及各种兄弟会、五虎将、十三太保行动队、空手队、四十街头等首领四百四十一人，会众三千人，在这血腥的反动强固统治下，人民生活极端艰苦，每人平均一亩二分田，80%掌握在地主富农手里，全年稻谷都交租，农民只得吃豆和菜，大部分农民都靠番薯、挑担、担煤为生，农民所处的政治情况也是无法容忍的，好妻良女大部分遭到奸污或霸占，周明信十六岁少女遭到惯匪周发洪二十余名土匪轮奸致死。匪首周茂洪等九名土匪轮奸十七岁处女杨银花，虽被救活，但已成长年残废，农民为反抗不满被匪特恶霸持枪逼死的更多，全县在五千人口以上匪特恶霸就是人民的上司，群众的活祖宗，有好东西都要首先请他们，不然就遭麻烦，所谓"锅铲一响离不了保甲长"，可见他们控制群众到了什么程度。

　　解放后二野进驻一师收枪两千条，土匪大部自新月余后，抢劫杀人夺枪事件次第发生，九月初接交中南区，交替时间复起，股匪两千余并分别接受将蒋匪地下军派令围攻区、乡政府，杀害群众村干部百五十名，抢劫宰杀耕牛二千头、稻谷二百万斤，千五百名主力部队进剿股匪暂告平息，但分散在各乡村的部队，仍还不能集中，虽经多次清匪反霸、减租退押等斗争，但终未得以根本打击。五〇年春，省地委指示本年以准备土改为中心，并指示向地主阶级进攻。朝鲜战争爆发后，更明确指示：镇反、土改、抗援三大运动结合，饱受灾难的广丰人民及其党政领导干部配合县委县政府开展这三大运动还算及时、迅速的。去年十一月，镇反与土改时间开始，到今年二月底捕人三千、杀掉三百，大都是露骨的匪首恶霸。今年二月，在地委天辉同志直接领导下，经过了深入的查敌情摸系统，使领导上心中有数，并经深入发动群众后，于三月份前后又处决了五百名，四月中旬后，便渐趋收缩，零星杀了89人，共处决匪霸174人，惯匪221人，恶匪19人，恶霸330人，特务、地下军、反动会门头子等政治案152人，放管的1300人，在押的还有820人。恶霸匪犯，有直接血债的特务，都是大张旗鼓进行镇压，计开控诉会2145次，与会940996人、67783人，直接进行面对面的控诉，贫、佃反映现在政府政策变了，给我们贫、佃农做主了，这些坏家伙不杀，谁敢要田，做梦也未想到人民政府还会这样给我们做主，排山乡匪霸地主周老坑土匪头，也是乡队副，残酷已极，带领土匪逼他叔父，要他叔伯妹子出来强奸，匪霸地主周发仁乡队副，也是乡新社会头子，除霸占妇女外，白天公开拖赶集妇女强奸，被控诉枪毙后，群众只叫政府呱呱叫、天亮了、天下太平，把他枪毙不分田也高兴，每次斗争会一般有30人以上控诉，商人反映现在可好了，一个人自由做买卖，以前出城门都怕。

土改区一般镇压较狠，也比较有组织有系统，27万人口处决了786人，反动核心分子在大多数乡的土改区已近肃清，给反革命分子以毁灭性的打击，群众是很满意的。非土改区城镇和少数土改乡则较差，且存在着很大的不平衡性，整个说来深度还是不够的，镇反中的缺点和错误，主要是不平衡性。土改区还有50名匪首，72名惯匪，47名区县性恶霸，36名特务反动会门头子在逃，而非土改区数字更大。镇压不彻底的乡在这次春耕生产中问题出现的多，群众不热情，干部不愿干，谣言告状派别也较多，策略上掌握得也不够。在狠杀一批后，未有很好执行，镇压与宽大相结合的方针，注意镇压时的大张旗鼓，宽大释放的就宣传，有的不够群众不明重刑的标准，只要求坏的杀而不该立即处死的反革命分子，对如何立功自赎也缺乏信心，开始盲目，很厉害，敌情缺乏掌握，只是摸多少杀多少，至二月底摸系统查敌情后才操主动。去年十一月镇反初期无组织无纪律现象一度严重，地委专署批准令未下达处决二十名匪霸，经省地委再次批评被截止了。处决政治犯地下军大张旗鼓太差，慎重严肃不够，特别是同善社暴动案有两人处决，群众是不同情的。全面的镇反宣传教育不够，没有使这批力量，在城市在工商界、教育界控诉学习教育不够，没有使这批力量真正步入运动行列，在继续贯彻中央镇反精神中拟补好这一课，在执行适当收缩后个别地区群众反映，现在又要像以前宽大了，某些坏分子又在抬头破坏，特别怀疑新抓回的较大匪霸该杀而仍未杀的那部分人。

这是广丰过去镇反情形缺点和错误请指示。

中共广丰县委会

中共广丰县委文件

总号（63）055 号

（录自广丰区档案馆藏：县委办 1953-4-13）

广丰县立医院一九四九年十月份诊治剿匪部队（四七〇团）诊疗次数及姓名名册

（录自广丰区档案馆藏：县委办 1953-8-12）

三、剿匪纪实

（一）人物回眸

杨石在剿匪中牺牲

　　杨石（1920—1949），又名文中，广东大埔县人，农家出身。14 岁辍学，15 岁投奔福建永安县苏区参加红军，编入红七军团第一大队，后任宣传员、副班长、班长、排长，1937 年加入中国共产党。1938 年，在新四军教导队受训六个月，分配至军部任见习参谋。随后在无线电训练班受训结业，改任报务员。1939 年，调任中共浙江省委机关无线电台负责人。1942 年，调中

杨石烈士遗像

共福建省委机关任报务员，后任闽北特委机关党支部书记，干部班班长。1946 年下半年，杨石奉命带领游击队到广丰铜钹山一带发动群众，开展游击战争。1948 年 1 月，被任命为闽北游击队指导员，4 月又被任命为上（饶）广（丰）县委书记。1949 年 5 月，被派来广丰县配合中国人民解放军二野部队解放并接管新区。新区解放后组建人民武装广丰县大队，杨石任副政委，系中共广丰县委委员。同年 7 月，任县大队政委、县委副书记。杨石

领导县大队担负剿匪重任。同年 10 月 1 日凌晨，在岭底乡旱塘地方剿匪时光荣牺牲，终年 30 岁。1957 年 3 月 9 日，广丰县人民政府将杨石烈士墓迁葬于县革命烈士陵园。碑文曰："流血牺牲，英雄气节似白杨；艰苦奋斗，革命意志如磐石"，以缅怀其业绩。

（录自广丰县军事志编纂委员会编：《广丰县军事志》，2010 年，第 182 页）

注：原标题为"杨石"，现标题为编者所拟。

革命意志如磐石

——杨石烈士传记

杨树喜整理

在粤、闽、浙、赣交界的永（定）、浦（城）、崇（安）、龙（泉）、上（饶）、广（丰）革命老根据地里，人们广泛传颂着杨石烈士的英勇事迹，这些事迹像灿烂的繁星，永远闪耀着晶光⋯⋯

共产主义战士的幼苗

杨石，又名杨文中，1920年出生于广东省大埔县城郊的一户农民家里。父母生有四男二女，杨石排行第三。因家境清贫，杨石11岁才上私塾读书，13岁转入公立学校三年级，14岁便辍学在家，随父种田。1934年（杨石15岁）由于当时土地革命宣传的影响，他毅然投身革命，在粤、闽边的福建省永定县加入红军，编入红七军团第一大队，先后担任宣传员、副班长、班长和排长。1935年在一次战斗中负伤，子弹穿进屁股未取出。1937年到新四军教导队受训六个月，毕业后任见习参谋，因伤口复发，进新四军医院治疗。出院后，到新四军无线电训练班学习，接着任新四军一台电报员，直至1939年10月。

杨石于1936年参加共产主义青年团，1937年经赖初生介绍，在福建省永定县加入中国共产党，成为光荣的共产主义战士。

红色电波传送人

1939年，杨石调到中共浙江省委电台工作。这年十月，浙江地下党省委书记刘英和处属特委书记张麒麟，赴延安出席党的"七大"，途经皖南东南局，接到中央电报，指示刘英、张麒麟暂不参加会议，速回原地坚持斗争。浙江省委为了同上级保持联系，决定建立一个电台，由新四军派出两位同志和一套电台设备协同组建。被派出的两名同志中，一名个子较高、年龄较大（姓名不详），负责搞安装工作；另一名是个子较小、年龄较轻的杨石，负责收发报工作，即电台负责人。

十月底，杨石等二人随同刘、张，带着电台全套设备，来到浙江省委驻地丽水。省委考虑，为了保证安全传送红色电波，决定把电台建在比较隐蔽的处属特委驻地龙泉县水塔地方。丽水到龙泉相距五百华里左右，怎样保证一路平安呢？杨石和去送电台的特委工作人员太顺古、张子斌、胡振仁等同志琢磨商讨，想出了一个办法：把电台器材和发报机分装在"美孚"牌的空煤油箱里，然后封闭焊好，像是两箱煤油。一行人还买了两篓橘子，扮成做小生意的样子，雇了一只小篷船沿瓯江逆水而上。历时六天，顺利到达龙泉县城东茶寮靠岸。再由特委交通员张子斌、陈成昌扮作脚夫，将电台挑往水塔。电台运到目的地安装好后，杨石便投入了紧张的收发报工作。但当时设备条件很差：大号电池买不到，发电机要用手摇，声音很响，因此又在上水塔坑的密林深处挖了一个地洞。杨石在地洞里，日以继夜，为传送红色电波而战斗。他把上级发来的文稿收记下来，交给处属特委书记张麒麟，再由交通员送往丽水给省委，又把省委需要发出的请示汇报向上级发出，密切了省委与中央的联系，使地下党活动得以开展。

1940年，电台坏了，杨石心急如焚。怎么办呢？电台就是生命，他及时报告了领导，在特委书记张麒麟具体安排下，把电台由水塔坑转移到锦溪。先藏在银坑洞里，后又转移到张麒麟住的山棚，藏在石岩里。这年年底，福建省委书记曾镜冰从东南局开会回去，得知此事，派李青同志往浙江支援修理电台。但因形势紧张，电台放在山上一时无法取出而没有修理成功。1942年2月13日夜，炊事员顾发旺被俘，泄露电台下落，同杨石相依为命的电台，从此落入敌人手中。杨石和李青先在寂静的大山里隐藏了几天，随后转移到浦城与松溪交界的梅林坑一带活动。1942年5月，因叛徒告密，张麒麟不幸牺牲，但身上有一封信，急需送交建松政特委。组织上派张子斌日夜兼程驰往。张路过梅林坑时，恰好碰见杨石和卢立山等同志，便一同前往建松政特委。当时负责建松特委工作的宣金堂同志，得知杨石会搞无线电台，就把他推荐给福建省委副书记左丰美同志。左丰美把他安排在省委电台当报务员。杨石欣喜若狂，从此重操旧业，尽职尽责。当有人知道他曾任过浙江省委电台负责人，问他有多少人员时，他诙谐地伸出一个手指说："全台人马，独一无双，我——光杆司令一个。"

1943年2月，国民党顽固派第三战区司令长官顾祝同派遣了20个团的兵力，向闽浙赣边区发起了大围攻。因此，省委决定南移。为了迷惑敌人，左丰美带领一部分队伍向相反的"建松政"方向开拔。杨石和李青带一部轻便电台随军，保持与省委的联系。这时，国民党军前堵后追，四面"围剿"。杨石操作电台静定自若，毫不畏惧，每次把电报收发完，又把电台收藏好，顺利完成任务。

在平凡的工作岗位上

1943年5月，福建省委由太阳山转移到闽南，杨石被留在闽北特委工作，先后任机关党支部书记、干部班班长。

虽说是机关，哪里像机关：一无办公室；二无办公桌、椅。一些文件账本，整天背在身上。杨石在任党支部书记时，正值特委开展整风，既要负责机关组学习，还要负责警卫班讨论辅导。当时有一批新入伍战士，想家思想比较普遍，根据这一情况，杨石编写了《送郎当红军》小歌剧，自导自演（吴秀珍扮演母亲，许凤美扮演儿子，杨石扮演妻子），收到了良好效果。除此之外，他还要经常开会，写汇报，整天忙个不停。虽然如此，但他认为：多年来，由于工作奔波不停，现在能在机关工作，机会大好，不能错过。因此，他总是挤出时间，如饥似渴地学文化，学政治，认真摘写学习笔记与学习心得，文化程度也由小学三年级提高到初中水平。难怪有人都认为他是特委机关秘书，并不是没有缘由的。

杨石担任党支部书记不久，又改任干部班班长。当时国民党顽固派采取"三分军事，七分政治"的策略，在闽北各地到处组织情报网，加强特务活动。在闽北特委部署下，为了保存实力，决定把机关的一些妇女和年龄较大的同志组织起来，与敌周旋。杨石带领的这个干部班，有吴秀珍、童慧珍、许凤美、小黄等四个女同志，2个赤石暴动出来的新四军干部，一个小青年和一个农会老干部。他们天天和敌人在大山里转，今天在这里搭个茅棚，明天又在那里做个草窝，遇上敌人封锁严密时，往往几天吃不上一餐饭，只得找些野菜山果吃。为防敌人跟踪，走过草地，还得把草扶好，碰上雨雪，要在路口做出各种伪装，用以迷惑敌人。尽管生活艰苦，斗争激烈，他还规定干部班同志天天要学文化，写思想汇报，并给他们修改，加批语。年轻的杨石任劳任怨，事事领先。砍竹伐木、搞吃搞住，比较繁重的事，基本上都由他一人承担。在断粮时，即使剩下最后一口汤，也要给同志喝；遇上敌人围攻，他总是突围在前，护队在后。但他从来很乐观，说话风趣，每当吃过饭，把碗筷用水一冲，嘴里唱着："当兵当得久，洗碗不用手。"有人称他是"妇女保护部长"，由于长时间的同甘苦、共患难，同志们和他建立了深厚的革命友谊，许凤美还对他产生了爱慕之情，尔后终于成为革命伴侣。

1946年下半年，根据福建省委在南古瓯召开的党代表大会作出的《关于发动爱国游击战争的决定》的精神和"背靠福建，面向江西"的方针，杨石和杨金生（徐福嗣）、何荣贵等带领游击武装20多人，到广丰、上饶交界的铜钹山一带发动群众，开辟和建立游击根据地。到达工作地点后，杨石首先抓住发展接头户工作。他对接头户的情况进行认真的调查，一个一个地做思想工作，讲革命道理，提高他们觉悟。经过认真考验后，确定为接头户，再布置他们任务。对接头户，不能轻易让他露面，当他们遇到危险时，要千方百计进行保护。崇安县岚谷的潘婢仔，是一个老接头户。因叛徒告密，敌人要抓他。杨石等研究决定，把他全家转移到广丰县大东坑居住，并吸收潘为游击队员。这年"十月革命节"，请来了上饶、广丰的21位接头户的同志共同过节，表演节目，送给每人六尺斜纹布，体现了军民团结的情深意厚。

　　与此同时，改变了对地主豪绅的斗争策略。1947 年初，杨石、杨金生率游击队到广丰县柴狗洋捉了一个土豪名叫林圣坪（富农成分，当过保长）。开始看守了两天，同他讲革命道理，接着让他和游击队员一同唱歌、学习，林提高了认识，表示愿意为游击队出力。回去后，他真的不失信约，前后 20 多次为游击队送来了电池、胶鞋、布、纸张、米、油（作擦枪用）等之类的东西，交足了一百担谷的钱款，以后还为游击队传递情报。

　　争取、利用国民党乡、保人员，是杨石根据上级指示精神具体做的统一战线工作。1947 年下半年，国民党上饶县花厅乡长兼自卫队长杨志楼和铁山乡长陈维道、甘溪乡参议员孙寿魁以及广丰县鸡爪岗保长余树有、后岩保长何象仔，在游击队强大的政治宣传攻势影响下，先后派人和游击队接头，表示愿意为游击队效劳。杨石因势利导，交待他们为游击队筹粮筹款，送物资。经过数次信函来往，花厅杨志楼除送来了一些粮钱，还送来了子弹、军号、军装等物资；孙寿魁一次为游击队送来光洋一百元；铁山陈维道还送了枪支和其他物品；余树有为游击队报信做到及时、准确；何象仔杀猪杀羊慰劳。所有这些，都为游击队开展活动提供了方便。游击队所到之处，对群众利益秋毫无犯，并积极加以保护。1947 年前，广丰铜钹山一带匪患严重，民不聊生。杨石率游击队到此以后，一面发动群众抗捐抗税，一面寻找当地土匪头子老七、老八。在明刀明枪面前，杨石警告他们："我们活动的地方，不准你们乱来，否则，对你们不客气。"从此，这一带地方，土匪打家劫舍的现象没有了。

　　尽管有诸多方便，然而杨石一贯公私分明，参加革命以来，没有拿过公家一针一线。有一次，他回特委汇报工作，有的人把公家的袜子、胶鞋、衣服穿戴回家（山棚），杨石一点没有拿，并主动向爱人作解释，说"我什么东西没有拿，你不会有意见吧？公家的东西，我们不能要。'打埋伏'是错误的（那时称贪污为'打埋伏'）"，爱人频频点头以示赞同。他还十分遵守群众纪律。凡属于游击队委托群众运米、买东西，都一一支付工钱，分文不少，还留人家吃饭和休息，进行亲切交谈。因此，群众对游击队更加亲密，更加信赖。当地群众说："见到游击队，就像见到亲人，巴不得把鸡屁股里的蛋挤出来给游击队吃。"可是杨石从不随便吃群众的东西，但打仗做工作却一马当先，冲锋陷阵。他的优良作风和高贵品质，深受队员和群众的敬佩与爱戴。

从 1947 年下半年到 1948 年上半年，杨石等在铜钹山一带的活动已由隐蔽转为半公开。他们到一处，就召开基本群众会，宣传共产党政策，宣传革命大好形势，发动群众抗捐抗税。群众也主动为游击队站岗放哨，妇女还为游击队洗补衣裳，从而这一带很快成为革命游击根据地。

地位变了以后

1947 年 11 月，杨石与许凤美结婚三天，便开始紧张的工作。走时，只给新婚妻子留下半块香皂。1948 年 1 月，杨石被任命为闽北游击中队指导员（队长杨金生）；4 月，又被任命为上广县委书记（仍兼指导员）。这个时期，虽然地位变了，但他艰苦朴素、平易近人、身先士卒的作风没有变。

1948 年 5 月，杨石带领游击队两班战士到崇安棱罗洋地方开展活动，碰上国民党军一百多人搜山。当时因目标暴露，一场激战便开始了。但由于敌众我寡，杨石第二次负伤，子弹穿过左腰边，鲜血直流，伤势较重。游击队员立即把他搀扶到横坑仔山里，刚用搪瓷茶筒烧了一筒水，敌人又尾随上山，接着又把他转移到桃树坪，使用草药敷伤，以后又转移到封禁山游击队住处。组织上交代许凤美负责护理，经 20 多天才痊愈。

杨石在负伤中，不顾个人生命安危，而是考虑到队伍安全，坚持指挥战士分组抗击，且战且撤，直到队伍转危为安。因此，同志们在回忆这段经过时说："杨石同志是个真正的革命英雄。"

当上县委书记后，他更加谦虚谨慎，努力工作，带领同志们在新的征途上继续前进。他想，革命活动要开展得好，就要有队伍，也要有群众基础，才能排除一切阻力。因此，上广县委首要任务是抓建立党的组织，先后建立了花台和小丰区委，分别由黄知琛、何荣贵兼任书记。同时还建立了大东坑等 17 个党支部，有党员 252 人。接着，杨石等又分析了花厅、柴九洋等地工作难以开展的原因，是内奸叶敏仔在暗中阻挠。这个人表面上曾一段时间为游击队送米送物送子弹，搞钱接洽。可是他总是向接头户郑老毛问这问那，打听消息，问游击队有多少人，武器情况等等。老毛把这事报告了杨石。一天叶敏仔送米到郑老毛家，正坐在桌边喝茶，他的一件衣服挂在壁上，杨石和杨金生两人突然到来，一人叫叶敏仔出去有事，一人检查叶敏仔衣服，结果从其口袋里搜出一份便衣特务证，铁证如山，叶敏仔原来是国民党派出的暗探。还有熊老积，是个独眼，曾为游击队买过东西，游击队抓到土豪，有时也由他去说合，一时表现还好。可他常在柴九洋地方聚众赌博，以游击队名义到处敲诈勒索，还冒充抗日军抢劫民财。对于这类坏蛋，杨石恨之入骨，及时请示县委同志，分别予以处决。从此，这一带的游击活动，很快活跃起来了。

游击区的工作有了群众基础后，杨石就考虑开展武装斗争问题。1948年 5 月，杨石和杨金生、黄知琛、何荣贵研究，决定开展几次影响性比较大的武装斗争。通过侦察，了解到上饶县黄坑桥乡公所驻有国民党军队一个加强排，杨石亲自参加战斗，作好战斗部署。并由杨金生领队，率队员 30 多名，在当地圩日百姓进入村里，于凌晨五点开始围攻其碉堡。枪声一响，国民党军官兵从梦中醒来了，乖乖地做了俘虏。此次战斗缴获长枪 20 多支，手榴弹 30 多枚，子弹 600 多发。另一次是同年 8 月，上饶县花厅乡伪自卫队，经常到上、广边界地方派捐抽税，勒索民财。杨石得知此事，便和杨金生商定，率队员 12 名埋伏在鸡爪岗地方。在自卫队路过时，来个突然袭击，很轻松地吃掉自卫队一个班，缴获步枪六支。从此以后，游击队在群众中的威望大为提高。

1948 年 8 月，广丰土匪头子"十八子"（即李志海）[①]、"累累滚"（即夏修兴）[②]、"横端"（即潘求丰）、"白毛"（即徐好伦）[③]见游击队日益壮大、解放战争节节胜利，意识到末日将临，派代表同游击队求和，要求参加共产党领导下的队伍。闽北地委书记王文波就指派宣金党、杨石、杨金生等和他们具体商谈，向他们宣传了政策，提出了要求，宣布了纪律，使他们为求自身出路，配合游击队做了一些有益于人民的工作。到 1949 年 3 月，自新土匪队伍扩大到近千人（枪），集中在铜钹山的鸡爪岗庙里进行训练整编。王文波代表闽北地委把收编任务交给杨石等人。4 月，这支队伍改编为广丰独立团，杨石任团政委，何荣贵任团政治部主任，用种种方法去指挥这批有罪于人民的人转过来做有益于人民的工作，直至配合人民解放军解放广丰。

流尽最后一滴血

1949 年 4 月，杨石奉命把队伍带出铜钹山，驻扎在二十三都上孚地方。在杨石指挥下，独立团收缴了国民党驻二十三都自卫队一个分队的 30 余支枪（经地下党员张志学策反的），又在抱坞亭收缴了国民党败兵的十支卡宾枪和一支勃朗宁手枪。这时，独立团已扩展到 1100 多人（枪）。5 月 5 日，配合解放军二野部队解放了广丰县城。独立团先驻关头，后开往水南整编，改为广丰县大队，杨石先后任副政委、政委，在党内的职务是县委委员、县委副书记。

1949 年 8 月，正当二野部队和四野部队进驻的交接空隙时间，广丰各乡村的土匪四处作乱。匪首纪老呆、水碓公、王华仔纠集了 800 多匪徒攻打沙田区人民政府；周益水匪首纠集 400 多名匪徒围攻天桂区人民政府；钟耀荣匪首又攻打少阳乡人民政府；柯国金匪首又在罗城方向造反……据此，作为当时负责全县剿匪工作的杨石，心急如焚，夜不能眠。他一面部署兵力四方出击，一面又向上请援，还亲自跑省、路地区，终于在 1949 年 9 月迎来了解放军的主力部队——四七〇团驻防广丰。当先头部队到达洋口时，他亲自带领公安干警前往迎接。通过和部队首长交换情况后，决定部队暂不进城，把马匹、重炮做好隐藏，轻装深入土匪巢穴，侦察匪情，击中要害。他自己带领部队深入到吉岩、盘岭、沙田、罗城以及桐畈、比古等地进行清剿，历时 20 多天，往返行程千余里。正当 9 月 30 日下午，部队回到沙田准备休息时，杨石接到岭底乡石人村群众来报，说旱塘有匪足踪，计土匪 40 多人。杨石听后，二话没说，便同营长研究，迅即带领部队出发。从沙田到旱塘，有 40 多华里山路，他们不顾 20 多天的跋涉疲劳，于晚上七点起程，深夜一点多钟到达，刚把村庄包围好，已是次日凌晨三点。在这次剿匪中，杨石同志光荣牺牲，终年 30 岁。

杨石烈士为革命为人民历尽了千辛万苦，为伟大的共产主义理想流尽了最后一滴血，他的精神将与日月同辉，永垂青史。

杨石烈士牺牲后五个月，出生一遗腹女，取名杨健，现在中国人民解放军海军后勤部技术装备研究所工作。

杨石烈士遗体，原葬于县城西门外通讯桥沿山边。1957 年 2 月 9 日，广丰县人民政府将其迁葬于革命烈士陵园。碑文曰：

流血牺牲，英雄气节似白杨

艰苦奋斗，革命意志如磐石

一九八六年三月

附：

关于游击队收编几个匪首情况的说明

据广丰县公安局案卷查称：

①李志海（又名十八子），少阳乡少阳人，潘求丰（又名横端），大石乡南屏村人。李、潘均系土匪头子，罪恶昭彰，混入革命队伍后，仍恶性未改，隐藏分散好枪 30 支以上，出卖和出租给匪首占辉舟等人。李、潘在军政大学学习时，以李为首，秘密组织反动地下青年救国团，于 1951 年 4 月 4 日由人民政府将李、潘处决。

②夏修兴（又名累累滚），横山乡廿八坞人，匪首，罪恶累累，1951 年被王其雨股匪报私仇所杀。

③徐好伦（又名白毛），大石乡水角人，匪首，青年党党员，国民党

军队装甲团上尉连长，反共忠义救国军参谋主任，混入革命队伍后，偷出短枪送给土匪徐鸟举使用，参与了攻打沙田区人民政府，打死民兵 12 人，于 1951 年 3 月 20 日被人民政府枪决。

（录自《广丰文史资料》第二辑，1986 年，第 14—26 页）

上饶九旬老兵用一生践行誓言　为战友扫墓 60 年

"排长，清明节到了，我带着孩子来看您了……" 4 月 4 日，在上饶市广丰区烈士陵园李忠林烈士墓前，90 岁的老兵孙玉龙带着家人，给老排长李忠林烈士扫墓。"只要我活着，只要我还能走得动，年年都去看老排长。如果我不在了，我嘱咐子女一定要代我扫墓，这是我最后的心愿。"

自 1960 年孙玉龙从横峰县武装部转业到地方工作以来，今年 90 岁的他每年坚持到广丰给老排长李忠林扫墓，至今已坚持了 60 个年头。

60 年祭扫，从青丝到白发，风雨无阻，不曾间断。

把生的机会留给了我

1930 年 8 月，孙玉龙出生于辽宁省法库县一户贫困的农民家庭，1948 年 3 月 5 日，孙玉龙光荣参军。18 岁的孙玉龙被分到辽吉一分区十五团一营三连二排，遇到了比他大 6 岁的老乡用一生来铭记的排长李忠林。"我们是同乡，入伍时候年纪轻，长得也瘦小，李排长把我当亲弟弟一样照顾我，总替我扛枪背行李，节省下为数不多的口粮还给我吃。"孙玉龙和李忠林结下了深厚的友情。辽沈战役、平津战役，二人出生入死经历了无数次激烈战斗。打仗冲锋在前，转移掩护压后，两人配合默契。

1949 年 10 月，孙玉龙和排长李忠林一道随第 157 师 470 团驻防广丰，参加剿匪战斗，巩固地方政权。1950 年 3 月 16 日，李忠林率队追击逃往江山的匪首，当晚驻扎在东阳乡后阳村。晚上九时许，平时睡在一床且一头的两人换了位置，隐隐约约感觉不安的李排长对孙玉龙说："这土匪凶狠强悍，很危险，今夜你睡里头，我睡外头。"睡下不久，院子外突然朝着屋里连开六七枪，李排长迅即翻身掩护孙玉龙，上身和头部都压在了孙玉龙身上，最后的拥抱从此阴阳两隔。"一颗子弹穿过壁板击中排长，从下颌洞穿头部，看着满身鲜血的李排长，我宁愿阵亡的是自己。"时至今日，每每想起当时的画面，老人浑浊的泪水瞬时溢满眼眶。

凌晨一点，强忍着悲痛的孙玉龙连夜徒步30公里赶往广丰县城，向在那开会的连长曹振荣报告李忠林牺牲的消息，并当即返回后阳村料理李忠林的后事。那一夜，孙玉龙悲痛欲绝，泪水洒了一路，模糊了双眼。不知道摔了多少跤，他一身血泪，却毫无知觉。

第二天孙玉龙和战友一起把李忠林安葬在后阳村。孙玉龙将李忠林的遗物清点打理好寄回了辽宁老家，其父悲痛欲绝，因无法目睹英年早逝儿子的遗物，而不忍去收取，邮件被退回了原寄出地。日久再寻时，却音信已绝。

67年寻亲告慰英灵

广丰剿匪任务完成后，孙玉龙在组织的安排下，于1952年9月14日，调入上饶军分区横峰县人民武装部工作。1960年12月，孙玉龙从横峰县武装部转业到地方工作，先后在金融、税务、卫生系统工作，于1986年离休。

"年轻时候一有心事，就常去李排长坟前和他说说话，待上半天心情就好了。现在年纪大了，去不了这么频繁，但每年清明节一定会去看看他，心里才踏实。"自从转业到地方工作起，每年的清明时节，孙玉龙都坚持从横峰到广丰，为已迁坟至烈士陵园的老战友李忠林扫墓，这一扫就是60年。从1950年开始，孙玉龙就一直没有放弃寻访老战友李忠林烈士的亲人。这期间，他曾多次通过电视台、报社、民政等有关部门查询，还和其他战友打听老战友李忠林的亲人，可惜一直杳无音讯。

2016年底，李忠林烈士的侄子李怀民按照烈士生前的部队番号上网搜索时，刚巧看到来自同一部队的一篇博客，讲到了在广丰剿匪的事，并与博主取得联系。原来其博主李勇雷正是李忠林另一老战友的后代。根据线索，李怀民在上饶市广丰区民政局的帮助下，终于在广丰区革命烈士陵园找到了李忠林烈士墓，并与孙玉龙老人取得了联系。

"排长啊，67年了，我把你的侄子李怀民带来看你了，你的英雄事迹也原原本本地告知你的家人，黄土之下的你也可以安息了。"2017年4月15日，孙玉龙手扶着老排长李忠林的墓碑，老泪纵横，泣不成声……（吕玉玺、马倩玲）

图为孙玉龙在广丰区烈士陵园为李忠林扫墓祭奠

（录自《江西日报》第3版，2019年4月15日）

姚金铨被土匪绑架始末

石一川

1949 年 5 月 5 日，广丰解放。初时，人民政府对土匪实行宽大政策，令其悔过自新，改邪归正。但是，不少土匪恶习难改，继续为非作歹，有的表面自新，暗中仍然作恶。同年 6 月间，广丰烟商姚金铨化装成农民赴横山乡廿四都办事，走到脚坞亭时，被夏献成一伙土匪发现，当即将姚绑架，并开价要十斤黄金赎票，成为当时广丰最大的绑架案。

姚金铨，外号三狗，生于 1887 年，年轻时经营小生意，1927 年开设"铨记"烟行，以经营紫老红烟为主，内外销结合。初时，资金短缺，向烟农购来的烟叶均先欠账待销出后付款。后依靠其在上海搞经纪的胞兄姚金波牵线搭桥，与埃及人在上海开设的"百多洋行"搭上业务关系，姚运往上海可供出口的紫老红烟全部卖给"百多洋行"，故其烟叶出手快，加以重质量、守信誉，烟叶生意越做越大，不到十年时间，姚已成为拥有数十万银洋的富翁。仅 1934 年，运往上海出口的紫老红烟六千余件，运往苏北内销烟叶两万余件，就获利十万块银洋。

1936 年，姚在中大街一人买屋一幢，后又购大批杉木准备新建楼房，但日寇沦陷广丰时，其杉木全部丢失，建楼房之事暂时搁下。

20 世纪 40 年代初，姚已成为广丰四大烟商之一，即林（林兴记）、苏（苏丰记）、姚（姚铨记）、徐（徐振记）。租用冯氏宗祠大屋做营业用房，雇用熟练理烟工人 40 名，每年理烟时间达八个月。姚经常亲到理烟房检查质量，发现有不合格者，即重新整理。1942 年后，广丰土匪逐渐猖獗。因而，姚便常驻上海，经营烟叶转手生意。当时，广丰烟商有时在上海难找到销路，便托姚帮忙销往苏北等地，姚从中也获转手利润。每年下半年，烟叶收购旺季，姚回广丰收购烟叶，为躲避土匪耳目，姚化装成农民，身穿旧衫，头戴雨笠，脚穿草鞋，行动谨慎，烟农虽认识姚，但皆不呼其名，故土匪虽向姚分票（土匪勒索钱财的通知条子）20多次，均因未找到姚而勒索未遂。但土匪对姚已垂涎三尺，时时注意姚的行动。1944年，土匪利用县保警队顾某经常到姚家察看动静，趁机进行要挟。一次见到姚在家，即进行要挟。姚给了多两黄金私和，顾才扬长而去。

抗战结束，"百多洋行"歇业，老板回国，姚又与"祥利洋行"搭上关系。此时，姚的经济实力已很雄厚。为了增强市场竞争力，对烟农采取预付定金，收货后结算，这既稳定了货源，又扶助了烟农生产。土匪夏献成抓到姚后如获至宝，怕其他伙匪拦劫，常换地址，白天躲藏，夜间行走，从横山至下坊，后到上饶石灰坑，并逼姚向家中写信，派土匪连夜将信塞进姚家大门内。一日清晨，姚妻刘淑圭见信中要刘拿出十斤黄金赎姚，一时拿不出，姚家中子女均小（长子才17岁），全家人手足无措，母子抱头痛哭。此时，姚被秘密关在上饶石灰坑的消息，被土匪头子李志海（外号十八子）获悉。李原来已自新，与手下土匪编入广丰县大队，但李对姚这块肥肉垂涎已久，只是由于找不到姚的下落而无从下手。这一消息使李喜出望外，当即暗中纠集土匪，连夜赶至石灰坑，展开了一场狗与狗争食的拼杀，结果夏献成被击毙。夏手下的土匪死的死、逃的逃，姚金铨又落到李的手里。

李将姚秘密关在上饶花厅铁山、王坑桥一带，逼姚向家中写信，并将信转到在县城开南货店老板周发荣（外号绍目宜，串匪）。周亲自到姚家将信交给刘淑圭，信中仍然要刘拿出十斤黄金赎姚，刘因一时拿不出而未答应。几天后，李采取刮耳恐吓，将姚的右耳刮下一半，并附信一封交到姚家。刘淑圭和子女见姚的耳朵痛哭不止。数日后，李与周发荣同到姚家，与刘淑圭交谈，软硬兼施，刘不得已乃许以八十六两黄金（每十六两为五百克）赎姚，李又外加条件，黄金必须经徐振浩银楼店打印有该店号的印记（防假）。这样，刘淑圭东拼西凑，凑足了黄金交给徐振浩加工盖印记，徐从中获得了巨额收入。又数日，李与周到姚家，由周向刘淑圭保证安全送姚回家，当即取走了黄金。过了20多天，经过夜行昼伏，李才将姚送回家，一场绑架案才告了结。

李志海自新后混入革命队伍，恶性未改，隐藏枪支，继续为匪，秘密组织反共地下青年救国团，罪恶累累，民愤极大，1951 年 4 月 4 日，人民政府将李志海与周发荣处决。

姚金铨经过这次绑架抢劫的打击，企业元气大伤，但仍继续经营烟叶生意，1951 年参加广丰烟叶联营行，担任副经理，负责外销业务。1953 年烟叶联营行歇业，改营烟酒生意。1956 年"三大改造"高潮时，企业加入烟酒合作商店。此时，姚已七十高龄，年老体弱，乃退居在家，由其长子姚茂歧加入合作商店。1960 年，姚因病去世，终年 74 岁。

（录自《广丰文史资料》第五辑，1994 年，第 44—46 页）

（二）事件追述

永远难忘的时光

——记广丰县城的解放

徐敬恩

60年前初夏的一天晚上，一支荷枪实弹精神抖擞的军队，悄悄地开进了广丰县城。这时，全城百姓都在酣睡，家家关门闭户，士兵们没有惊动居民，静悄悄地坐在街边屋檐下，抱着枪杆打盹。次日清晨，有一个人出门挑水，忽见满街士兵，回去告诉邻居。大家互相转告，纷纷出来观看。这时天已大亮，人们见军队和蔼可亲，便上前搭话，看到士兵们胸前的符号，才知道他们是人民解放军。这一天，是公元1949年5月5日，是广丰人民应该永远铭记的一天，也是广丰历史上改朝换代的一天。

这支队伍是中国人民解放军第二野战军5兵团17军49师的一个先遣团。他们于5月4日傍晚从上饶出发，追歼国民党残敌，于5月4日半夜到达永丰镇，奉命就地休息，等待广丰的地下党来人联络。

"解放军来了！"人们奔走相告，消息很快传开，全城沸腾。国民党县政府的两名职员，赶忙去告诉县长李尊邕说："解放军已于下半夜进城，居民仍然安睡。现在街上都是解放军。"县政府的秘书和几个科长上街观看，找到先遣团的孟政委报告说："广丰县政府已于4月29日停止办公，迎接解放，并且成立了治安委员会，维持社会秩序。"孟政委说："是应该照常办事，保持稳定。"正说着，广丰地下党领导的武装——信江支队赶到了县城，与解放军会师，配合接管工作。李尊邕回到县政府，命自卫队、保警队把武器集中在县政府大门口，等待接收。解放军和信江支队来到县政府大门口，只见长枪、短枪杂乱地堆满一地。经过点收，共接收长枪691支，手枪99支，轻机枪2挺，刺刀30把，手榴弹2个，子弹13余箱。

原来，在此之前，广丰地下党通过俞应麓、汤又斋劝说县长李尊邕，由他出面邀请国民党县党部书记、县参议长、保警大队长等人商议,号召所有国民党的党政军人员都不要逃走,枪支、弹药、物资、档案都不许转移破坏,维护秩序,安定人心,迎接解放。因此,解放军不费一枪一弹,顺利地解放了广丰。后来,51师政治部主任田平曾说,这是我军渡江后解放的城市中最为完整无缺的城市。

1949年5月5日,结束了国民党在广丰的统治,国民党广丰县县政府寿终正寝。国民党最后一任广丰县长李尊邕,成为国民党广丰县政府的"送终人"。

5月5日晚,在县城文庙明伦堂(今老干部活动中心)召开军民联欢会,庆祝广丰解放。会上,部队首长和地下党领导讲话以后,解放军各连队开始拉歌,此伏彼起,高唱《东方红》《打得好》《解放军的天》《三大纪律八项注意》《没有共产党就没有新中国》等歌曲,剧团、学生也表演了节目。军民同乐,万众欢腾。

5月7日,由梁子庠率领的南下工作团到达广丰。工作团一行50余人,个个身穿军装,佩带武器。他们是解放初期广丰党政机关的领导骨干,是广丰各项工作的开拓者。当日下午,梁子庠召集李尊邕与旧政权机关主管人员开会,宣读《中国人民解放军布告》《约法八章》,讲了对旧政权人员的政策,布置接收移交。接收方以梁子庠为首,移交方以李尊邕为首。当日,接收了旧政权档案。

5月8日,49师奉命进军福建浦城,51师进驻广丰。当日,成立广丰县军事管制委员会,由政治部主任田平任军管会主任。

5月15日,成立中共广丰县委,首任县委书记张军直。5月20日,成立广丰县人民政府,首任县长梁子庠。

此后,一届又一届的县委、县政府,带领广丰人民不断奋斗,取得了辉煌的成就。而1949年5月5日,则是所有灿烂辉煌业绩的起点。

(录自徐敬恩著:《西山谈荟》,江西人民出版社2015年版,第259—261页)

解放广丰县的情况

闵学胜

关于广丰县解放的具体时间，因时隔太久，确实回忆不起来了。我记得我们五十一师是4月21日晚开始渡江的。第二天到达彭泽，停了一天，即从彭泽出发，经三四天的时间，行军到达景德镇，住了一晚，然后又经德兴，四五天后进至玉山，配合四十九师围歼了驻玉山、广丰地区的杜聿民残敌和交警总队4000余人。此战后，四十九师暂留玉山、广丰地区，五十一师只在玉山城外住了一晚，即南下解放福建的浦城、政和、崇安、建阳、建瓯、古田、南平、尤溪、沙县等地，并在这些地区驻了一段时间，开展群众工作，建立政权，清剿残敌，筹集粮款等，约到7月底，三野叶飞兵团进至福建后，五十一师即回师贵溪、东乡地区休整，作进军大西南的各项准备工作，9月份即进军大西南了。据此，我认为解放广丰的时间可能在5月4日或5日，解放的部队是四十九师和五十一师。四十九师转征浙江江山地区后，接管广丰的部队可能是五十师，不是五十一师。因为五十一师只在玉山、广丰地区停留一晚即南下了。而五十师渡江后是随四十九师和五十一师后跟进的。

（本文系闵学胜同志1987年9月22日给广丰县委党史办的复信，闵学胜同志原任中国人民解放军五十一师师长，后任武汉军区副司令员，已离休）。

（录自中共广丰县委党史资料征集办公室编：《中共广丰党史资料》，1990年印行，第144—145页）

解放广丰县的有关情况

王根培

关于广丰县解放的日期，哪个部队先去解放的，后又是哪个部队去接管，开展哪些工作等详情不知。可提供如下情况供参考：

我五十一师随十六军渡江后，进占景德镇，十六、十七两军在兵团首长率领下，日夜兼程向玉山、江山前进。

我奉命带领两个营暂住景德镇，另有任务：一、接收看押俘虏（内有专员、县长、保安团及国民党逃散部队），共 1500 名；二、掩护我们兵团政治部建立景德镇军管会，军管会主任石新安；三、将一五三团三营营长张传书、教导员陈殿轩继续留在景德镇，后到鄱阳分区任特务营领导直至7月底归团建制；三四天后，我率一五一团三营由景德镇出发掩护十七军军直机关向玉山前进。

我接到贵县党史办的函后，在贵阳地区即找到原五十一师几位当年的营连干部座谈回忆。我师进占玉山后奉命继续向南，沿闽、浙公路追歼逃敌，我师一五二团、一五一团沿公路线追击敌人，一五三团由玉山直向南经广丰县，敌人早已逃跑，稍休息吃饭后直奔浦城。经少时的战斗全歼敌 7000人，浦城宣告成立军管会，师政治部副主任田平任军管会主任。我一五一团一五二团在三岔口和松江共歼敌 3000 余人。尔后，整个部队翻山越岭、日夜兼程、风雨无阻，连续攻占建阳、建瓯、南平、松溪、政和、古田、邵武、顺昌、沙县、尤溪等地，我师分住在南北 11 个县城。在福建省委、各地县党组织和游击队的紧密配合下，任务是：接管建立各级政权；筹粮300 余万斤，保证三野十兵团解放福州、厦门的供应工作；继续清剿股、散敌武装枪支弹药，维护社会治安；宣传党对新行政区的各种政策，教育和发动群众，组织武装群众。

1949年7月下旬三野十兵团二十九军进驻南平、古田、兵团部驻建瓯。我师闽北防务移交三野后，奉命启程返回江西归十七军建制。8月3日驻东乡，准备进军大西南。

最后建议：为党史资料的真实性，请找几位首长了解情况，十七军军长王秉璋，政委赵建民，均在北京；五十一师师长闵学胜原武汉军区副司令员，现休息驻武汉；四十九师政委况玉纯现居北京总后干部休养所，师长汪家道沈阳军区副司令员，现休息。

我当时不在，不了解情况，现提供一点线索作参考。

（本文系王根培同志1987年10月8日给广丰县党史办的复信。王根培同志原任五十一师副师长，后任贵州省军区副参谋长，已离休）。

（录自中共广丰县委党史资料征集办公室编：《中共广丰党史资料》，1990年，第146—147页）

第470团广丰剿匪及其他

第157师在鹰潭、广丰各建一个指挥所，组织第469、470团对玉山、广丰、上饶、铅山、贵溪县境的股匪进行驻剿和围剿。

广丰位于上饶，东北部与闽浙接壤，东南部仙霞岭支脉与武夷山东北段相连接，主要山峰海拔都在千米以上。境内林密草茂，匪患严重。既有国民党潜伏下来的政治土匪又有本地滋生的惯匪，有纪老呆、柯国金等多股土匪共3000余人。群匪之首纪老呆被国民党委任为"闽浙赣游击总队司令"，手下五六百人中有国军军官等骨干匪徒200余人。他与福建郭永槐、浙江徐东亮等匪首勾结往返流窜于闽浙赣边，在广丰、浦城、江山都有巢穴。

1949年九月初（农历），第470团刚到广丰时，土匪与地主勾结起来拉拢一些不明真相的群众与解放军展开了各种形式的对抗使得民匪难分。解放军单独执勤时和群众走到一起，有时冷不防就挨一扁担，然后枪就被掠走。县城一些商店，表面上是合法经营暗地里则与土匪联络。一次，第470团2营的一个班押送40余名土匪刚走到十字路口，一声咆哮土匪全部钻进各个商店，解放军组织搜索一个也未抓回。

又一次，第470团进山剿匪时，为行动方便把发疟疾的50余名病号留在排山（在今广丰区排山镇）的寺庙里。到了9月30日排山圩日这天，早饭过后战士们正在寺庙里休息，周边农民从四面八方拥向坪场。上午10点，有些挑着担子的人像是赶场的向寺庙走来未引起我方哨兵的注意。突然，他们袭击了哨兵并缴了哨兵的枪支。病号一看情况不妙抓起枪来堵住山门就打。土匪们边向寺庙进攻边又集结来五六百土匪，他们边打枪边用喇叭喊"解放军弟兄们，你们被包围了，跑不了啦，交枪投降吧！"战斗持续到下午2点，土匪始终没能攻进寺院。团长张庆诚得到消息时手下没有机动分队前去支援，便急中生智向排山的寺庙后山打了几炮，这才把土匪给吓跑了。

经过近三个月的战斗将上饶地区的白洋、朱建发、杨老四、王日瑞等九股土匪悉数歼灭。另有匪首纪老呆、杨志楼、郭华崽逃窜到福建，李信才潜伏于怀玉山区（其后的1951年年底，在上饶县公安局的配合下彻底消灭了南乡杨志楼、北乡谢华国这两股最大的土匪和其他八股小股土匪，共击毙52人、伤74人、降60人）。广丰剿匪作战中，第470团曾有26岁副排长文恒山于12月牺牲。

（录自四野第157师子弟研究组编：《四野军第157师研究》，2017年，第146—147页）

注：本文标题为编者所拟

信江支队消灭国民党残兵败将和土匪势力

在全国解放战争取得战略决战大捷的时候，为配合人民解放大军渡江作战，中共闽浙赣省委湘赣边工委（又称江西工委）赣东工委广丰城关临时支部于1949年初，领导组建了中国人民解放军信江支队。

信江支队成立后，司令部设桐畈王家村。信江支队成立前，当时的反动武装除了保安独立第二营、民众自卫总队、警察队、乡公所警卫班、乡保自卫队之外，还有土匪武装3000人枪，分布在全县各乡村。为此，信江支队在司令部的指挥下，不时地袭击国民党正规军从前线溃退的残兵败将，这不仅从敌人的手里缴到了冲锋枪，卡宾枪、步枪60多支，用来充实自己的装备，而且也有效地制止了敌残兵败将在溃退沿途骚扰百姓的罪恶行径。例如：在吴村，由于信江支队的活动，震慑了敌人，1949年4月24日，国民党军队溃退下来的一个团，到吴村宿营，在将开晚饭时，因找碗筷到处翻腾，偶然发现了信江支队的一张宣传资料，吓得他们到嘴边的饭都不敢吃就逃跑了。还有一次在广浦路边的一个村庄，有一支国民党的败兵，看到信江支队的半截传单，立即报告他们的长官，这个胆小如鼠的长官吓得半截传单没有看完，立即吹哨集合，拔腿便逃。半截传单就为这个村庄的农民消除了一场灾难。其次是向土匪作斗争，广丰土匪之多危害之大在闽浙赣毗邻地区是闻名的。他们神出鬼没在四乡八坞，打家劫舍，杀人放火，无恶不作。一次有一伙土匪来到桐畈集镇，当地群众惊慌异常。但土匪一听这里有共产党的队伍，当即转移他处，当地群众便免遭了这场劫洗。信江支队第四大队在洋口也追歼了一小股土匪，生俘土匪18人，缴获步枪18支。

（录自中共广丰县委党史资料征集办公室编：《中共广丰党史资料》，1990年，第184—188页）

注：本文标题为编者所拟

广丰民兵积极参与剿匪

勇斗土匪 1949年10月2日，浦城县匪郭永槐和广丰惯匪纪老呆、永碓公、王华仔，纠集广丰、浦城的土匪800余人，攻打广丰沙田区人民政府。驻防在区政府外围的吉岩、盘岭、桐畈乡民兵武装队，发现敌情，鸣枪告警，立即与土匪进行激烈的战斗。民兵赵清兴当场牺牲，队长赵清廉受伤被俘后与民兵赵清狮、肖贻敏、鲍德红等被土匪杀害。

1950年9月26日，匪首王大蛇、王华仔等20余人携枪，围攻广丰沙田区河泉乡人民政府。因土匪来得突然，乡政府人少，经过搏斗，终因寡不敌众，副乡长刘华仔、复员军人许显修、民兵队长黄怡才和3位民兵，为保卫新政权而英勇献身。

智擒逃匪 1950年11月，为追捕罗城区土匪头子余太仔，区委书记关成祥组织民兵村村设立岗哨，昼夜轮流值班坚守。一天晚上，余太仔鬼鬼祟祟地来到自家门前，见前后无人跟踪，便敲门闪身进去，不料其行踪已被值班民兵发现。值班民兵不动声色，马上到区政府报告："余太仔已经潜回家中。"关成祥立即挎上身枪，带领民兵，迅速赶到余太仔家，包围房子，一脚踢开大门，闪电般地冲进去，把正在床底下挖地窖埋枪的余太仔擒获，受到江西省人民政府的通报表扬。

追捕逃犯 1951年4月28日深夜，关在洋口区政府东头毛家祠堂内的17名土匪、恶霸，乘哨兵不备突然打开牢门越狱潜逃。区委书记马汉卿迅速部署，调集区中队、五乡、三街民兵布下天罗地网，搜捕逃犯。洋口街道民兵分队长黄运崽，带领民兵搜索到一块茂密的麻地边，怀疑里面藏有逃犯，便心生一计，拉响枪栓，大喊："这里有一个，大家快来！"躲在麻地里的越狱匪首纪家荣，以为真的被发现，吓得往山上跑，被黄运崽和闻声赶至的民兵擒获。次日，黄运崽又带领民兵至上饶县黄市乡牛皮滩，智擒土匪毛树森、张国宾。第三天，黄运崑接到群众报告，带领民兵围捕越狱悍匪陈胡子，追到一口水塘边却不见人影。黄运崑仔细观察，只见杂草丛生的水塘边翘出一根芦苇秆，黄用枪尖向下一戳，只见"咕嘟嘟"一阵水泡后，陈胡子钻出水面，举手认罪归案。至此，17 名越狱逃犯全部被擒。由于剿匪反霸有功，黄运崑被表彰为"民兵英雄"，1952 年参加国庆观礼、受到毛泽东等党和国家领导人接见。1960 年 5 月，黄运崑再上北京出席全国民兵英模大会，又受到毛主席和其他党和国家领导人的接见，并获奖半自动步枪 1 支。

（录自广丰县军事志编纂委员会编：《广丰县军事志》，2010 年，第 131—132 页）

注：本文标题为编者所拟

匪患数十年　全歼一挥间

徐敬恩

　　土匪是旧社会的一大祸害。广丰地处闽、浙、赣三省边缘，境内多山。尤其是东南边境，山深林密，便于土匪隐藏与逃匿，所以很早就有土匪拦路抢劫。早期的土匪，用刀棍为武器行劫。民国初期，始出现持枪土匪，但为数不多。三十年代，已形成许多股匪，且都拥有枪支弹药。四十年代更甚。据 1943 年的资料载，匪首吴启高部百余人，拥有机枪 2 挺，步枪 60 余支，"快机" 10 余支。至四十年代末即解放前夕，各路土匪拥有的枪支弹药不计其数。

　　土匪的枪支为何越来越多？一是匪首通过各种渠道，秘密从国民党军警人员手中高价买来；二是豪绅以地方自卫为名，从上海、衢州等地买来，豢养土匪；三是从国民党军队中夺来。如 1942 年春，驻广丰的国民党陆军军官学校三分校因日军进犯时慌忙撤走,遗下 1000 多支枪全被土匪劫去。另外，国民党政府对土匪的骚扰无可奈何，便与土匪勾结，将各股土匪收编。土匪乘机公开招兵买马,等枪支到手后,复又拖枪为匪。1942 年、1948 年曾几次"收编"，屡编屡叛，国民党政府白送了许多枪弹，土匪的人枪倒越来越多。民国后期匪势蔓延，广丰的社会成为官、绅、匪三位一体的统治局面。至解放前夕，土匪竟达 13000 多人，枪 6000 多支，为历史上所仅见。

　　县内大小股匪之间，为了争夺利益，也会发生冲突，甚至自相残杀。1948 年，王其雨股匪突然包围了三都，打死匪首吴太云，使该股匪瓦解。1949 年初，匪首李志海、潘求丰自感势单力薄，便投机革命，率 20 余人至铜钹山投奔杨石领导的地下游击队（以后二匪又阴谋叛变，被处决）。经过多年的并吞与角逐，各路土匪逐渐形成"山头"，各霸一方。至 1949 年春，本县各股匪的实力及活动地区如下：

　　1. 王其雨股匪，120 余人枪，盘于洋口，常在河北、鹤山及广饶交界处活动。

2. 黄老五股匪，10 余人枪，盘踞博山，常在广饶交界处公路上行动。

3. 柯国金股匪，计有 9 个中队、55 个分队近 500 人，盘踞在罗城、柱石区一带。

4. 周益水股匪，200 余人，枪 100 余支，在天桂杉溪一带活动。

5. 王水礁股匪，120 余人，活动在沙田、盘岭区一带。

6. 纪老呆股匪，原在城北、施村、吴村一带活动，后转到沙田、盘岭及广浦边境等地，发展到 3 个中队、9 个分队 160 余人。

7. 钟耀荣股匪，6 个分队 100 余人枪，盘踞在盘岭区，活动在盘岭、沙田、吉岩等区边境处。

8. 夏修兴股匪，包括夏修和、占辉州、王日瑞等股，共 500 余人，分布并活动于今横山、少阳、霞峰、大石乡等地。

9. 许爱同股匪，原在吉岩、少阳等地活动，后转到沙田区境内，30 余人。

10. 夏杰股匪，原是 50 余人，在施村及广玉边境活动。

11. 杨老四、叶化龙股匪，共 100 余人枪，在今下溪、大南、湖丰乡及广玉边境活动。

此外，还有邱老芳、周绵富、刘盘崽、吴运潭、夏贵兴等股，人数不详。在县境东南部边缘，又盘踞着江山县的戴藏宜股匪和浦城县的郭永槐股匪，不时窜入境内骚扰。

土匪的祸害，比起洪水猛兽，有过之而无不及。他们打家劫舍，杀人放火，分票绑票，强奸妇女，霸人妻女等等，无恶不作，什么坏事都做得出来，罪恶累累，罄竹难书。

1949 年初，匪首王其雨、柯国金、纪老呆、邱老芳、吴运潭等 3000 多人枪，参加了国民党特务反动武装，成为政治土匪，充当反革命工具，于 1949 年 8 月至 10 月间，乘我二野部队和四野部队换防的间隙，攻打我区、乡人民政府，妄图颠覆新生的人民政权，活动甚为猖狂。当然，其结果还是以失败而告终。

1949年5月5日，广丰解放，国民党在广丰的统治宣告结束。6月，我二野部队和新组建的解放军县大队，拉开了剿匪的战幕，向土匪发动进攻。一个月来，俘匪10名，击毙击伤匪徒16名，缴枪63支，子弹410发。7月份再传捷报：我主力部队、县大队、区中队共俘匪24名，击毙击伤27名，争取自新84名，缴获机枪2挺，长短枪91支，电台1部。

10月7日，四野470团部队进驻广丰，立即部署剿匪战斗。遵循"军事清剿、政治瓦解"的方针和县委"有重点的分散清剿"的决定，470团在地方部队、民兵的配合下，于11月、12月份对土匪穷追猛打。两个月共俘匪268名，击毙84名，争取自新1003名（其中俘匪首4名，击毙匪首4名，自新匪首21名），缴长短枪680余支，重机枪1挺，轻机枪6挺。经此一击，许多股匪已被歼灭、瓦解。剩下的几股顽匪，已元气大伤，溃不成军，龟缩潜藏在深山中。

1950年3月，470团和县大队抽出一部分兵力至6个区组成武工队，每队25—30人，另在排山、四十二都、二渡关各驻一连兵力，追剿叶化龙、周绵富、刘盘崽、柯国金、王华仔、纪老呆等逃匪。我军采取以集中对集中、以分散对分散、以隐蔽对隐蔽、以便衣对便衣等灵活的战术，神出鬼没，许多匪徒被击毙击伤，纷纷落网。经一年多的清剿，至1951年5月，县内股匪已基本歼灭，只剩下柯国金、邱老芳、夏贵兴、纪老呆等4股23名残匪，被压缩在接壤闽浙的县境边缘山区。

1951年5月26日，成立了罗城、柱石、玉石、沙田四区联防指挥所，由王世新等领导，下设毛岩、白刀岗、华山3个分指挥所，另以一连兵力驻分水岭、七星背，各区武工队再组成飞行组，围捕此4股残匪。6月底，拔掉了各股匪的最后据点。至此，为害数十年的土匪全部覆灭，历时两年多的军事清剿亦宣告胜利结束。

（录自中共广丰县委宣传部、中共广丰县委党史办编：《赤岩翠竹红军魂——广丰革命故事选》，1991年，第57—60页）

（三）剿匪故事

巧计擒特

王槐田

1949 年 5 月，我人民解放军二野 5 兵团 17 军 51 师、49 师，在地下党领导的独立团和信江支队的配合下，一举解放广丰县城，接管了国民党县、区、乡政权。

就在广丰解放前夕，洋口镇湖边村樊家地方经常出入一位不速之客。此人自称林津涛，40 岁上下，个儿高大，先生模样，穿着讲究，常叼着一根香烟。据房东介绍，林系他的亲外甥，十几岁外出闯荡，后来在东北某大学任教授，共产党的地下工作者，东北解放前，他受当局迫害和党组织失去了联系，流亡江西广丰。

广丰解放后，洋口成立区政府，自马汉卿（东北嫩江甘县人）任区长后，林津涛经常出入区政府，马区长有时也到林的住宅寒暄几句。这样，局外人认为马、林是"莫逆之交"，林也自称与其是师生关系。

原来，马区长年纪虽轻，却是十分好学上进。每当学习时碰上"拦路虎"，就把它写在桌子上的一块小黑板上，由认得的人给他识字断义。这一天，林津涛给马区长讲解完生字后，长长地叹了一口气，说："马区长，不瞒你说，近年我的心情是何等痛苦，和党组织失去联系，比什么都难受。"林顿下话语，朝耷拉着脑袋思考的马区长睃了一眼。"马区长，我在东北工作 20 余年，算得上半拉子东北人，俗话说，亲不亲，故乡人，你看能不能帮我联系联系，或者给我证明证明。"

马区长抬头一笑，从椅子上站起来，很有礼貌地说："林先生，你不必太忧虑。关于组织问题，还需从长计议。再说你是高级知识分子，属我党的统战对象，又是县政协委员，区政府很器重你，你还是我的'座上客'嘛。"

"马区长所言极是！"精于见风使舵的林津涛，抬头望了望窗外道："天色不早，改日再谈。""恕不远送。"马区长见林消失在区政府的大门外，不由得双眉紧蹙，陷入了沉思。

不久前的一天傍晚，马区长吃罢晚饭倒背双手，耷拉着头，漫步溪滩，偶尔抬头，见连接河北乡的浮桥上行进着一个熟悉的身影：林先生！这么晚了，赶往河北有什么急事？高度的警惕性使马区长决定跟踪看个究竟。

两人一前一后，大约走了四五华里，林津涛加快了脚步，冷不丁一个箭步，窜进山边的灌木丛中……

天色已黑，马区长失去了跟踪目标。他向四周转望一圈，顿时明白，此地河北青石桥，是土匪经常出没之地。林先生这里无亲无故，难道跟土匪有什么干系？马区长心里打上一个问号。

时光一晃又过去两月有余。1950年，由于我新政权建立不久，社会动乱，百废待举。国内外敌人遥相呼应，反革命分子蠢蠢欲动，十分猖狂，他们企图把新生的中华人民共和国扼杀在襁褓之中。为了打击其嚣张气焰，党中央决定在全国范围内开展镇压反革命运动，并实施了"统一行动计划"。这天晚上，交通要道岗哨林立，全国各地一举行动，大批反革命分子被逮捕关押。一些侥幸漏网的，个个如惊弓之鸟、丧家之犬，坐卧不安，心惊胆战。

就在统一行动的第二天早晨，林津涛来到了区政府办公室。

"林先生，这么一大早来到区政府，想必一定有什么要紧之事吧！"区政府叶善成秘书客气地招呼，递烟。

"抽我的。"林津涛递上一支"老刀牌"，脸上现出高兴的神色，拍拍叶秘书的肩膀。"叶秘书，昨天我听说上饶专署来了一位北来的干部，高个，大麻子，姓张。他很像我原来的入党介绍人，这下我非找到他不可！"林津涛双手作揖，不无歉意："麻烦小弟给打张通行证。"（统一行动期间，规定凡外出人员一律必须持乡以上政府出具的通行证，关口哨卡才能放行）。

通行证？叶秘书顿觉内中蹊跷，原来，对林津涛的疑点，马区长早就暗中同他说过。现在,林恰在此时要外出,想必一定有鬼。叶秘书不露声色,微微一笑,推脱道:"真对不起,公章在马区长那里,这样吧,你在此等一会儿,我去叫醒马区长。""那就麻烦了,麻烦了。"

叶秘书来到二楼,把刚才的情况向马区长作了汇报。马区长倒背双手,沉思了一会,果断地说:"先不要打草惊蛇,稳住他,叫李干事带一个战士安排他吃早饭,我们马上去搜查他的住处。"

湖边樊家,马区长、叶秘书打开林津涛的住房。一进屋,映入眼帘的是靠床边中间地面的一个火盆,火盆中是一堆燃烧过的纸灰(后来据林交代,烧毁的是他在国民党伪军官学校任教授的证件,同伪国防部海军总司令桂永清,国防部一厅、二厅等军政要员来往的部分信札及机密文件)。环顾四周,简单的几件家具上空无一物,显然被收拾整理过。

马区长拉开一面老式两节橱,从里面拎出一只黑色小皮箱。叶秘书用小刀轻轻撬开箱盖,扔掉上面的几件衣服,从箱底拿出一个纸包。包里藏着1948年上广边区乡村自卫工作人员联谊会记录,林津涛为本会主任委员兼自卫大队长;对解放军解放广丰后的应变计划及招募"青年救国团赣东北服务大队"兵员计划;并有伪国防部青年救国团对林津涛颁发的派令及符号,上面写有"青年救国团赣东北青年服务总队上广服务大队中校副大队长"的字样。至此,林津涛的狐狸尾巴彻底暴露了。

再说特务林津涛,吃罢早饭又被张干事安置在办公室,左等右等久久不见叶秘书回音。他有些坐立不安,想走出去探个所以。刚一到门槛,就被荷枪实弹的区中队战士挡了回去,林见势不妙,亮开喉咙大声质问:"你们为什么不肯我出去,我要见马汉卿区长!"

"林先生,你有什么事非要见我?"马区长神情严肃,站在林津涛的面前。

"他们,"林津涛用手指向门外的战士,气急败坏地说:"凭什么不让我出去?我要回家。"林自觉心虚气短,话音矮了一截。

"回家?你不是要去上饶吗?我给你带来了通行证。"

马区长回头对叶秘书说："把东西给林先生瞧瞧。"

叶秘书把打开的黑色小皮箱放在桌子上。

林津涛不看犹可，一看犹如五雷轰顶。"完了！"他双眼一闭，像一只癞皮狗，一下子瘫倒在地……

马区长拿起箱子里的"联谊会记录"，翻开首页"自卫工作人员签字名单"，交给叶秘书，风趣地说："按照名单请君入瓮吧！"

马区长、叶秘书相互对视一眼，脸现胜利的微笑，他们又将投入另一场新的战斗。

（录自中共广丰县委宣传部、中共广丰县委党史办编：《赤岩翠竹红军魂——广丰革命故事选》，1991年，第70—74页）

男女齐上阵　英勇战匪顽

胡奕才　祝剑平

1949 年 4 月上旬，阴雨连绵，空气沉闷，坐落在嵩峰山脚下的东泽村，遭受匪帮的一番洗劫后，显得更加荒凉萧条，黯然无色。

一天凌晨 3 点，一切笼罩在茫茫的夜色之中，劳累了一天的农民正在梦乡之中。一股以四十二都徐启雨为首的匪徒 50 多人，斜挎着驳壳枪，蛇行在泥泞的山间小路上，悄悄地向毛村乡后溪村东泽村逼近。

且说这东泽四面环山，只住着一蒋姓大族，蒋家共有本族兄弟 20 多人，族中拥有鸟铳 50 多支以及自制的梭镖、大刀等。族里间闲时聚众围猎练武，练得一身百发百中的本领，在远近颇有些名气。其中有个较年长者，名叫树根，曾被抓往国民党军队服役，更有一套丰富的实战经验。蒋家叔侄对那些横行乡里、鱼肉百姓的匪徒更为深恶痛绝，经常为乡里百姓打抱不平，痛击匪顽。这年 3 月，以徐启雨为首的一帮匪徒洗劫后溪村。他们闻讯后，便埋伏在距后溪 30 多米处的山岗上。面对火光冲天、哀哭声一片的后溪村，树根大声喊"乡亲们，快往这边跑呀！"一青年正欲越墙而出，被一个叫徐修柑的匪徒从背后一枪击中。这时，树根瞄准那个匪徒"叭"的一声，那匪徒的帽子掀起，头皮被削一块；绍元、树金、树章等一齐向匪徒开火。"妈的，快点跑"，慑于蒋家的威力，匪徒们撂下抢劫的水牛、大米、棉被落荒而逃。为此，匪徒们视蒋家为一大障碍，必欲除之而后快。

这天早上，正在屋后解手的树章发现几个黑影已窜至自家的墙根，来不及多想，一个箭步跨入屋里。"土匪来了"说时迟，那时快，前面 3 个匪徒已窜入蒋家的厅堂。"叭、叭"树根、树金听到喊声，从床上一跃而起，操起一把鸟铳，从厢房处对着厅堂的墙洞各发一枪。一个匪徒应声倒地，大肠从伤口处涌出，污血如注，嚎叫着："弟兄们，快冲啊！"另两个匪徒仓皇逃出。绍元跃入厅堂，正欲追出，被家人一把拉住："危险。"于是蒋家媳妇迅速关严了大门。徐启雨捋着脏兮兮的长发，恼羞成怒地说："快给我打！"蒋家大小严阵以待，男的对着墙洞瞄铳，女的灌硝装弹，一枪撂倒一个匪徒，打得土匪不敢近前。厅堂内的那个匪徒见蒋家防范严密，只叹"白死了，白死了"，挣扎着摸找身边的枪支，地面被其抓出一道道深深的痕迹。随后绍元操起铳托朝那匪徒的脑袋狠狠地砸去，缴了他手中的枪支。徐启雨见久攻不下，拖着几个受伤的匪徒仓皇而逃。其中一个匪徒拖至上东弄不治而死。

匪徒们没占到便宜，反而损兵折将，徐启雨好不气恼。从此，匪徒们对蒋家更加怀恨在心。徐启雨决定联合祝发荣等几股匪徒再次围攻蒋家，拔掉障碍。未隔几天，便由伪保长徐景仔捎信给蒋家，佯装私和。

这天，阳光穿过厚厚的云层，苍白而无力。徐景仔怀揣着信，径直向蒋家走来，走至蒋家附近，便被几名蒋家媳妇挡至屋前的橙树底下，不得入内。蒋家娘妇取信进屋，把信交给了蒋树根，蒋树根不知徐景仔葫芦里卖的什么药，便"嘶"的一声，撕开了信封，信中写道：

东泽蒋绍元：

前次事件怪我兄弟不懂事，纯属误会，既往不咎，请速归还枪支。

徐启雨、祝发荣

4月×日

蒋树根看完信后，走出家门，虎虎地朝徐景仔走来。

"老弟，和为上，你们人手少，打不赢的。"徐景仔试探着说。

"请转告，除非打开蒋家的大门，否则，枪是不还的。"树根毫不迟疑地说。

徐景仔此行未果，狼狈地离去。

5月4日，我人民解放军二野某部抵达我县，在我县人民的积极配合下，解放了县城。东泽群众欢欣鼓舞，扬眉吐气。他们联合邻近村庄组成了农会，参加了乡民兵自卫队，维护社会治安。

为了加强抗匪的抵御能力，他们在自家屋内墙上的各个方向打满了枪眼，把房屋变成了抵御的屏障。又在屋前打了水井，将溪水引入，以防不测。凡有来客都不得入内。并在周围设立了岗哨，昼夜巡逻。男人外出时，随身携带鸟铳，妇女们把手镯、耳环等也献出铸成铅弹，以备再战。蒋家的一远房本家与匪首柯国金的岳母有染，因此，严格控制这家人的行动，以防里应外合，为痛击再犯之敌作好了准备。正当秋风送爽，高粱火红的季节，我县人民恋恋不舍地送走了奉命南下的解放军二野某部。就在这空虚之隙，徐启雨等匪首又纠集罗城一带的土匪，再次向东泽蒋家卷土重来。

这天凌晨，鸡啼三遍，农民又将开始一天的劳作。匪徒300多人由柯国金任总指挥，摆开一里多路的长蛇阵，兵分3路，沿四十二都、翻身、陈家际朝蒋家蜂拥而至，抢占了蒋家周围的有利地形，分别在屋后的后门山、景山、前山摆布着3挺机关枪，居高临下。随着柯的一声令下，顿时，子弹如梭，瓦砾飞溅。面对匪徒的枪林弹雨，蒋家把所有的孩子都藏在一个暗室里，全力以赴，进行抗战。他们抬出两箩筐铅弹，男的瞄铳，女的灌硝，一男一女，各自成对，以防为守，以守为攻。"抽袋烟，提提神再打"，绍元把装好烟丝的烟斗递给瞄铳的侄子，环绕着墙根边走边说。匪徒们远攻无效，柯国金便命令匪徒们往下冲。3个匪徒在柯的枪口威逼下，抖抖索索地向山下移动。"叭、叭"，树金、树根、树银各发一枪，只见一个匪徒紧贴石壁，"扑通"一声倒在地上，另两个匪徒向蒋家进逼。与此同时，蒋家兄弟加强了防守，树金、树才、树章等齐集后屋，向匪徒们猛烈开火。匪徒们觉得每挪动一步，就向死神逼近一步，打一枪后退两步。蒋家兄弟越战越勇，不到5分钟就打死打伤十几个匪徒。

时至下午2点，匪徒们损失惨重，便倾巢而出，三五成群地向蒋家包抄而来。匪徒们强大的火力，打得墙壁弹痕累累，门窗瑟瑟作响。这时，蒋家兄弟在前后门加强了警戒，把水桶、棉被等可以作为抵御工具的物品，全部拿来筑成一道防线，以抵挡匪徒的疯狂进攻。"沉着些，只有我们守住大门，才有希望，决不俯首认输"，绍元边指挥边说。匪徒们却猫着腰，夹着枪，东奔西窜地从各个方向向蒋家逼近。当几个匪徒窜至离正屋仅10米远的地方，放火烧掉了侧面的两间烟棚，顿时火光冲天，烟雾滚滚。浓烟遮挡了蒋家兄弟的视线，敌我双方顿时停止了开火。但是潜伏的危险即将爆发，大批匪徒即将破门而入……

就在这千钧一发之际，突然从距蒋家200多米的对面山岗上传来了"哒哒哒""哒哒哒"的激烈枪声，打得匪徒们昏头转向。"这是哪一路的来兵呢？"柯国金搔了搔头皮对喽啰们说。"这肯定是我们的救星——解放军来了。"绍元、树根、树章异口同声地说。"这下我们蒋家有救了！"蒋家媳妇高兴得一下扒到丈夫的肩头，泪水直下。"快跑，快跑，再打就没命了！"只听屋外的柯国金在哀叫着！指挥着残兵败将仓皇而逃。

这是怎么回事呢？

原来，毛村有个名叫"女家"的人，一大早得知土匪攻打东泽，便一溜烟跑往五都方向找解放军了。他一路连走带跑，连跑带走，在五都碰见从上饶来装粮的一排解放军，便气喘吁吁地双膝跪下："土匪打老百姓了，解放军，求你们了！"于是，解放军火速向毛村方向救援，根据敌众我寡的形势，分为3个班，沿高岭岗、黄沙岭、杜后3个方向向匪徒发起了攻击。

战斗结束了，解放军黄排长紧紧握住绍元那双宽大而有力的双手，充满深情地说："你们做得对，希望你们坚持下去，全国马上就要解放，人民群众要当家作主了！"随后送子弹200发。

为表彰他们的英勇行为，县委、县政府于1958年组织了关于蒋家抗匪事迹的展览。

（录自中共广丰县委宣传部、中共广丰县委党史办编：《赤岩翠竹红军魂——广丰革命故事选》，1991年，第65—69页）

他在剿匪中流尽最后一滴血

徐文涛

1949 年农历八月十一日下午。群山环抱的桐畈乡失去了往日的平静和欢乐。从沙田战场上败退下来的土匪对桐畈街进行血腥的屠杀，疯狂的掠夺。到处是土匪野兽般的嚎叫，到处是妇女、小孩凄惨的哭声。

桐畈街北端，蹲着一排木柱子支撑的低矮的瓦房小店。

小店的四周，游荡着一伙伙荷枪实弹、垂头丧气的土匪。小店后面的空地上，聚集着几个蓬头垢面、两眼充血的匪首。小店檐廊的一根木柱上捆绑着一位浑身鲜血、赤裸着上身的青年。一个满脸横肉的土匪，毛茸茸的手拿着一把沾满鲜血的刺刀，恶狠狠地盯着捆绑在木桩上的青年。突然，他像疯狗样窜到青年人身边，"哗"的一声割破青年人的裤子，猛地一刀刮下青年人一块血淋淋的大腿肉，捅进青年人的嘴中声嘶力竭地吼叫着："赵清廉，给我吃下去。"赵清廉痛得眼冒金星，他愤怒地瞪了土匪一眼，昏迷了过去。但是，赵清廉的头脑是清醒的。解放军来到广丰，来到沙田区以后，短短几个月的生活，使他感到快慰。他回想着区委傅书记、崔区长的音容笑貌，回想着桐畈乡民兵武装队战士们的身影，感到了一种力量。

1949 年 5 月 4 日，广丰县城解放了。几天后，人民解放军雄赳赳、气昂昂地开进了沙田区，开进了赵清廉的家乡。在欢庆家乡解放的日子里，赵清廉带领赵清兴、赵清狮几兄弟参加了桐畈乡民兵武装，他任了乡武装队的队长，率领伙伴们积极协助解放军剿匪反霸，维持桐畈乡的社会秩序，保护人民的财产，人民尊敬他，亲切地叫他"赵班"。

初解放的沙田区，土匪活动十分猖獗。匪首纪老呆、夏文杰、吴毛这纠集土匪经常出没在桐畈、沙田一带，疯狂地抢劫人民财产，屠杀人民群众，奸淫妇女，骚扰得人民群众不能安心生产、安心生活。

6月下旬的一天，国民党新编22师66团团长匪首夏文杰又纠集一股土匪闯入桐畈乡。赵清廉接到群众的密报，率领桐畈乡民兵武装队迅速赶到山底村附近土匪必经的要道上，悄悄地埋伏在路亭的石墙后，路边的草丛中。不久，从庙屋仙山岭的山岗上走下3个土匪，哼着淫荡的小调，倒背着步枪，大摇大摆地向赵清廉和战士们埋伏的地方走来。"注意"，赵清廉低声发出命令。一分钟，两分钟，土匪逐渐接近路亭。匪首夏文杰偷偷地走在前头，他惊恐地察看了一下路亭，呵斥两个土匪："跟上，到路亭里坐一坐"，就三脚并作两步走进路亭中。"站住，举起手来。"当最后一个土匪走进路亭后，战士们刷的一声从草丛中钻出来，堵住路亭。乌黑的枪口对准了3个土匪，夏文杰慌忙掏枪。"叭、叭"赵清廉眼疾手快，扣动了扳机，夏文杰应声倒地，见了阎王。另2个小毛匪惊得目瞪口呆，吓得像筛糠一样，乖乖地举手投降了。在夏文杰的尸体上，战士们查获了匪特派令13张，反共救国军印符200多张。初战获胜，桐畈人民的精神大振，上饶军分区还奖给桐畈乡民兵武装队10套军装、10条毛巾，在《赣东北报》上嘉奖赵清廉和战士们的剿匪行动。

又一个漆黑的夜晚，匪首吴毛这偷偷地溜回桐畈，隐藏在自己的家中，妄图摸清桐畈乡的情况，纠集土匪偷袭桐畈街。赵清廉获得情报后，率领战士们迅速向吴毛这的家包抄过去。"汪汪"一阵狗叫声，惊动了吴毛这。他慌忙跑出家门，爬上村口的大树，躲过武装队战士的搜查，趁着夜色，仓皇逃跑了。赵清廉和战士们的行动，保护了人民群众，打击了土匪的嚣张气焰。匪首吴毛这恨得咬牙切齿，凶狠地说："赵清廉，有朝一日落在我手中，要把你千刀万割。"赵清廉听说后，付之一笑，仍然积极地协助解放军抓土匪，反恶霸，无所畏惧，毫不退缩。

1949年农历八月十一日，赵清廉率桐畈乡民兵武装部驻防在沙田区政府前面的一幢房子里。凌晨5时，匪首郭永槐、纪老呆、水礁公纠集吴毛这、王华仔等惯匪，集结800多人枪包围了沙田区政府，向沙田区政府发动了疯狂的进攻。"叭叭叭"，激烈的枪声震破早晨的宁静，赵清廉一个翻身从床上跳了下来，取出枪，压满子弹，急促地发出命令："快，抢占门前的工事。"接着率领战士冲出房门，跃进工事。"叭叭叭"一阵猛烈的射击，打得一伙刚冲过十字街口的土匪哭爹叫娘，慌忙后退，龟缩在街旁的房子后面。突然，一颗子弹击中了赵清廉的手腕，鲜血染红了他的手掌，沾满了他的衣服。他用手巾一束，仍然向土匪不停地射击。在赵清廉的带领下，乡民兵武装队的战士像钉子一样，牢牢钉在守卫区政府的第一道防御工事上，打退了土匪一次又一次的进攻。10点多钟的时候，丧心病狂的土匪采取火攻，他们放火焚烧房子。熊熊的烈火很快吞没了与赵清廉坚守的房屋相邻的数十间民房。炽热的火焰，浓浓的黑烟，房屋崩塌的气浪逼得战士们喘不过气、抬不起头。赵清廉决定率领战士们突围。一阵排枪过后，战士们端着枪冲出烈火包围的工事，浓烟逼人的房子，同数十倍于我的土匪进行英勇的搏斗，打得土匪连连后退。最后，终因寡不敌众，赵清兴同志壮烈牺牲，赵清廉、赵清狮、肖贻敏、鲍德红等同志不幸被捕。

土匪把他们押到桐畈，枪杀了赵清狮、肖贻敏、鲍德红等同志，把赵清廉捆绑在木柱子上施行残酷的刑罚。他们把沙田战场上失利的懊恼和丧气全部发泄在赵清廉的身上。残忍地扒下赵清廉同志的衣服。用铁丝穿进他的肩胛和手脆骨中。匪首吴毛这色厉内茌地抓着他的头发，凶狠地叫道："赵清廉，我看你还敢不敢与我们为敌。"赵清廉忍着剧痛"叭"的一声，向吴毛这吐出一口带血的浓痰，愤怒地说："吴毛这，你不要猖狂，解放军会收拾你的。"吴毛这暴跳起来，像疯狗一样割下赵清廉的大腿肉，割下赵清廉的生殖器。地上积满了一摊殷红的鲜血，连围观的几个小土匪也暗暗流下几点同情的眼泪。

赵清廉被土匪折磨得死去活来，最后被土匪残忍地杀害了。土匪的暴行，激怒了桐畈乡的人民。当土匪退走后，数十名群众抱起赵清廉的遗体放声痛哭。他们擦干烈士身上的血迹，收拢烈士的遗物，举行了庄严的葬礼。他们相信，烈士的鲜血不会白流，土匪横行不了多久，桐畈的明天一定是美好的。

几个月后，人民解放军恢复了桐畈乡政府，剿灭了土匪，击毙了匪首水碓公，抓住了刽子手吴毛这，为烈士报了仇。

烈士的事迹，永远留在人民心中。

烈士的英名，载入了广丰的史册。

（录自中共广丰县委宣传部、中共广丰县委党史办编：《赤岩翠竹红军魂——广丰革命故事选》，1991年，第82—85页）

天桂岩下出神兵

嬉遊

广丰刚解放那一年，国庆节过得可真热闹。好几天了，人们还沉浸在开国大庆的喜悦之中。这天下午两点多钟，县委书记韩礼和同志踩着欢快的步子，走进办公室，还未坐下，突听"铃……"，桌上的电话铃急促地响个不停。

"喂！我是，什么？天桂区政府被土匪包围？……喂，具体情况如何？请说清楚点，喂，喂……"，韩书记刚要问明情况，话筒里的声音戛然而止。很明显，对方的话还未说完，电话线就已被人切断。韩书记意识到匪情严重，形势紧迫，立即向县城驻军 470 团发出指令："火速出兵，救援排山！"

470 团参谋长李风仪接到命令后，即刻打电话通知机炮连连长刘天文：紧急集合队伍，25 分钟内赶赴排山，歼灭围困区政府的土匪，确保天桂区政府的安全！

这一天正是星期六，驻扎在县城南门外的 470 团机炮连战士刚把枪炮零部件"大卸八块"，小心擦洗。突然接到这紧急任务，立即哗哗啦啦地重新装上，只见那些刚才还在油盘里"洗澡"的筒筒套套螺钉滚轮，眨眼间便"各就各位"，"昂首"待命。连长刘天文带着两个班的战士，扛着 4 门六〇炮，跑步出发，犹如离弦之箭，直朝排山扑去。原来，排山位于江浙公路（广丰—江山）交通要冲。解放前，国民党统治腐败，无力维护治安。这一带匪情相当严重，即使在光天化日之下，亦常有土匪出没在街面道口，拦路抢劫，祸害乡民，百姓们谈匪色变，叫苦不迭。1949 年，广丰县城解放后，排山也成立了地方新政权，区政府就设在天桂岩下的西岩寺里。

但是，被逐步消灭、分化、瓦解后的残余土匪，虽感大势已去，却不甘心就此灭亡，企图做最后的挣扎。

9月下旬，天桂区委书记徐天享带领工作组深入玉田开展反霸和二五减租运动。接着，区长关成祥又带领区干部深入到各乡催公粮，这一去二出，留守区政府的战士，总共不过五六人。

当时的土匪头子周益水、柯国金、黄三光等人得知这一情况后，立即秘密纠集浙江江山官（今江西玉山）土匪头子胡金铨、江山三十二都地方惯匪周维也、"三角目睛"（绰号）共四五百人，策划了一场攻打天桂区政府，开仓抢粮，劫狱夺枪的反革命暴乱。

这天上午，他们带着三四百乌合之众，兵分两路：一路由过家经卅八都直插排山；一路从社后的大门底经马家桥扑向排山。两路人马在排山碰头后，于下午一时许，开始三面包围区政府。一时间，果真是"黑云压城城欲摧"。顽匪们气焰嚣张，大有铲平排山都、顺倒天桂岩之势。

土匪们虽不会打伏，却仗着人多，气势汹汹地在阵前乱咋呼一气。他们一会喊一句"一、二、三"，噼里啪啦朝天放一阵乱枪，一会儿又吹几声号，狂叫几声"冲啊，杀"，逐渐缩小包围圈，步步逼近区政府。

面对近百倍于自己的强敌，就是以唱"空城计"著称的诸葛亮在世，此时也禁不住要鼻尖冒汗。但是，行伍出身的区中队长陈常永，却临危不惧，依旧镇定如常。在冷静地对严峻形势作了观察分析后，脸上浮现了一丝令人不易觉察的笑容：穷凶极恶的敌人，犯了一个愚蠢的错误，他们仗着人多，却不懂用兵之道，从正面攻击占据有利地形的敌方，这乃兵家之大忌。设若他们从区政府背面的天桂岩往下攻，就是不开一枪，光用石头砸，也能把区政府砸成平地。想到这里，陈队长马上将在场的四五个人叫到一起，开短会研究对策。他先简明扼要地分析了眼下的严峻形势，接着说道："目下摆在我们面前有3条路：一是接受土匪条件，投降缴械，交犯人，送粮食；二是撤离区政府，上山逃命；三是坚守区政府，抗敌待援。何去何从，大家谈谈看法。"

老班长"嚓"地划亮一根火柴，猛地"嘶"上一口老烟，徐徐地吐出几个烟圈，才不慌不忙地道："第一条路，不是我们共产党人可以走的，

　　至于上山逃命么，这里的山势复杂，五六个人，只要一钻入山，逃脱的希望自然很大，但这一走，土匪便可以顺顺当当地对区政府洗劫一空，粮食保不住，在押犯人又要逍遥法外，结果与拱手投降没有两样，这实在是一种让千人唾骂的犯罪行为，我们也不能干。因此，我看，只有死守待援了！"

　　陈队长环视全场，见其他几人虽未出声，但都对老班长投去赞许的目光，点点头，道："可我们给县里的电话只打了一半，不知县里是否知情，但我们只有这一条路可走。其实，眼下的形势虽已火烧眉毛，却不是没有一丝希望。首先，区政府的围墙又高又厚，结构坚固，只要守得紧，守得巧，敌人一时是进不来的；其次，区政府背面是山，却并无土匪进守，这就免除了我们的后顾之忧，可以全力应付正面来犯之敌；最后，从敌人进攻时缩手缩脚的情形看，似乎土匪还摸不准我方实力，而且都是怕死之辈。有了这三个有利条件，我们就有顶得住的希望！"

　　陈队长的一席话，显然对这一战胸有成竹，更增添了大伙决战到底的信心。那个年轻的新战士，马上就要去顶大门，关窗户。但陈队长俨然是一个既老练又有心计的指挥员，他一摆手说："不！今天我们亦来唱一出《空城计》，先打开大门和小门，敞开所有窗户，我守大门，老班长守小门，其余的人到各个窗户边隐蔽起来，不到万不得已时，不许开枪……"

　　敌我双方便在这样紧张的气氛中对峙着。战地上，出现了一段几乎令人窒息的静场。

　　终于，土匪们熬不住了，一股亡命之徒首先开始冲向南面小门前的小平场。陈队长眼明手快，端着挺机枪，迅捷地从大门那边飞过来，在门口只一闪，只听"突突突、哒哒哒"，土匪们倒下几个，其余的连滚带爬地逃了回去。

　　那边，另一股土匪开始向大门前的马路涌来。说时迟，那时快，陈队长打退南边小门外的土匪后，又一个箭步奔向大门，红光一闪，又是一阵哒哒哒的吼叫声。这股子争着送命的土匪，还没来得及警觉过来，便丢下几个趴在马路边起不来了，其余的都被全部消灭了。

后门和那些敞开的窗户，也不时有几人前来送死。这样的场景重复了两次，土匪被吓蒙了。头目们开始凑在一起嘀咕："怎么，我们得来的消息他妈的全是假的？这大院里面分明有重兵埋伏嘛，光那重机枪，就是好几挺，这样蛮干，咱老子们的几条小命岂不要全搭在这里？不行，得另想个什么法子……"

到这时，他们才意识到自己的人马从正面蛮攻，太愚蠢了。于是，几个獐头鼠目的小头目便向总头目献计："……如此这般，扰乱对方心神……"，总头目听得不住点头，连叫"好计，好计，就这么办"。

一袋烟的工夫过去，突见天桂岩的半腰山峰上，黑压压地窜过来几十个弓腰缩脑的家伙，伏在石头背后，嘶声嚎叫："快扔手榴弹，炸毁房屋，活捉共产党人。"

大门前，两股土匪乘着上面喧嚣嚎叫之机立即从东南两个方向往区政府的大小门前的小平场、马路沿快速移动……

前后夹攻，四面包围，形势十分火急，眼看西岩寺内的留守官兵就要束手待毙、血溅沙场，狱遭劫、粮被抢，天桂区政府顷刻间就要被颠覆……

却说470团机炮连连长刘天文带着战士们扛着大炮，心急火燎地飞驰在排山道上，他们翻山岗，穿小路，一口气也来不及喘，经过25分钟的急行军，终于赶到金鸡岭（距排山都前面三四里路的一道有名山梁；站在岭上，俯瞰排山，整个乡前后的山水可尽收眼底）。

当战士们选择有利地形架好炮，隐蔽下来后，刘连长站在高处，举起望远镜向排山都瞭望：只见从对面山坡到田野，路口、溪边，到处都是持枪的土匪，黑压压的一片，把山脚下的区政府围了个水泄不通。也不知他们从哪儿捡来一支破号，一个匪兵正鼓起腮帮"嘟嘟"地胡吹一气，声音虽不成调，声势却也吓人。好狡猾的土匪，他们不但封锁了各处路口、要道，而且通往排山街的桥头也给堵住了（大概是害怕大街里面有人会溜出去通风报信吧）。再看区政府大院，刘连长不禁倒抽一口冷气，暗叫一声："好险！"原来土匪们已把包围圈缩得很小，正步步逼近围墙。如果晚到几分钟，后果真不堪设想。

刘连长环视了一遍，心中已有了主意，别看这些土匪表面上气势汹汹，其实是色厉内荏，看他们那贼头贼脑，东张西望，随时准备逃命的样子，心里一定虚得很，待我轰它几炮，吓吓他们再说。于是，他大声发出命令："各就各位，预备，目标右前方1400米，开炮！"

"轰！轰！轰！"战士们连发3炮，第一炮在排山的"避祸桥"边爆炸；第二炮在排山的后门山上轰响；第三炮就在天桂岩的岭脚下开了花。第一声炮响，土匪们呆了呆，紧接着又是两声爆炸，土匪们顿时吓得乱成一锅粥。有几名胆小的土匪死命地嚎叫："哎呀，不好啦，解放军的大部队来啦，快逃命呀！"

这一喊不打紧，他们的阵脚本已大乱，这时哪里还顾得上其他，一个转身，一边乱打枪，一边飞跑，只恨爹妈少生两条腿。真所谓，进攻时比蚂蚁还慢，败退时比潮水还快。一眨眼工夫，这几股土匪便循着来路逃得无影无踪了。就这样，他们费尽心机，妄图一举攻破天桂区政府的美梦破灭了，只落得尸体横野，损兵折将，落荒而逃的下场。

一场残酷的肉搏避免了，流血牺牲的危险解除了。多姿的夕阳又从云层里钻了出来，更显得娇嫩、绚丽，绽露出掩饰不住的笑容。这正是：

逞凶顽匪枉自多，无奈人民子弟何。

但有一口正气在，一人当百斗阎罗。

谱得一曲抗匪歌，留与后人唱与说。

（录自中共广丰县委宣传部、中共广丰县委党史办编：《赤岩翠竹红军魂——广丰革命故事选》，1991年，第93—98页）

余太仔自投罗网

徐义圭　徐齐武

　　一个漆黑的夜晚，空旷的田野死一般的宁静。突然沙沙的脚步声由远而近地传来，接着夜幕中出现一个粗大的身影，正急急忙忙朝村庄靠近，及至村口，只见人影一闪，拐进了一户人家，顷刻便没了踪影。深更半夜，这个人是谁？他这样鬼鬼祟祟地来到村里干什么？原来他就是罗城区的二号土匪头子余太仔。

　　余太仔，身高1.82米。生得五大三粗，满脸横肉，表面一看，是个粗野的蛮汉，其实是个工于心计、阴险毒辣的人。他1947年与柯国金上山为匪，不到半年时间，就在柯国金部下任分队长，其实已是罗城区土匪的二号头子。他手下有100人枪，经常带着这些人在罗城一带抢劫民财，杀人放火，强奸妇女，无恶不作。百姓们听说余太仔来了，避若瘟神，谈起来则无不切齿痛恨！曾记得，1949年5月5日，他率领匪徒老三、昌高等50多人，窜到十都郭狗仔家，一面指挥匪徒抢劫财物，一面又将郭狗仔绑架上山，并令其家人2天之内拿100块银元去赎他。结果由于筹借不到这么多钱，第3天在马鞍山地方就被他们用烟筋、辣椒末等烧起，活活将郭狗仔熏死。1949年7月3日夜，他又率匪徒同柯国金一起到杨柳乡寺四弄地方，打死了夏树成兄弟5人，并抓去一个妇女，在山上轮奸了以后，残忍地杀害了她……余太仔这伙土匪就是这样毫无人性地残害百姓。

　　1949年5月，中国人民解放军解放了广丰。同年8月全县开始了全面的剿匪斗争，至1950年10月，全县三千多名土匪在强大的军事清剿和政治瓦解下，抓的抓、逃的逃、散的散。大部分小土匪都交枪自新，寻求出路了，所剩的冥顽不化的土匪已无多少了，余太仔就是其中一个。这时他已有不到十来个人、枪，他们已不敢公开去抢劫、为非作歹了，常常困于深山，疲于奔命。

这年 11 月，县委决定，在杉溪等 6 区 19 乡先进行土改运动。可是，由于匪首余太仔至今未落网，罗城区的群众尚有恐惧心理，致使该地的土改工作难以顺利进行。为了尽快消除人民群众的这种恐惧心理，罗城区区委书记关成祥同志决定消灭这股残匪，保障人民群众的安居乐业。

于是关书记带领工作组同志，严密调查土匪的活动情况，充分发动群众，组织民兵在各村、各庄设有岗哨，不论白天，晚上都派人轮流值班放哨。这样日日夜夜的坚守，使得余太仔股匪惶惶不可终日。这天晚上，只见他鬼鬼祟祟地出现在家门口，瞄了瞄前后左右没人跟踪，便开始敲门。"谁呀，这么晚了还敲门？"屋里传出不耐烦的声音。

"是我啊。快开门。"余太仔紧张而轻声答道。一听声音屋里的人立即"吱"的一声开了一边门，余太仔一下子闪进了门里，马上又是"吱"的一声门关上了。进屋后，他一边说："快，烧点米饭吃。"一边拿起锄头，躲到床底下去，准备埋好枪支弹药之后，就远走高飞。想不到他已经自投罗网了！

"报告！"这时正在办公室里开会的关书记一听，嚯地站起来，问道："是不是有情况？"

"是，余太仔刚才已经潜回家中了。"值班的民兵高兴地回答。

"好，就等这一天。同志们，会议暂停。通讯员赶快集合民兵。"关书记命令道。不一会工夫，民兵集合好了。只听关书记一声令下"出发"，关书记挎上手枪，领着民兵，以迅雷不及掩耳之势赶到余太仔家。他轻轻一声命令："快，小王带两个人守住后门，小李带三个人守住边门和窗户。其余的跟我冲进去。""唰"的一下大家按关书记吩咐四下散开，围住了这栋房子。只见关书记一马当先，一脚踹开了大门，接着闪电般地冲进了房屋。这时余太仔正蹲在床底挖地窖，身边还放着几支枪和一袋子弹。关书记没等他反应过来，已一个箭步跃到了他的跟前，同时手枪抵住了他的脑门。"余太仔，出来！"关书记大喝一声。余太仔面对众民兵的枪口，只好乖乖就擒了。

押到区政府，经审问，他交待了他部下的下落。关书记当即带着民兵悄悄赶去，一个不漏地缉拿归案，至此余太仔这股残匪彻底剿灭了。

剿灭了余太仔，人民群众喜气洋洋，踊跃投入到土改运动中去，顺利地完成了土改任务。

后来，江西省人民政府专门发了通报，嘉奖关成祥同志缉拿土匪余太仔归案，为群众除了一大害，促使了土改工作的顺利完成。

（录自中共广丰县委宣传部、中共广丰县委党史办编：《赤岩翠竹红军魂——广丰革命故事选》，1991年，第109—111页）

智捣匪窝

徐齐武

"徐老板……徐……帮帮忙啊！"一个憨厚老实的庄稼人上气不接下气地跑到五里塘饭店的老板跟前。

"什么事呀，赵眊，这么慌慌张张的？"这个被称作徐老板的人假惺惺地问。

赵眊含着泪水，把昨天晚上发生的事情叙述了一遍：赵眊本是广丰人，迁居在浦城县仙阳管的后坞枫洋地方。这天傍晚，人们劳累了一天已陆续收工了，唯有这忠实勤劳的赵眊还在路旁牧鸭。突然，山脚边窜出一伙人来，全是庄稼人打扮，挑着担子，朝赵眊方向走来。赵眊没有在意，只顾路边牧鸭。忽然有人喊："站住！"话音刚落，就冲上两个匪徒，强行把赵眊绑架上山，吊在一棵树上拷打，随身带的 15 万元钱（旧币）及 2 枚银元都被抢去，还胁迫他交出 21 担稻谷赎身，这还不够，旋又将住在他家的外甥抓去，要他拿一百银元去赎。憨厚、老实、胆小的赵眊被放出以后，不敢声张，连夜赶赴县城借款筹资，以赎其外甥。

一下子到哪里去借这么多钱呢？他犯愁了，于是他找到在五里塘开饭店的同乡徐南南和徐大明，托他俩去向土匪说情。

赵眊哪里知道，这个五里塘饭店就是广丰土匪在浦城的联络站。1950年春，我人民解放军四野部队在广丰人民的配合下，经过近一年的剿匪斗争，土匪已被打得七零八落，其中广丰的著匪柯国金手下的一个队长徐昌生，在广丰再也站不住脚了。于是他就伙同其他 6 个人窜入浦城，来到了"广浦联络站"。他们一伙 7 个人，荷枪实弹，先后在梦笔山山碓、朴树桥饭店等地抢劫、绑架、盗窃，扰得这一带村庄人心惶惶，不得安宁。这次绑架赵眊，也是在"广浦联络站"由徐南南和徐大明一起谋划的。而赵眊却蒙在鼓里，今天反而来找他俩说情。他俩却假惺惺地接受赵的请求，表示愿意"帮忙"，并立即去找徐昌生说情。

"赵旵，好啦，徐队长已答应赎价降至70块银元了，但当时要付20元；其余的我给你担保，于月底付清。"不一会儿徐南南就回来了，皮笑肉不笑地对赵旵这么说。

"谢谢你！谢……啦！徐老板。"赵旵哽咽着，千谢万谢地赶回去筹资了。

俗话说：没有不透风的墙。徐匪的行径被已投降我方的原广丰土匪罗绍富获悉，他为了立功赎罪，立即将情况报告了浦城县公安局。局领导看到情报后，马上派出侦察员前往侦察。罗绍富的情报被证实了，于是局里马上召开会议，拟定了歼匪计划。

当天晚上，局领导找来了罗绍富，根据已定的计划对他说："罗绍富，徐大明以前不是你的部下吗？我局决定利用你跟徐大明的老关系，派你打入匪穴，摸清情况，及时报告。这可是你立功的好机会。不要错过了。"

"是，我一定立功赎罪。"罗爽快地答应了。

罗绍富接受任务后，立即找到徐大明，二人一起来到了徐匪的据点"广浦联络站"。只听徐大明介绍说："徐队长，这位是我以前的头，叫罗绍富。由于在广丰被解放军打散了，只剩下我们几个人逃到这里来，你老收下他当个副队长吧。"

"是啊，收下我吧，我现在一个人东躲西藏，连吃的都难找。我一定跟大伙一起好好干一场，他妈的，我就不信共产党有这么厉害！"罗绍富假装可怜巴巴的样子。

"看看大伙的意思吧。"徐昌生鉴于目前的形势犹豫地说。

"徐队长，收下他吧，反正我们人少。"一个匪徒说。徐昌生又观察了一番罗的言行、举止，没有发现可疑的地方。"好，晚上，我们就在这里举行入伙仪式。"徐昌生终于答应了。

于是当晚就杀鸡喝血酒，举行入伙仪式。罗趁大伙酒醉饭饱之机，故意哄骗说："徐队长，前不久，我搞到了两支手枪，我马上回去把枪取来，你们在这里等我。"徐匪醉眼惺忪，未辨真假，便深信不疑。

且说罗绍富从匪窝出来后，直奔公安局，向局长汇报了土匪的情况。局长根据情报，当机立断，下达命令："赶快集合干警，准备出发。"不一会儿，干警都排好队在那里整装待发了。局长一声令下："出发！"罗绍富在前面带路。干警们如离弦之箭冲向匪窝。局长观察了地形，听了罗绍富介绍迅速做了部署，便轻声命令："散开，包围！"干警"刷"的一下包围了整个匪窝。一部分冲进匪窝，大喊："你们被包围了，缴枪不杀！"这时刚刚酒醉未醒的匪徒们，对公安干警的突然袭击，毫无准备，吓得乖乖地举起手，浑身如筛糠般颤抖，垂头丧气地钻出门来。我方不费一枪一弹，俘虏了以徐昌生为首的广丰残匪十余人，摧毁了匪秘密的"广浦联络站"。

五里塘饭店的两位老板当然也在俘虏之列。忠厚、老实的赵眊自然也不用再去借钱了，地方群众无不拍手称快。

（录自中共广丰县委宣传部、中共广丰县委党史办编：《赤岩翠竹红军魂——广丰革命故事选》，1991年，第106—108页）

水碓公毙命记

问 津

　　说起水碓公，广丰人民哪个不知？谁个不晓？他是东南乡一股最大的土匪头子，真名王永师，桐畈乡下社村人。当国民党保丁出身，1945年上山为匪，到1949年手下拥有100多人，枪80余支，其中轻机枪2挺，步枪30余支，手枪20多支。自任大队长，下面分2个中队，4个分队，还有一个由其亲信、骨干组成的特别机动队。这帮匪徒解放前到处打家劫舍，杀人放火，奸淫掳掠，无恶不作，人民群众深受其害。国民党政府也曾多次派兵清剿。然而旧社会官、兵、匪三位一体：国民党兵隔壁剿，土匪隔壁藏；国民党兵向外剿，土匪就在兵营里藏。1947年，广丰县保警队有一个姓胡的队长驻桐畈剿匪，白天带队伍名曰下乡剿匪，晚上与土匪一块吃喝搓麻将，酒醉饭饱之后，还揣着大把钞票和黄金满载而归。1948年国民党正规军有个谢连长带兵到桐畈，初来乍到，信誓旦旦宣称一定要把土匪肃清。深受土匪之害的群众，纷纷向谢连长报告匪情，谢连长抓捕到水碓公手下的分队长王疤痣等4名土匪，在押待处。没过两天，土匪送去了黄金、美女供谢连长享乐，第三天这4名土匪放了，报告匪情的4名群众被抓枪决。王疤痣等放出后犹不解恨，又把报告匪情的群众全家杀绝。

　　1949年解放以后，人民政府开展了声势浩大的剿匪运动，水碓公一伙自知末日来临，假惺惺地向政府交了几支破枪表示改邪归正。为了分化瓦解土匪，根据当时政策，经教育叫其回家好好劳动。水碓公等匪性不改，回家后，取出埋藏的枪支继续为匪，以他为首，勾结了王华仔、纪老呆，以及浦城的股匪500多众，乘我社会治安处于二野部队和四野部队交替换防空隙之际，伙同其他股匪，攻打沙田区人民政府。尔后，经我军民不断追剿堵歼，水碓公股匪击毙的击毙，抓捕的抓捕，投降的投降。到同年农历十月，只剩下 20 多名亲信骨干，被剿匪部队追赶得东躲西藏，惶惶如丧家之犬。这一天，他又摒去其他匪徒，带了王疤痣、破兀头、鲍鸟卵等几名贴身护卫和他的小老婆一起偷偷地潜入俞宅村。这村子有 200 多户，房屋连房屋，住户错综复杂。他们以为比较容易藏身，就在一家黑窝中白天睡大觉，晚上饮酒打麻将寻欢作乐。农历十月二十七日晚上，水碓公一伙酒足饭饱之后，刚刚准备开始打麻将，剿匪部队就将村子团团围住。水碓公得知消息吓得面如土色，有的匪徒叫嚣要冲出去拼一死活，水碓公不同意，说出去白送死，要大家利用房屋结构复杂条件，分散躲藏。

凌晨 5 点多钟，村里群众出门干活，剿匪部队就把他（她）们叫到一起开会，说明来意，叫大家不要惊慌。上午 8 点，部队挨门逐户，把未出门的群众叫出集中在一起。10 时许，匪徒王疤痣第一个被抓获，接着破兀头、鲍鸟卵也被抓获。水碓公的小老婆本来和水碓公藏在一起，听到群众被集中，水碓公要她改装换服混入群众之中。中午 12 点，水碓公没抓着，剿匪部队开始在集中的群众中一一查问，查一个由大家辨认一个。当查问到水碓公小老婆时，群众不约而同地把目光投射在她的身上。剿匪部队立即将她逮捕，经审讯交代出水碓公藏身之处，剿匪部队叫她戴罪立功，带领前往捉拿。这地方是一个不足 2 平方米的长方形夹仓，外面用碗橱家什伪装，一时看不出破绽。当剿匪部队的一位班长前去掀去伪装时，水碓公从里面射出一梭子快机子弹，班长左脚负伤，守卫在班长身边的两名战士，立即用冲锋枪对准夹仓一阵猛射，水碓公当即毙命，狼狈地倒在血泊中。

（录自中共广丰县委宣传部、中共广丰县委党史办编：《赤岩翠竹红军魂——广丰革命故事选》，1991 年，第 103—105 页）

捕虎擒狼记

祝建平

1953年1月16日，天空如镜，轻风吹拂。县城2万多群众汇集到西门外广场，参加宣判万众发指的匪首纪老呆和土匪头目许辉子的公审大会。此刻，4名头戴国徽帽的人民警察，把双手扣着锃亮手铐的2个土匪头押上了威严的人民审判台。顿时，台下数万名义愤填膺的群众骚动起来了，愤怒的声讨声如排山倒海之势吞噬着这两个罪恶滔天的匪首。

提起这两个土匪头，广丰人民无不切齿痛恨，怒火满腔。他们是两姨夫。纪老呆曾在国民党衢州绥靖公署任过职，是台湾反共青年救国军成员，是个政治土匪，拥有匪徒近千人，是广丰几大匪首之一。他打家劫舍、奸淫妇女，杀人放火，无恶不作。曾攻打过华岭乡政府和沙田乡政府，打死打伤多名解放军战士、乡村干部、民兵和老百姓，是双手沾满人民鲜血的刽子手。许辉子跟着纪老呆狼狈为奸，助纣为虐，是个恶贯满盈的土匪小队长。

1950年冬，我中国人民解放军四野三营部队在福建浦城县和广丰县铜钹山交界处一驻地，一举击溃了纪老呆的一伙乌合之众，缴获各种枪支三百多条。但阴险狡诈的纪老呆眼看大势已去，便带着老婆王氏、姨夫许辉子和外号叫歪嘴的通讯员趁早逃之夭夭了。一天早上，一个天真活泼的放牛娃，在绿草茵茵的天井岗上放牛，忽然发现一个山洞里有几个鬼鬼祟祟的人，好生奇怪。这时，狡黠的纪老呆从洞口龟缩着脑袋，假惺惺地对放牛娃说："小鬼，小鬼，来，我拿饼给你吃。"妄图杀人灭口，但聪明的放牛娃没理这一招，径自走了。这丧家之狗自知已经暴露，便急忙转移到施村、吴村以及玉山交界的路亭山一带，以此作为藏身屏障。次年，我县民兵捉到了在路亭山藏身的纪妻，但她拒不交待纪老呆的藏身之地。就这样纪老呆又一次漏网。这起重大的政治匪首在逃之案悬而未结。

1952 年秋季的一天，我县公安局许忠渭同志，随身携带一支加拿大手枪，只身一人匆匆地踏上了去浙江寿昌县的路途，执行着一项重要任务。车轮在崇山峻岭间飞旋着，他的脑子里清晰地浮现着昨天在公安局受命的情景：昨天晚上，他来到县公安局局长徐刚办公室里，昏暗的灯光下，局刑侦股长孙治昌向他递上一份从浙江寿昌县公安局寄来的函件，文曰："我局捕捉到一个可疑分子，经审问，他供认是广丰县人，名叫纪利荣。请你局派人速来认领。"在此，且不说纪利荣是何人。但从"纪利荣"所招供的假地址——×乡×村来看，"纪利荣"肯定是化名。徐局长思索了片刻，果断地说："这里面一定有重要的文章。"说着，拿出几张逃亡匪首的照片，交给他，并作一番指示，即命他火速上路……

他当天晚上赶到寿昌县，县公安局的同志向他介绍了捉拿"纪利荣"的经过：

那是 1952 年，正是全国各地轰轰烈烈地开展土地改革和剿匪反霸时期。卜家蓬乡窑里村来了一位不速之客。这人自称纪利荣，装着一副诚恳老实的模样，但其谈吐、举止仍不时流露出一种杀气腾腾的样子。尤其是整天都叼着"老刀牌"香烟，而从来不抽旱烟的。这些情况引起了当地老百姓的警觉。一天，区里的公安特派员巡视到窑里村，便决定到这陌生人的住处一探虚实。

这天下午，特派员借故到纪利荣打帮工的东家。晚餐时分，纪利荣做工归来了，进屋看到这个干部模样的特派员，先是一愣。转而又想自己这段时间谨小慎微，没有什么大不了的。便故作镇定地放下斗笠，洗脸洗脚，上桌就座。谁知这"来者不善"，深山老林已不是"避风港"了。在吃饭时，机智的特派员落落大方地向东家嘘寒问暖，谈笑风生，而纪利荣独坐一旁，心慌意乱，默默无语，夹菜下饭，嚼而无味，欲吞难下，好似卡鸬鹚喉。特派员看到纪利荣那慌慌张张样子，突然话锋一转："请问客人家在哪里？"但见纪利荣呆若哑巴，一言不答地放下筷子，退出饭桌，拿起斗笠就走。正当大家丈二和尚摸不着头脑时，特派员随后而出，直追纪利荣。

纪利荣疾步走出门外，就飞也似的跑了。跑呀，跑呀，他听到后面的脚步声，转向背后看了一眼，已知特派员在追击，心想那黑洞洞的枪口将对准自己，脑袋就要开花了。他全身冷汗淋漓，恨不得插上双翅飞逃之，但发麻的双腿欲速则不达。特派员心想，这个隐藏在深山老林里的"纪利荣"果然不是"好货"，先捉个活的吧。他越跑越快，越追越近。"纪利荣"越跑越提不起劲，越往后看，越是害怕。眼看相距只有10多米远了。碰上一个家访老师迎面走来，拦住了纪的去路，纪恼羞成怒地把老师一脚踢了个仰面朝天。由于老师的拦截，"纪利荣"索性猛地转身，摆开了阵势，露出一副狰狞的面目，虎视眈眈地死盯着特派员。这时，特派员在离"纪利荣"一米左右的地方巍然屹立着。穷凶极恶的纪利荣妄想先发制人，张牙舞爪地直扑过来。特派员来了"鲤鱼跳龙门"飞过他的头顶，"纪利荣"一个"狗吃屎"顺势从特派员胯下钻过，扎扎实实地伏在地上，侧身爬起，嘴里鼻里污血直流。不甘失败的"纪利荣"自知第一招用力过猛，还要来一下"狗急跳墙"，作垂死挣扎。特派员则镇静了一下，凝神定气地等待着他的下一招。当"纪利荣"气势汹汹地冲上来时，特派员电闪雷鸣般的拳掌，"噼噼啪啪"，直打得"纪利荣"连滚带爬，哀声求饶。在旁的老师和闻声出来的群众，连声称赞："打得好！打得好！"这个见不得人的"纪利荣"如一只穿山甲似的缩着脑袋落入了人民的恢恢法网。

当许忠渭同志听完介绍，为了尽快揭开"纪利荣"的庐山真面目，连夜提审了"纪利荣"。在审讯室里，"纪利荣"看到面前这个陌生人，显得更加坐立不安。老许同志以公安员的身份开始审讯：

"你叫什么名字？"

"纪利荣。"

"家住什么地方？"

"广丰。"

他边审问，边对照相片，当对到第三张时，奇迹般地发现"纪利荣"就是双手沾满人民鲜血的匪首——纪老呆！

突然，他出其不意地直呼其名："纪老呆，你还不老实交待？假如顽抗到底，只有死路一条！"

此时此刻，这个昔日上山为匪，今日潜入深山伪装成农民的纪老呆，自以为取个化名就能瞒天过海的，想不到今天自己的真名已被公安员掌握。当听到直呼他的名字时惊魂未定的纪老呆犹如遭到突如其来的五雷轰顶，心想这下全完了，一切都完了！额头汗如雨下不断滴到鼻尖，背上的衣服亦湿透了，贴在身上，耷拉着抖动的脑袋，哭丧着脸说："我该死，我该死，我说，我说，我是广丰城郊人，真名叫纪老呆，被解放军打败后，生怕受到人民的镇压，所以化名逃到我舅父处避难。"

"你舅父在什么地方？"

"在寿昌卜家蓬乡窑里村。"

"同你一起来的有几个人？"

"这……这，"纪老呆吞吞吐吐地咽下了将要说出的话。

许忠渭同志猛拍桌子："这是政府给你的立功赎罪的机会，还不赶快交待？"

"是的，是的，还有我的姨夫许辉子。"

"他在什么地方？"

"在塘坞口乡 × 村副乡长家烧炭。"

许辉子也是漏网土匪，纪老呆的招供，意外地得到了他的踪迹，所以必须乘胜追击！

第二天清晨，他同该局一位新调任的审讯科长一道去塘坞口乡 × 村捉拿许辉子。

这个乡位于浙皖交界处的黄山山麓，是著名的新安江水库发源地，方圆一百多里都是大森林。是个"千山竹，万山木，走路不见天，烧火不见烟"的边缘山区。在这深山老林里，越往里走，山势越高，道路越是崎岖不平。蜿蜒连绵的群山，争雄似的一座比一座高。峻峭的山头，直直地高耸入云。一路石径陡壁，曲曲折折，两旁松林密布，抬头看不见天空。泉水从山石上流着，潺潺作响……太阳似乎下山了，树林的缝隙里，已经看不见太阳的光点，山上的空气真静得可怜。老远老远的山岭里，野兽的嚎叫声也清晰地听得出来。

"不许动！干什么的？"突然，从山路两旁的树林里跃出 20 多个彪形大汉，他们有的持枪，有的握刀凝神注视着行色匆匆的两位公安员。他们马上拔出了手枪，理直气壮地说："我们是县公安局的，到你们乡调查案件。""证件呢？"拦路人又问。审讯科长摸了摸衣袋说："对不起，我们忘记带了。""弟兄们，上！"为首的一声令下，众人上前团团围住他俩，两位公安员背靠背，密切注视着他们。双方对峙，各有猜疑。他们想：在这异地他乡，莫非要死在这些土匪山寨手里？而他们见我们没有证件，怀疑我们是逃亡的土匪特务？

在这枪戈相向之际，审讯科长反问道："你们是什么人？"

"我们是塘坞口乡民兵巡逻队，我是队长。"为首的回答说。

"你们的证件呢？"审讯科长又问道。

队长递上了盖有塘坞口乡政府公章的证件，上面有队长的职务、年龄、相片。审讯科长又把证件传给了老许同志，两人会意地点了点头。

拦路人看到这种情景，好像对他们的身份明白了许多，紧张氛围变得缓和了。于是队长说："你们不是说要到乡里去吗？那就跟我们走吧！"

由于他们没有介绍信，乡里对他们也不放心，一边派人监守，一边派人连夜赶往县公安局联系。他们在塘坞口乡政府过了一夜被监禁的生活。

误会消除了，他们请乡里的吴同志带路，找到了副乡长。结果副乡长外出，据其弟弟说，许辉子已到毗邻的淳安县打零工了。这个十恶不赦的土匪头目，真是狡兔三窟啊！然而在土地改革和剿匪反霸的狂风巨飙中，怎能不心惊胆战呢？此举不宜迟，万一打草惊蛇，后果不堪设想。于是，他和审讯科长出钱叫副乡长之弟带路，通宵达旦地向淳安县 × 乡进发了。翌日清晨，他们 3 人来到了一个单家独屋后山坳里，主人已经起来，屋顶上升起了一缕缕炊烟。这就是许辉子做帮工的东家。这所茅草垛成的房子，全部用杂色石头砌就的，但已残破得不成形了，偶尔看来，那只是一乱石堆。副乡长之弟敲开了东家的门，佯装请许辉子继续到他哥哥家烧炭。东家叫醒了在睡梦中的许辉子。当许辉子惺忪着眼，拖着鞋，扣着衣领，到门口时，他们就倏地从门前两侧跳出来，紧紧扭住了他的手腕："许辉子，你被逮捕了！"老许同志大喝一声，许辉子如梦初醒，但双手已被扣上了锃亮的手铐。

他们忘记了疲劳，带着胜利的欢悦，迎着一轮崭新的朝阳，从大山深处押出了这个潜逃的土匪小队长。且说宣判纪老呆、许辉子的公审大会正在继续进行着。

在黑压压的人山人海中，"处死纪老呆！""处死许辉子！"一阵阵的怒吼声，此起彼伏，响彻云霄。大会快要结束时，审判长沉重而有力地宣布："判处纪老呆、许辉子死刑！立即执行！"啊！这振奋人心的宣告，激荡着数万名群众，他们欢呼着，跳跃着，最后，随着"呼呼"几下清脆的枪声，这两个死有余辜的土匪头被枪决了！全县人民拍手称快，奔走相告！

（录自中共广丰县委宣传部、中共广丰县委党史办编：《赤岩翠竹红军魂——广丰革命故事选》，1991年，第126—132页）

赤部长赤胆突匪围

吴希有

"叭，叭——！"1949年9月的一天夜里，11点多钟，少阳的上空，突见红光一闪，连着两声枪响，划破了寂静的夜空。紧接着是一阵"嘤嘤"的集合哨声，从乡政府前后的两栋大房子里，呼啦啦一下子钻出二三十个扛长枪、提短枪的人，齐刷刷地集合在屋前的晒谷场上。

"立正！向右看齐；向前看！扛枪！稍息。""息"字刚落，场上的人伸出的右脚还没来得及摆端正，一阵鬼叫般的号声，差点没把人们的耳膜震破。紧接着，东、西、南、北，四面八方，枪声骤起，只见整队的人右臂一抬，枪一挥："同志们，情况严重，快跟我来，抢占东山头！"说毕，他便带着这支队伍，游龙似的，一闪便消失在黝黑的夜幕中。

原来，前几天，县委接到内线的情报：洋口区有人在少阳等乡密谋策划自卫队叛乱，县委派组织部长赤枫到洋口区对各乡搞自卫队整编工作，以精简队伍，提高素质。昨天，赤部长带着通讯员大老张（张得有）及洋口区中队的二三十人在少阳住下，着手工作。刚拟定出一个"抓、杀、留、放"的初步整编方案，谁料想最近被人民政权打得吃不下饭、睡不成觉的钟耀荣等少数残余土匪，打听到这一消息，竟勾结上饶铁山那边的大股土匪，要乘人不备，袭击县委特派员，抢粮抢枪，颠覆新政权。

这天上半夜，是区中队干部高连山值班站岗。他是南下干部，多年来南征北战，使他浑身都是临敌经验，满脑子装着"敌情"观念。10点多钟，人们都已休息，天，黑沉沉的，夜，静悄悄的，唯有那稻田里的青蛙"呱呱"地叫个不停。一阵睡意袭来，高连山不自觉地打了个呵欠，眼皮要开始打架了。正在这时，"嘀踏，嘀踏"，一阵轻微的脚步声，从远处朝村口传来，老高一惊，瞌睡虫早就跑得没了踪影，瞪眼四下一瞧，只见大路前面一百来米处，有十来个人各自挑着一对大箩筐，正朝村口走来。

"站住！干什么的？"接着，"啦啦"一阵响，老高扳上枪栓，子弹上了膛。

"哎——哎，别误会，别误会，我们是挑煤的，打从这儿过。"

老高收起枪，上前一个个地检查了他们的大箩筐，空荡荡的什么也没有，再看看他们的身上，也不见什么异样。于是便放他们过去。

没发现情况，老高松了口气，端着枪，在原地"一字步"，嘴里不经意地重复着："挑煤的，打夜路挑……煤……？""哎呀，不对！"高连山猛然警觉过来，一拍大腿，"煤那么重，一般的人买煤，或者用车推，或者用小箩筐挑，哪有这么多人凑在一起用大箩筐挑的？再说，煤山离这不过十来里脚程，哪里要这么早便赶路的？"这两个疑点一经发现，他立刻联想起昨天下午几十名土匪前来滋事，瞎折腾了一阵子，等区中队出来阻截，他们却已逃之夭夭这档子事，马上意识到昨天的这股子土匪很可能是"火力"试探，莫非今夜他们有大行动？想到这里，他不觉惊出一身冷汗，感到情况十分严重。立刻端起枪，"砰——"，朝天放了一枪，发出信号。这便是我们前面听到的那声枪响，那位在晒谷场上整队，叫口令的，是区中队林清良队长。

赤部长与"大老张"是多年的"老作战"，平常连睡觉都睁着半只眼，这时枪声一响，他们一骨碌起来，二话没说，悄悄地跟在队伍后面掠阵。

东山是原少阳乡政府所在地（今七顷自然村）后面的一座小山，山势刚好呈马蹄形。赤部长与林队长带着一队人摸黑跑到这里，匆匆察看了一下地形，心里稍稍有了底。他们都是打过大仗的老战士，很懂得知己知彼的道理，在这样紧张的时刻，林、赤两人仍不慌不忙，侧耳细听，从对方那密集的枪声、嘈杂的喧嚣声和杂乱的脚步声分析，这次偷袭的土匪，不下 400 人，两人心里不觉"笃"地码上了几块石头，林队长轻声道："赤部长，形势相当危急，我们的力量不到敌人的十分之一，电话线又早已被敌人切断，一时与县区联系不上，而且到天亮后处境就更危险了。我们不能坐以待毙。我想，我们应该做好掩护，派人尽快突围出去，向县区求援，你看如何。"

赤部长沉吟了一会，点点头："行！不过，敌强我弱，突围的人多了，反而出不去。我看这个任务就交给'机灵鬼'小平吧，他才十五六岁，人小鬼大，若装成放牛娃的样子土匪是容易骗过的。还有，我们必须抢占有利地形，你和高连山，带一部分人抢占右面山包，我带几个人抢占左面山包，决不让敌人攻上来！"

话音一落，在场的人自动地一分两半，"唰"地以迅雷不及掩耳之势，朝左右两面山包扑去。

一会儿，从东山的左、右山坡上，传来一阵"砰砰、啪啪"的枪声。果然不出所料，土匪们一听这边响枪，立即兵分两路，朝东山左右两侧包抄过来。

说时迟、那时快，在山脚下等待时机的"机灵鬼"小平，见已是时候，即刻以"飞燕掠水"之势，越过半人深的番薯地沟，穿过一人高的高粱"纱帐"，闪电般地消失在洋口方向的浓浓夜幕之中。

且说左面山坡上有七八个人，在赤部长的安排下，又一分两半，在山顶、山腰设下两道防线。这样，或进或退，均有余地，确是万全之策。通讯员大老张年纪最轻，眼、手最快，模糊中发觉山脚下似有一条长长的黑蛇在挪动，立即意识到土匪想利用夜幕掩护，悄悄地摸上来。于是他灵机一动，与赤部长一咬耳，各自端起一支冲锋枪，哗啦啦，两人一先一后，一紧一松扣动着扳机。只听"砰砰砰，哒哒哒"，老远一听，分明是一挺重机枪在叫唤。这一来不打紧，那股正往山上爬的土匪一听：共产党部队有重机枪，这可是玩命的呀。一惊一吓，当时便"雷电交加"——尿屎直往裤裆下流，屁股一转，没命似地往回便逃。

林队长和高连山率的这队人马，数量要多得多，但多是新整编来的，大都缺乏临战经验。放了一阵子枪，不是朝天打麻雀，就是朝地挖番薯，偏东偏西就是偏不着人。林队长瞧这阵势，立即传下口令："新战士不要乱开枪，把子弹集中使用，枪准的人，等土匪到了子弹能吃肉的位置再开枪。"说完,他把高连山叫到一旁,轻声说:"老高,你我的担子不轻哪,这批新队员一没经验,二未训练,而敌人已把这座山包围得铁桶似的,我们只有稳住他们,坚持到援兵到来,才好内外夹击,打破土匪的包围哪。"

老高脸色严肃,点点头说:"这样吧,我带几个老队员在这里坚守,不让他们上来,你带这些新手,转移到山顶,也好有个照应。"说完,他也不等林队长点头,便叫了几人选好有利位置,伏在番薯地沟里,虎视眈眈,直盯山脚的敌人阵地。

时间在不紧不慢地过去,东方已出现鱼肚白,天开始亮了。这对我方坚守阵地,是越来越不利了。这当儿,土匪渐渐看清楚了我方的兵力和阵势。于是,几个胆壮一点的亡命之徒,开始由山脚向上移动。1米、2米、3米……眼看着土匪距高连山他们的守地越来越近,老高仍在不动声色地等待着。终于,一个戴红帽子的土匪直起腰、露出了头。说时迟,那时快,"砰!""啊——"随着一声枪响,只听一声惨叫,"红帽子"脑袋顿时开了花。

别看这些亡命之徒先前仗着人多,气势汹汹地想一口吃掉区中队,但若来真格的,却是怕死的多。这时听到枪响,本已呆了,再一看"红帽子"趴在地沟里的惨状,直吓得屁滚尿流,转身飞逃,只恨爹妈少生两条腿。谁也不敢前进,只在山脚下穷叫喊:"你们已经被包围,出不去啦,快缴枪吧,缴枪不杀!"

大老张被土匪的"缴枪"声恼得心里冒火,一个劲地直嘀咕:"你们有种的,就上来吧,看我能不能把你们的包围圈,捅一个大窟窿。"但他在山顶,敌人远在山脚的田埂边,开枪怕够不着,况且子弹已不多。忽然,他灵机一动,飞快地跳下山梁,从其他几人手里拿过几支没子弹的枪,用力往下一抛,大喊道:"我们缴枪啦,你们上来捡吧。"

几个大脑简单、邀功心切的小毛匪,哪顾得什么利害关系,一见上面就抛了几条枪下来,立刻抢着跑上去,抢个头功。这一来,正中大老张的下怀,只见他右手悄悄地从腰间拔出一支短枪,眯着眼睛,握枪的手只朝下面点了点,但听"砰、砰、砰",那三个土匪应声而倒,争着向阎王爷报到去了。

这一来不打紧，那些刚准备发动攻势的土匪，全给镇住了：共产党的小兵就这么厉害，大官更不得了，谁还敢抢先送死呀！

一分、二分，一刻、二刻，时间过得十分缓慢。土匪们被打怕了，僵在下面不敢上来，而赤部长他们在山上坚守，也更加困难。满山尽是番薯地，没有大树，遮不住火辣辣的烈日，没有沟壑，挡不住滚烫烫的热浪。衣服干了又湿，湿了又干。赤部长先是渴得要命，山上没有泉眼水沟，找不到水，大老张挑最肥壮的番薯地往下挖，可季节不到，挖出的仅是拇指大小的番薯爪，水分少，解不了渴，只得咬咬牙挺下去。眼看已经八九点钟，可土匪不退，饥饿又一次次地袭击他们了。晚上 11 点多钟上山，十来个钟头了，粒米未沾，别说是牛高马大的粗汉子，就是专门绣花的娇小姐，饿了这么久，也早已没了拿针的力气。

增援部队仍不见踪影，大家都开始失望了。眼看着已很难再挺下去。赤部长清点了部下剩余的子弹，不免叹了口气，叫过大老张说："以防万一，你赶快把带来的文件烧掉！"交待完，他又抓过仅剩下的几粒子弹，捡出一颗放在掌心里掂了掂，诙谐地说："看来，这粒'花生米'该留给自己……"

大老张一旁见了，急忙叫一声："赤部长，你可别太着忙，有我在，就有你赤部长在。你万一要'走'，等我死了，你再去'光荣'吧。"

面对着这种大无畏的革命气概，看着这样勇敢可爱的战士，赤部长笑了。他的笑，带着一点苦涩，又带着几分自豪！

敌人的枪声突然密集起来，他们似乎已发觉赤部长他们已弹尽粮绝，头目们用枪催着部下，乱喊着"打倒共产党，活捉赤部长"的口号，向他们一步步逼近。包围圈已越来越小，眼看危险已迫在眉睫，生死关头已到，就在这千钧一发之际，突听"轰隆"一声，只见从坑东方向射来一发炮弹，在十字街（今少阳街边的一口藕田）的水井附近开了花，一会儿后，又传来一阵阵"嘀嘀哒、哒哒嘀"的冲锋号声，只见一队穿军装的士兵端着枪，老远冲来。赤部长、林队长他们一见，不由大喜过望："同志们，往下冲啊，我们的援兵到啦！"

山下的土匪，打从见到炮弹开花后，便已乱了阵脚，这时见那边来了大部队，这边被围的人反往外冲，哪里还能顶得住这内外夹击？土匪头目慌忙纠集队伍挑着几担"积谷"（乡政府被抢公粮），丢下几具尸体，朝着上饶铁山方向逃之夭夭了。

赤部长、林队长与闻讯前来增援的县城四七〇团的两个排战士汇合了，土匪的"铁桶合围"终于被打破了，一场生死攸关的危险解除了。赤部长他们脸上露出了胜利的微笑。

（录自中共广丰县委宣传部、中共广丰县委党史办编：《赤岩翠竹红军魂——广丰革命故事选》，1991年，第86—92页）

李区长虎胆闯魔窟

徐齐武

1949 年 5 月 5 日，中国人民解放军二野五兵团 17 军 51 师、49 师在广丰地下党领导的独立团和信江支队配合下，顺利地解放了广丰。

同年 7 月份驻广丰的中国人民解放军二野部队奉命转移贵州，由四野部队接驻广丰。就在交接的空隙中，本县匪患再起，气焰更加嚣张，土匪一二百成股，匪众多达三千余名，他们到处奸淫烧杀，抢劫民财，骚扰城乡，叫嚷要颠覆新生的人民政府。

为保障人民生命、财产的安全，维护社会秩序安定，巩固人民政权，将革命继续推向前进，广丰县委领导全县人民开展了一场声势浩大的剿匪运动。

1949 年年底，李福仲同志根据县委的安排，来到匪情比较复杂的沙田区任区长。李区长来到沙田后，立即领导沙田人民投入到轰轰烈烈的剿匪斗争中去。开始，他带领同志们走家串户，宣传政策，发动群众，了解匪情。经过一段时间的工作，群众纷纷举报，很快摸清了匪情，这个区的土匪有 500 多名，而且跟土匪有牵连的群众很多。明确了匪情，区委当即召开会议，经研究决定，先采取政治瓦解和发动群众相结合的方针，促使大部分土匪自新，然后集中力量进行军事清剿，打击匪首和部分冥顽不化的土匪。

措施既定，见诸行动。一天下午，只见区政府的大会堂里挤满了人，一问才知，今天是区政府把一些小土匪和部分土匪中分队长，以及部分群众召集到区里开宣传大会，大会上，只听李区长说："今天召大家来，是想跟大家讲讲党的方针政策，你们中的大部分是被逼或受引诱上山为匪的，有的还是为生活所迫，但无论怎样，只要你们放下武器，重新做人，向政府自首，政府是会宽大处理的，对你们也既往不咎，否则就要严惩。希望你们回去好好想想，回到人民大众中去，做个自食其力的人。"之后，参加会议的土匪一天比一天多，要求自新的土匪也陆续向政府交枪自首了。

有一天，只见一个身背长枪的人来到区政府，要求找区长。值班干部把他带到李区长的办公室说："这个就是李区长。有什么事，说吧。"

"李区长，我是黄布楼。这几天听了你的报告，使我觉得从现在起不应该再为匪了，不能再为害百姓了，应该好好做人，今天我来是向政府交枪自新的。"黄布楼说。

"好呀。小王你带他到办公室去登记吧。"李区长高兴地说。"啊，黄布楼。"李区长又叫住他，"你自己虽然自新了，但回去以后，要做做别人的工作，跟他们再讲讲共产党的政策，让他们也向政府自新，争取宽大处理。"

且说黄布楼登记了以后，哼着小调高高兴兴地回家了。在路上他自言自语：共产党确实讲信用，说到做到，对我自首以后真是既往不咎了。我回去以后一定要好好宣传一下，让其他人都来自新。"哎呀，李区长交待我的任务不要忘了。但找谁呢？对，就找陈家仔他们。他们几十个人前几天开完会后不也曾透露出自新的愿望吗？"

第二天早上，只见黄布楼迈着轻快的步子奔向李区长的办公室。一进门他就迫不及待地报告说："李区长，昨天回去我就找陈家仔谈了一下，他们几十个人表示愿意自新。不过他们想请你中午去参加他们的酒会，然后一起交枪自新。"

"好。黄布楼你做了件好事，希望你继续立功赎罪。你先回去告诉他们吧。中午我一定去。"李区长听了这消息果断地说。

黄布楼走后，只见李区长在房间里踱来踱去，紧锁双眉，自言自语："会不会有诈？但如果不去，他们会说，共产党不讲信用，那样失信于他们，今后的工作就更加难开展；同时还说我们怕他们，不敢去，那样他们今后的气焰就会更嚣张。""如果去，这次他们有几十个人，而且个个都有枪，倘若有诈，这些人个个都是杀人不眨眼的刽子手，那可是相当危险的。"

李区长充分权衡了利弊得失，最后决定：为了全局的利益，没有听区干部们的劝阻。他心想即使有诈，也要去闯一闯。

这一天中午时分，李区长带着通讯员王慎福同志由黄布楼带路来到了陈家仔家。一踏进门槛，只见30多个人围坐在一条长桌子旁，个个都是腰插短枪手按枪把，只在靠墙那边留了一个空位，大有剑拔弩张之势。于是他轻轻地跟王慎福交待了几句："慎福，留神呀，到时候如果真是骗局，动起手来，你就不要管我，只管端起冲锋枪扫射。"王慎福同志会意地点了点头，只见他双手端着冲锋枪，腰插手枪，挺胸昂首地站在门口，一双机警的眼睛注视着土匪们。这时李区长面无惧色，昂首阔步跨进大门，镇静地放开洪亮的声音说："嗬，今天我是来赴鸿门宴吧！"他看看位子，从容地叫大家把桌子稍往下移一点。他心想：如果真动起手来，也好宽余一点，当拿不及手枪时，好抡起凳子抵挡一下。他这气宇轩昂的一举一动、一番言词，使得众匪徒大惊失色，面面相觑，不约而同地松开了握住枪把的手，气氛自然而然地松弛了下来。李区长坐下后，宴席便开始了。酒过三巡，大家都已微微有点醉意了，这时只见土匪陈家仔又一次给李区长倒满酒，之后他端起一碗酒："李区长，来，我敬你一碗。我们这次是真心实意地向政府自首，希望你以后要多多关心，照顾我们这些兄弟啊！""是呀是呀，李区长。"几位匪徒附和地说。

"只要你们是真心实意的，从今以后不再当土匪残害百姓，回到人民大众中去，做个自食其力的人，政府是不会再为难你们的，对你们以前的所作所为也既往不咎。"李区长郑重地说。接着又有几个土匪向李区长敬酒，就这样一直喝，也不知喝了多少，李区长觉得头越来越晕了，这时，突然，天空传来一声雷鸣，大雨倾泻而下，李区长猛然一惊："啊！不能再喝了，不然的话会出麻烦。"于是他端起一碗酒站了起来："各位，我下午还要赶回去开会，今天就喝到这里，以后有机会再喝，现在大家既然都愿意向政府自首，那就交出你们的枪。"说完他们干了最后一碗酒，这些土匪纷纷交出了各自的枪。从而结束了这场惊心动魄的较量。

就这样，一次次教育，一次次较量，一些土匪纷纷携械下山自新。据统计，有 30 多人下山自新，交出步枪十几条，手枪 18 条，每条枪都有 20 发子弹以上，还交了 3 部电话机。政治瓦解，促使土匪自新，为集中力量打击冥顽不化的匪首做了准备，这是一场无声战斗的巨大胜利！

（录自中共广丰县委宣传部、中共广丰县委党史办编：《赤岩翠竹红军魂——广丰革命故事选》，1991 年，第 99—102 页）

匪首王大蛇落网记

张如池　徐齐武

"爷爷，爷爷，今晚李区长在乡里开会，说要开始土改，全乡的田都丈量好了，准备马上分田。哈哈，现在真翻身了，我们有自己的田啦！"孙子欣喜若狂地说。

爷爷深深地吸了口旱烟说："是呀，这几天开会都讲分田、土改的事，到处还贴了标语。昨天村长说，我们家在大底种的那丘田刚好是 5 亩，符合我家的人口，要全部分给我们。"

"爷爷，你以前常说，如果那里面的一丘两公（一亩）是我们自己的，我们家的日子就好过了，现在不是两公（一亩），而是 5 亩。"

爷爷笑得合不拢口。"我苦了快 70 年了，才盼到了今天。"说到此，爷爷又变得忧愁起来，说："这个田难分呵！虽然全村的地主恶霸都惩办了，但土匪头子王大蛇还未抓到，群众是不敢要这份田的，我们虽然不见王大蛇的人，但他的话说已经传了出来，说谁敢要他的田，他就要把谁家几条茅铺草全部掀掉……"说着，说着，老人又回忆起王大蛇所干的那些罪恶勾当：

解放前，他曾霸占乡邻们的田产达 20 多亩，到处奸淫掳夺，无恶不作。解放后，他不思悔改，继续行凶造孽。曾记得，1949 年 11 月的一天夜晚，王大蛇带着 20 多个人，来到陈禄家中，准备勒索财物，见其女儿在家，就兽性发作，轮奸了她。其兄陈文书出来拦阻，却被王大蛇一枪打死，临走时放了一把火烧掉了陈家的房屋。还有，1950 年 9 月的中秋夜，王大蛇竟敢勾结王华仔等十几个人，窜到河泉乡政府，残忍地打死了该乡的 7 名干部和民兵，真是狗胆包天。爷爷越想越害怕，不禁摇了摇头，深深地吸了一口气。

"爷爷，李区长他们是很有办法的，我看王大蛇是一定能抓到的。"孙子坚定地说。

"唉，我看事情不是这么容易的，你不知道，这王大蛇为匪已经 14 年了，他身高体壮，力大如牛，练有一身武艺。附近的人传说他有'三个不到'的本领：脚穿钉鞋走石路，你听不到声音；到你家撬门进屋，你听不到；即使被抓住后也看守不到。以前曾经被抓到过 4 次，可每次都被他逃了。曾有一次抓到以后，怕他再次逃跑，就用铁丝穿肋骨，绑在壁板上，手、脚又用绳子捆得严严实实，同时还派了 4 个民兵把守，结果还是被他搞破壁板带着铁丝逃了。所以，沙田、盘岭一带大小土匪都拜他为匪师，是土匪老子。"年轻的孙子听了爷爷的这番话，也有点丧气了。

第二天晚上，这位孙子跑到李区长那里去。只见李区长坐在办公桌前，紧锁双眉，嘀嘀自语："抓获王大蛇是当务之急。"

"啊！李区长已经意识到啦。"孙子高兴地想。但他是禁不住要问："李区长，抓王大蛇，有把握吗？"

"当然有把握，共产党领导的解放军能消灭国民党 800 万军队，还愁一个小小的王大蛇抓不到吗？小兄弟，你就告诉你爷爷和村里的群众，王大蛇一定会抓到的。"李区长坚定地回答。

于是李区长带领工作组同志深入下去，走家串户，宣传党的方针、政策，发动群众，搞清王大蛇的下落。特别是对那些与王大蛇有瓜葛的人，做好过细的思想工作。经过几个日日夜夜的工作，终于掌握到王大蛇的行踪。这天晚上，李区长又连夜把过去曾经与王大蛇有来往现已有所觉悟的杨庆田、蒋光满、蒋成根等人，召集到乡里开了个小会，开得很晚很晚才散。

次日晚上，杨庆田又被李区长叫去，交给他一个任务，要他去做他弟弟的思想工作，因他弟弟至今还与王大蛇有牵连。他从李区长那里出来，没回家即到他弟弟杨庆钱家中去了。一进门便开门见山地问："庆钱，听说王大蛇经常到你这里来要粮食，是真的吗？"

"是的，哥哥，王大蛇向我苦苦哀求，说他的部下已全被解放军消灭了，现在只剩下他一个人困于深山吃不饱，穿不暖，睡不稳了，所以要我给他粮食吃，每隔几天就要到我家中背米。"庆钱回答说。

"现在你打算怎么办？"庆田问："我知道王大蛇过去虽然曾是我俩娶妻的介绍人，但他也曾差一点向你嫂子下毒手，除此之外他残害百姓，烧、杀、奸、掠，无恶不作。这些我们都清楚，所以他绝不是好人。这些道理，李区长也曾多次向我们讲了。特别是我们乡这次分田一直分不下去，也是由于他没有抓到而影响了群众情绪。"

"是啊，这些事我怎么会不知道呢？只是王大蛇力气大，又身藏手枪，我夫妇俩怎能奈何得了他呢？弄得不好没有抓住他，反倒被他打死。"庆钱为难地说。

4天后的一个晚上，大雪纷飞，寒风刺骨，庆钱躺在床上久久未入睡，他在想，我应该怎么办？怎么能够抓住王大蛇呢？想着想着，不觉迷迷糊糊地睡了。

"庆钱，庆钱，睡啦？"一个人影站在床前低声地叫着。

"谁呀！"庆钱惊醒了。

"是我，大蛇呀！"庆钱听说是王大蛇来了，心里"扑通"一声，急忙起床，点上菜油灯，只见王大蛇弓着腰，双手压在肚子上，冷得发抖，一副狼狈样子。房子的门却依然关着，杨庆钱禁不住惊奇地问："这门是谁给你开的？"

"是我自己开的。"

"那我怎么一点声音都没听到呀。"

"这点功夫我还是有的，不管关得多紧的门，我要撬进去，就不会让它发出声音。"这时王大蛇又显得有点得意。

"你今晚来是……"

"我是想再向你要点粮食上山，山上已无粮了，今天一天我才吃了一餐饭哪。"大蛇迫不及待地回答。这时庆钱妻也醒了，"大蛇哥，那我马上炒点饭给你吃。"

"不了，最近乡里开会，到处要抓我，风声很紧，我不能久留，快给我点米吧。"

庆钱沉思了一会，走向米缸，揭开盖子说："今天真对不起，我不知道你要来，只有这点米，你先全部倒去，过三天你再来取，好吗？"

"好，好，谢谢你们夫妇，要不是你们搭救，我早就饿死了。"接着，王大蛇把腰上的枪一亮，又说："他妈的，只要我还能活着，等拉上了队伍，一定要跟共产党比个高低，到那时，我也一定会酬谢你们的。"庆钱看到手枪，灵机一动，便劝阻说："算了，人到如此，还想那么多干什么，只要能活下去就行了。再过三天你来取米，但我要劝你下次来再不要带枪了，最近到处设岗哨，碰到生人要检查的，你万一被查到岂不是自投罗网吗？"

"是真的？"大蛇吃惊地问。

"这还有假，这几天乡里、村里开会都反复布置过。我是为你好，不会害你……"

"是呀，我知道，下次来一定照办，省得自讨苦吃。"说着，王大蛇把米袋往胸前一搂，向窗外探了一下，便溜走了。

且说王大蛇独个儿艰难地爬上雪山，走进洞穴，自言自语了一番："我这个人，好在人还没有害尽。想当初庆钱成亲时假惺惺地说了几句好话，人家到现在对我都很好。唉！到这地步，除了他，还有谁能帮你，哼，他们都恨不得把你一下吃掉。"

第二天天一亮，杨庆钱跑到他哥家中，一五一十地告诉了昨晚的情况。于是兄弟俩就坐下商量三天后如何擒拿王大蛇了。第三天，两兄弟和弟妹做好一切准备，等待着王大蛇的到来。七等八等，等了个空，这天晚上没有来。

次日晚上，又重新做了一番布置：三人一起隐藏在一张床上，放下帐子，庆田将一把磨得雪亮的柴刀连同自己穿的鞋一起塞在枕头下。床底只有庆钱夫妇的鞋，桌上的油灯摇着昏暗的光晕。大约半夜11点时分，四周静悄悄，屋外漆黑一团，偶尔传来几声"汪汪汪"的狗叫。突然，只见门一晃，进来一个鬼鬼祟祟的人，床内的人看得清清楚楚，是王大蛇来了，他头戴一顶破棉帽，身穿破棉袄。腰绑一条黑得发亮的长手巾，脚穿一双草鞋，肩搭一个米袋。进屋后，随即背靠门边墙站着，随手带上房门。一双贼眼往四处瞅了瞅，没有发现什么可疑的事，就往下一蹲，低声地叫了两声，"庆钱，庆钱"。床内三人交换了一下眼色，庆钱即装作从睡梦中惊醒，慌忙下床，喊："孩子他娘。"

"哎"，庆钱妻装作迷迷糊糊地应了一声。

"快去给你大蛇哥做饭吃。"

"不，饭不吃了。隔壁好像有动静，快给我装米吧。"

"好"，庆钱见他腰上果真没有枪，心里暗喜。"既然大蛇哥有不便，就装米吧，我们已为你做好了准备。"

"谢谢！谢谢！"王大蛇边道谢，边和往常一样弯下腰用嘴咬住米袋口的一角，两手各抓住另两角，使袋口打得开开的。庆钱就从米缸里用米斗慢慢地一斗一斗往他袋里倒米了。庆钱妻站在王大蛇身边，只见王大蛇的两眼在不停地转来转去，察看周围，注意动静，就提醒道："庆钱，这样太慢了，不如先将米装进畚斗里，再用畚斗倒，不是更快吗。"

庆钱好像意识到什么，忙说："是，是。"说着，就拿起畚斗装米。当庆钱用畚斗往米袋倒米时，王大蛇的视线就被挡住了。此时此刻，在床上的杨庆田对房内的一切看得清清楚楚，紧张地等待机会。他紧握柴刀的双手微微地颤抖，有些忐忑不安。心想：现在冲下去捉他，如果他身上有刀或其他凶器，再加上他的武艺，自己十有八九是死，即使没有凶器，自己也未必能抓住他，一旦被他逃掉了，向李区长怎么交待呢？以后王大蛇又会怎样报复呢？……他闭上眼睛，无法想象。如果不动手，就这样让他走了，那就对不起组织，对不起自己的良心，更对不起父老乡亲们。不，要动手，马上要动手，否则就没机会了，弟媳俩都已在按计划做好了一切，就等自己了，不允许多想了。他极力地镇静了一下，便闪电般跳下床，手举锋利的大柴刀，一个箭步窜到王大蛇眼前，连脚都未站稳，便用力地往王大蛇头上砍下去。只听"砰"的一声，刀砍在王大蛇的头上，虽被他那顶又厚又旧的棉花帽挡了一阵，但仍是鲜血直流。可惜没有劈开他的脑壳。庆田又举刀重劈，却被王大蛇朝后猛发一腿，踢得庆田几个趔趄，摇摇晃晃地退倒在墙角的尿桶旁，柴刀也脱手而飞了，王大蛇也不追赶，转身开门就往外逃，却被庆钱冲上来拦腰死死抱住，王大蛇身子一拧一摆，庆钱被弹倒在床前，王大蛇见门闩被庆钱妻死死抓住，便猛一转身轻轻跃上了离间门四五尺远的窗前桌子上。人家说王大蛇有武功，看来不假，这个近200来斤的身子跃上破桌，连桌上的几块茶碗都未振动，桌上的竹架子菜油灯也一动不动，同样亮着。正当王大蛇想拉断窗户的木栅栏往外逃时，又被从地上爬起的杨庆田冲上前来死死抱住他的一条腿，王大蛇企图用另一只脚踢开杨庆田的双手。庆钱见状，立即从地上翻身而起，死死抱住他的另一腿。两兄弟使劲地把王大蛇往下拉，只见王大蛇猫腰一缩一伸，庆田两兄弟同时重重地倒在地上。眼看王大蛇就要从窗户逃脱，在地上的庆田眼明手快，双脚狠命一踢，窗下的桌子被踢倒了，王大蛇无立脚之处，连人带桌倒在地上。这一招非同小可，菜油灯灭了，三人在地上摸索着瞎打乱撞，整个房间是黑洞洞的。这时王大蛇随手抓到一只大粪桶，稍一用力，粪桶倒了，大半桶粪便淋得他一头，接着他又随手一抓，抓到的又是一只尿桶。由于用力过大，没等站起来尿桶又被扳倒了，王大蛇刚要站立的身子又随着尿桶倒下去。此时血腥味、尿粪臭充满了整个房间，房间里的桌子、椅子、米缸……一切东西都被打得乱七八糟。此刻的庆钱妻还站在房门口发抖，见3人至今不分胜负，就开门大喊大叫了，"抓土匪！抓王大蛇呀……"王大蛇见势不妙，用尽最后力气，挣脱了压在身上的庆田和卡着自己脖子的庆钱，往门外就逃。但他万万没想到门口会有块大石头，刚踏出门就绊倒在地，本已痛得厉害的头又被对面的墙角猛撞一下，他简直要昏过去，但为逃命，又打起精神，爬起就逃。"不许动，绑起来。"一声大喝，只见李区长带着一队民兵赶来了，几束手电光一齐对准倒在地上的王大蛇。王大蛇睁开失神的眼睛看到一个个黑洞洞的枪口对着自己的胸膛，像泄了气的癞皮狗，软瘫在天井里。

李区长高兴地对庆田他们说："你们是好样的，为乡亲们立了一大功，你们先进去好好休息吧。"

王大蛇被抬到乡政府，不知是流血过多还是装死躺在石阶上一动不动了。李区长找到民兵队长，把看守王大蛇的任务严密地交待了一番后，便回到办公室投入紧张的工作了。

民兵们接受王大蛇过去几次脱逃的教训，把王大蛇抬进了木仓，木仓外围又精选了8个力气大、责任心强的民兵持枪看守，每隔一小时换岗。晚上12点左右，李区长放下工作，腰插短枪，来到仓前亲自查哨，只见一个个民兵精力充沛，守备不懈。打开仓，见王大蛇仍蹲在仓角里，一动没动，才放心回到办公室。约凌晨4点，李区长又来查哨了，民兵们仍然个个生龙活虎，一双双眼睛紧紧盯着仓门和四周。但李区长还是不放心地开仓检查，手电光往仓内窥探了一番，王大蛇一只脚站立起来靠在仓角上，仔细一看，唷！他手和脚上绞起来的铁丝已全部落在地上。李区长心里一惊："好险呀！"立即叫民兵又找来铁丝，重新给他绞好，并新做了一番周密的布置。

1951年3月16日，经批准，在比古乡蒋坞对王大蛇执行枪决。

"爷爷，爷爷，王大蛇被抓到枪毙了。"孙子高兴地跑回家向他爷爷说。

"是呀，是庆田叔他们抓到的，是吗？"爷爷笑着说。

"唷！爷爷，你怎么比我还清楚。"

爷爷哈哈大笑："你说这事谁不关心呢。"说完又是一阵大笑。

"爷爷，你今天真开心。"

"是呀，我活到70岁了，却从来没有像今天这么开心！"半个多月后，比古乡的农民，敲锣打鼓，欢天喜地庆祝土地改革运动的伟大胜利！

（录自中共广丰县委宣传部、中共广丰县委党史办编：《赤岩翠竹红军魂——广丰革命故事选》，1991年，第112—120页）

游击队感化群匪首

胡衰才

　　1948 年中秋节前的某个晚上，夜静悄悄的，匪首李志海、徐好伦、夏修兴等围坐在李志海住处的一条长桌旁，桌底下撒满了烟蒂，室内烟雾缭绕，空气非常沉闷。然而，屋里人此时此刻的心情，比这室内的空气还要压抑得多："解放军马上就要打过长江，国民党注定要失败，我们怎么办？""听说共产党的游击队政策宽大，我们不如投奔他们。""要是游击队万一不收留咋办？""这……"

　　当时的形势十分明显：我人民解放军以雷霆万钧之势席卷大江南北，国民党军队纷纷溃退。匪徒们眼看一贯纵匪为患的国民党政权已奄奄一息，自知已至穷途末路，急急如丧家之犬。一些匪徒认识到共产党及其领导的人民解放军力量的强大，如不悬崖勒马、悔过自新，必将自取灭亡，因此，为从长远计，李志海、徐好伦、夏修兴等我县匪首，决定向闽北游击队投诚。

　　然而，自己为匪多年，对人民犯下了许多罪行，游击队能宽恕自己吗？想及此，李志海等人心中不禁发忧。为此，他们决定首先派人与游击队联系，以表明自己的投诚意向，然后视游击队的态度再作决定。

　　主意已经打定，李志海、徐好伦等亲自率领手下 30 多人到大东坑苏区见游击队领导。杨石、杨金生在游击队地下交通员郑老毛的家中接见了李志海等人。由于双方互不了解，各存戒心。李志海命令手下一个个将子弹顶上了膛，以防游击队将其缴械。而游击队领导也不是等闲之辈，布置了 2 个小分队埋伏在四周，以防匪徒们哗变。这场面虽不能与鸿门宴相比，却也不失几分惊险。双方落座已毕，杨石开门见山地问："我们这里生活条件艰苦，你们为什么要来投靠我们呢？""我们请求游击队给个悔过自新的机会……"李志海等人原本是大老粗出身，更何况现在有求于人，其心情就像做错事的小孩等待惩罚般惶恐不安，挡不住游击队领导的三句诘问。"你们来投诚我们表示欢迎，不过希望你们拿出具体的实际行动。"杨石一边抽着用手纸自制的卷烟，一边说。表示了对匪徒们悔过自新的鼓励和期望。

游击队领导所言极是，如果仅仅是口头上表示向游击队投诚，而没有任何实际行动，谁能相信你的诚意呢？李志海等心想。为此，他们决定一方面整顿队伍，严明纪律，一方面伺机从国民党的地方武装以及其他零散的土匪手中缴获一些枪支，以作为向游击队投诚的进见礼。此后不久，李志海、徐好伦等率领部下四五十人又一次经少阳到大东坑苏区见游击队领导。当他们得知一队国民党乡保警队二十六七人为追赶一小股土匪，将回到少阳乡公所歇夜，便乘着夜幕的掩护，突袭乡公所。由于行动迅疾，保警队连同乡公所的伪兵还未清醒过来，就在睡梦中被缴了械。这次行动共计缴获步枪 30 多支、轻机枪一挺，得到了赶来迎接的杨金生、杨石等游击队领导的赞许和表扬。

初战告捷，李志海等人欣喜万分。然而，要取得游击队领导进一步的信任，仅此是远远不够的。李志海等人一边忖思着，一边寻找着机会以图继续立功赎罪。与此同时，为更好地改造匪徒们的思想，游击队领导决定将李志海、徐好伦、夏修兴等所属队伍的骨干共 30 多人集中在桃源坑整训。杨金生、杨石、宣金堂等游击队领导亲自授课，引导他们认清当前解放战争的形势，组织他们认真学习党的路线、方针、政策，彻底改造残存在头脑中的封建思想残余。通过学习，这些骨干的思想认识有了不同程度的提高，纷纷表示要以实际行动争取立功赎罪。

根据游击队领导的指示，李志海、徐好伦、夏修兴等人决定再筹划一次夺枪行动。当年的廿三都地方不小，驻扎着国民党的一个保安中队。据杨石同志提供的情况，保安中队里潜伏着我地下党员张志学。于是，李志海等首先与张志学取得了联系，暗地里选好了一个日子，以准备里应外合。这天，李、徐等让人从乡公所打电话给中队长段思坚，佯装有紧要事与其商量。还没等段思坚离开中队部十米远，埋伏在四周的李志海部下一拥而上，配合里面的我方人员迅速缴了中队部士兵的枪支。占领中队部后，李志海、徐好伦等人决计再智取谢贞满（谢子丹之孙）分队的枪。他们命令中队部一个卫兵，佯装到谢的住地，对他说"老先生（指谢子丹）请你到中队部听电话"，谢信以为真，随手拿起身边的一支驳壳枪匆匆赶往中队部。前脚刚踏进门槛，就被等候在门后的李志海部下的一双有力大手紧紧钳住。谢不禁愕然，定神一看，见是几个相熟的土头目，便忙对他们说："我虽当了这么多年的保警队，但从未主动剿过匪，更未打死你们一个人，你们不该与我过不去呀！"李志海见他如此，便摆明了自己现在的身份，并向谢保证，只要他交出手下 3 个班的枪支，就可保住其性命。在这种情形下，谢也无计可施，便只好通知 3 个班长到中队部来。3 个班长遭受了与谢同样的命运。为保住队长及自己的性命，3 个班长也只好命令手下把所有的枪支扛来交给李志海等人。整个行动干净利落，共缴获枪支三四十条，并很快上交到游击队。由于李志海、徐好伦、夏修兴等人确实有悔改的表现，根据党的"首恶必办，胁从不问，立功受奖"的方针政策，1949 年 4 月，杨金生、杨石等游击队领导率领游击队在鸡爪岗庙中接收整编了李志海、徐好伦、夏修兴等所属 400 人，游击队的力量不断壮大。

（录自中共广丰县委宣传部、中共广丰县委党史办编：《赤岩翠竹红军魂——广丰革命故事选》，1991 年，第 61—64 页）

激战沙田街

徐文涛

1949年农历八月，沙田畈的上空没有一片云，地上没有一丝风。

中国人民解放军第二野战军奉命奔赴祖国大西南，第四野战军干部大队接管新区工作不久，盘踞在广丰、浦城、江山等县山区的国民党特务土匪又气焰嚣张起来。他们乘我二野和四野两军调防，袭击我沙田区的盘岭、桐畈、吉岩等乡，奸淫掳掠，无恶不作。还扬言要攻打沙田区政府，推翻我新生的人民政权。美丽的沙田畈被土匪搅得民不聊生、满目疮痍。

沙田街上，人心惶惶，人民群众都为我沙田区政府的安全捏着一把汗。几位好心的同志找到区委傅振寰书记、县委民运部副部长王世新同志说："桐畈那边来了许多土匪，有的离沙田街只有七八里路了，你们还是走吧。"面对土匪嚣张的气焰，傅书记、王部长愤怒而激昂地说："不要怕，我解放军把国民党800多万军队都打败了，还怕这几个胡子。"

8月10日，伪团长、匪首郭永槐，惯匪纪老呆、王永狮（又名水碓公）、吴毛这、王华仔阴险地聚集在一起，纠集了广丰、浦城等地的土匪800多人，携枪800多支，机枪5挺，于太阳落山之后悄悄地向沙田街方向集结运动。偷偷地埋伏在沙田四周的田埂上、路基边，乌黑的枪口齐刷刷地对准沙田街6个进口处的栏栅内，妄图先暗杀我部分乡区干部和武装战士，然后再一举攻入区政府，毁我沙田区人民政权。

此时，沙田区政府内只有干部和战士40余人。在区政府前方100多米处，"安仔老板"的房屋中驻防着从吉岩、盘岭、桐畈撤出的乡民兵武装队四五十人。枪支不足100，弹药也很少，敌我力量非常悬殊。

11日凌晨，天空还是灰蒙蒙的，劳累了一天的沙田街群众还沉浸在甜蜜的梦乡中。几位带队巡逻岗哨的区干部也已回区政府休息，四周一片寂静，只偶尔听见一两声悲凉鸟叫声。

5时许，沙田街 14 村民兵自卫队的几位战士背着枪，扛着锄头，穿过沙田街，准备到田间铲豆草。他们刚拉开栏栅门，一位战士发现门外的田埂上，水沟边黑乎乎地伏着许多人。"谁？"战士急促地拉动枪栓，朝天放了一枪，马上退进门内，顶上栏栅门。听见枪声，土匪们立即向沙田街拼命地射击。顿时，枪声、号声响成一片。一股土匪声嘶力竭地叫喊着："冲呀，杀啊！"疯狂地撞开坚固的木栅门，冲进了沙田街。

枪声惊醒了驻防在"安仔老板"房屋里的各乡民兵武装队战士。桐畈乡民兵武装队队长赵清廉一个翻身从床上跳起："快，抢占门前的工事。"说着，他抓起枪冲出了大门，扑进工事中。接着，赵清狮、赵清兴、鲍德红几位战士也勇猛地跃进工事里。"叭叭叭"战士们一阵猛烈地还击，打得几个刚冲过十字街口的土匪鬼哭狼嚎慌忙后退，龟缩在房屋后面，不敢前进一步。

枪声惊醒了区政府里的干部和战士。区委书记傅振寰同志提着枪从房间跑出来，就碰上匆匆赶来的王世新同志，两个人几乎是同时发出了命令："关上大门，准备战斗。"

区政府所在地是一栋独立的 2 层青砖瓦房。它的正面是一条 5 尺宽的石头路，石头路经过乡武装队驻防的房屋门前，通过一个小圆门直达沙田街的十字街口，楼上有 2 个椭圆形的窗口正对着土匪冲锋的要道和十字街口。它的东面和北面是一个宽阔的大菜园，翻过菜园里用河石砌筑的青石板压顶的坚实的围墙，是一望无际的田野，它的西面是一条宽阔的砂子路通往正风小学。砂子路的南端有一座木板桥横跨一条小河通向山区的小路。

根据这样的地理环境，区委马上发出了分工防御的命令。傅振寰书记、崔宝山区长率领几个同志负责对付从十字街口冲过来的土匪。区委委员沙俊峰同志率领战士钳制从正风小学冲过来的土匪，王世新同志和区委委员高风洲同志负责东北两面的防御。

天渐渐亮了，土匪从 4 个方向发起疯狂的冲锋。南面的土匪集中火力，架起 2 挺机枪，拼命向乡民兵武装队战士们守卫的工事扫射，子弹像暴雨一样压得战士们不能抬头。突然，一颗罪恶的子弹击中了赵清廉同志的手腕，鲜血沾满了他的手掌和衣服。几位战士看见赵清廉受伤，慌了起来，停止了射击，还击的火力顿时减弱了下来。土匪乘机蜂拥而上，冲了过来。正在这危急时刻，傅振寰书记、崔宝山区长率领几个同志登上了楼板，伏在窗台上，瞄准冲锋在前面的几个土匪，"叭，叭叭"一阵射击，只听几声惨叫，2 个土匪脑袋开了花，仰面倒在地上。往前冲的土匪慌忙后退，龟缩在石墙后面。一个匪首气急败坏地站在街道的檐廊上，挥着手枪，大声呵斥后退的土匪："冲，不要退都给我冲。"崔区长抓过一支木壳枪，"哒哒哒"一梭子扫过去，打得檐廊的柱子火花四射，尘土飞扬，匪首慌忙窜入匪群，仓皇向后面退去。

东北面的菜园地里，王世新和高凤洲同志刚指挥战士用刺刀在墙上挖好 3 个碗口大的枪眼，土匪就从湖塘底方向冲了过来。高凤洲同志镇静地把步枪伸出枪眼，"叭叭"一个短射，打倒几个土匪，战士们跟着一阵急促的长射，子弹愤怒地泼向匪群，打得土匪哭爹叫娘，慌忙伏在田埂上，不敢抬头。西面，沙俊锋同志率领战士们也连续击倒几个土匪，把土匪压在正风小学里和河堤上不敢前进一步。

王世新部长和傅振寰书记分别来到各个方向的阵地上，稳定军心，激励战士们说："同志们，坚持就是胜利，大家不要怕。"在他们的指挥下，战士们沉着应战，打退了土匪一次又一次的进攻，阵地前面留下土匪十多具尸体。

战斗持续到 8 点钟，枪声突然稀疏下来，一伙伙土匪凶狠地敲开老百姓的房门，威逼老百姓给他们煮饭吃。战场暂时平静了下来。

乘战斗的空隙，战士们检查整理了一下武器装备，每人分吃了 2 个饭团。

这时，土匪强迫一位老百姓送来一封信，信上这样写道："沙田区区长：广丰、五都均为我军占领，限于上午率部投降，否则将全部消灭之。"

傅书记看完信，一把撕得粉碎，愤怒地骂道："狗娘养的，想叫我们投降，办不到。"

崔区长吹吹发热的枪口说："来吧！小胡子我看你有几个脑袋。"他回转身对战士们说："我们子弹不多了，不要乱放枪，一颗子弹要报销他们一个，打出我解放军的威风来。"

10点钟的时候，土匪对驻防在区政府外围的各乡民兵武装队发起猛烈的进攻，又放火焚烧沙田街的民房，熊熊的烈火很快吞没了与各乡武装队驻守的房屋相邻的数十间民房。沙田街到处是熊熊的火光，到处是滚滚的浓烟，老百姓凄惨的哭声震动了整个沙田畈。炽热的火焰，浓热的黑烟，房屋倒塌的气浪逼得乡民兵武装队的战士透不过气，睁不开眼。战士们冲出火圈与土匪展开激烈的搏斗。赵清兴一边射击，一边向外冲，在一片瓦砾前被土匪子弹打中，壮烈牺牲了。赵清廉拖着受伤的手率领赵清狮、鲍德红等同志与土匪搏斗，终因寡不敌众，不幸被俘。

第一道防线被土匪冲垮了，区政府全部暴露在土匪的火力网下，通往县城的电话线被土匪在进攻前剪断，通往县城的浮桥也被土匪拆毁，区政府与外界的联系全部中断。区干部专门开了个临时碰头会：白天突围，区中队武器装备差，敌我力量悬殊，沙田畈地势开阔、平坦，硬冲硬拼，伤亡太大。坚守阵地，拖到晚上，土匪人多地熟更难对付。

"送信，要求县大队火速增援。"王世新部长坚实的大手猛地一拍，果断地作出了决定。

傅振寰书记派人跑到厨房，叫来了区中队的炊事员林孙盛同志，把密信一针一线小心地缝制在一件破衣服里，叫林孙盛换上，同志们又找来一顶破斗笠戴在他的头上。林孙盛本来个子很矮，经这样一打扮，俨然像一个小叫花子。趁着土匪停止进攻的空隙，林孙盛穿过菜园地，悄悄地翻过围墙，冲过沙田畈，游过沙田河，直向五都跑去。

县委办公室里，韩礼和书记焦急地守在电话机旁边。浓黑的眉毛紧锁着："一个上午了，沙田区的电话总是挂不通，这是为什么呢？"他来回地走了几步，猛地站在窗前："刚才接到五都的电话，说沙田上空浓烟滚滚，肯定有敌情。"想到这里，他抓起了电话，向五都基本连发出命令："丁副大队长吗？集合部队，增援沙田区政府，动作要快。"

五都基本连在丁副大队长率领下，跨过五都浮桥，穿过六都街，急速地向沙田畈跑去。路上，遇到送信的林孙盛同志。

看见县大队的同志，气喘喘的林孙盛非常高兴，三脚并两步地跑到丁副大队长跟前，"嘶"的一声撕开衣缝，取出密信交给丁副大队长。

看了沙田区政府的密信，丁副大队长感到敌情严重："敌人有800多人，5挺机枪，还有小钢炮，五都基本连只有120多人，如果直接增援沙田区政府，在沙田街与土匪交战，敌我力量悬殊，恐怕难以取胜。"丁副大队长和基本连杨富有连长碰头后，决定采取内外夹攻，智胜土匪的战术。

他们通知林孙盛立即跑步赶回沙田区政府，设法进入区政府内，要傅振寰书记他们听到县大队五都基本连的进攻号音后，立即集中火力向土匪发起冲锋，从里面狠狠打击土匪。接着丁副大队长迅速下达了命令："机枪班跑步前进，抢占象鼻头制高点，用机枪狠狠地打；二排，成单列队形往沙田岗前进，在山岗上作大部队移动之势。其余的随我向沙田街冲锋，火力要猛，声势要大。"

"哒哒，哒哒哒……"机枪班的战士在象鼻头架起4挺机枪，子弹像暴雨一样泼向沙田街。一排的战士高举着红旗在连绵的沙田岗上来回走动，远远看去，好像有无数的解放军战士在松林中向沙田街方向运动。丁副大队长率领战士们像猛虎下山一样冲向沙田街，枪声、冲锋号声、喊杀声震动了沙田畈。

听到象鼻头方向传来一阵急促而清脆的机枪声和我军嘹亮的冲锋号声，沙田区政府里的同志们精神大振。王世新部长和傅振寰书记等区干部率战士们集中火力，打开大门，向土匪英勇地冲去，子弹像雨点一样射向匪群。

土匪本来是一伙乌合之众，听到远处激烈的机枪声，看到远近满山岗的红旗和猛虎一样冲过来的解放军战士，加上区政府里同志们猛烈的火力射击，个个吓得像筛糠一样，顿时乱了阵容，等不及匪首的命令，立即仓皇地向桐畈方向逃遁而去。

下午一点多钟，县大队五都基本连的战士和沙田区政府区中队的同志们在沙田街胜利会师了。王世新、傅振寰、崔宝山同志和丁副大队长、杨连长5双粗壮结实的大手紧紧地握在了一起。战士们、同志们拉着手，拥抱着，拍打着，喜悦的热泪夺眶而出。"胜利了，我们胜利了！"同志们充满激情地高呼起来。这时，东南方向吹来了阵阵凉爽的微风，树叶高兴地摆动起来，宽阔的沙田畈又显露出往日的宁静。

（录自《中共广丰县委宣传部、中共广丰县委党史办编：《赤岩翠竹红军魂——广丰革命故事选》，1991年，第75—81页）

黄运仔英勇擒逃犯

王槐田

　　1951 年春夏之交，正是江南地区的多雨季节。4 月 28 日傍晚，天空如一只倒扣的黑锅，乌云翻滚，淫雨霏霏。

　　坐落在洋口镇中心地段的区政府院内，平静如常。靠东头"毛家祠堂"西墙延伸而下的一间房屋，其大门是一排粗大的木栅栏。看得出，这是一间关押重犯的牢房。就在这牢房里。17 名重犯，正悄悄地干着一场企图越狱潜逃的罪恶勾当……

　　深夜，劳累了一天的哨兵经不住睡意的袭击，两只眼皮打架，但他深知责任重大，不敢稍有疏忽，仍不失警惕，他左手抱住大枪，右手食指扣住扳机。朦胧之中，突然只觉有人抱住他的身子，便猛然惊醒，大喝："哪一个？"重犯陈胡子自恃身高力大，听见喊声，便腾出右手狠狠卡住哨兵的喉咙。他断然没有想到哨兵的手指扣下了扳机。"呼——"一声枪响，划破了静谧的夜空。

　　听见枪声，牢房里的犯人如同炸了窝的马蜂，个个争先恐后钻出牢门，向区中队住处压去。

　　话分两头。枪声惊醒了区政府大门侧边房屋内的区中队战士，内中有个北来干部，人称孙班长。此人虎背熊腰，久经战火考验。他一个鹞子翻身，摸黑顺手摘下墙上的卡宾枪推开窗户，"叭叭叭"就是一梭子弹。

　　"哎哟，我的妈。"纪家荣被子弹削去半边耳朵。他见区中队战士已有准备，忙指挥众犯人乱糟糟转向后门。

　　"冲啊！"纪家荣一头撞开后门，鼓起嘶哑的嗓子大喊。

　　众犯人乘着夜色掩护，四散逃窜……

　　犯人越狱不过片刻，区干部、区中队战士已全部集合在区政府大院内。

区委书记马汉卿迅速作出 4 项决定：一、查清犯人越狱情况，及时向县委汇报；二、通知 3 街（长春、中心、中山街）2 村（洋江、湖边村）把口设哨；三、通知霞峰、河北、新合、鹤山、枧溪 5 乡民兵向洋口方向移动集结，沿途搜索逃犯；四、区中队、3 街民兵分队分 2 组在区附近缉捕逃犯。

凌晨 1 点多钟，洋口镇 3 街 2 村如同一锅开水，沸腾起来了，家家户户吊起马灯、笼灯、菜油灯；男男女女手提肩担、木棍、红缨枪；街道里弄路口处处设哨站岗、查嫌疑。正所谓：天罗地网已布就，任你插翅也难飞！

天刚麻麻亮，大部逃犯已被抓获，只剩下几个凶顽的为首分子尚在逃。俗话说，东南秀林采一枝，万顷浪花撷一朵。我们单表当时街道民兵分队长黄运仔如何带领民兵斗凶顽、抓匪首的故事。

却说首犯纪家荣脱逃之后，见街道路口、漫山遍野火光点点，呼声四起，料想难以走远。但仗着身粗艺高，野猫子般狡诈，躲躲闪闪终于摸到了马鞍山，从后门钻进了最要好的"拜把子"兄弟张猴狲家。藏了一整天后，29 日晚上张猴狲来到柴间，扒开稻草，咬着纪家荣的耳朵说："兄弟今晚这里怕是藏不得了，听说民兵要挨家挨户搜，你还是去山里避避风头再说吧。"

心惊胆战的纪匪顺手抓起猴狲递上的饭团，紧张地打开后门，一溜烟窜进山坑中的一片茂密的苎麻地。

天刚发白，黄队长一个人搜索来到马鞍山坳的苎麻地。他心里思量：这苎麻地偏僻茂密，远望一片黑洞洞，最容易藏人。进去搜吗？民兵都分散了；一个人冒险进去。无疑是大海捞针。他边走边想，突然心生一计，只见他快步走到苎麻地边，拉响枪，放开嗓子大喊："这里有一个，大家快点来呀！"这一喊不打紧，藏在里面的纪匪一听，真以为被发现了。马上从地里钻出来，撒腿就往山上跑。黄队长一看果真唬出一个，早把一天两夜没合过一下眼皮、追踪奔跑数百里的疲劳忘得干干净净，"倏"地跃过去，扭住了纪匪。纪匪回头一看，只有运仔一人，便反转身子，恶狠狠地将他打倒在地。此时，疲劳已极的黄队长，用尽平生力气重新站起，一个虎跳猛扑过去，死死抱住纪匪不放，并高声呼援。在隔壁山包搜索的民兵闻声赶来，合力抓获了匪霸越狱首犯纪家荣。

黄队长马不停蹄，带领民兵赶至上饶县黄市乡牛皮滩，追捕另一越狱要犯毛树森。他从邻居了解到毛外婆家前天晚上有毛犯的说话声，于是黄队长悄然在其屋前房后出口地方布置好暗哨，然后自己带了一个民兵走进屋。

"啊，你们这是……有什么事情，坐、坐。"毛的舅父说话语无伦次，抖动着双手拉过长条板凳。

黄队长把肩上的步枪卸下，紧绷着脸，眼睛盯住毛的外婆，突然问："你外孙来过没有？""没……没有来过。"毛的外婆双手乱摇显出惊惶失措的样子，无意中用眼角瞟了一下屋边竖起的楼梯。

黄队长有了主意，他登梯上楼，刚把头伸上楼梯口，一根木棍裹着"呼呼"风声直劈过来。说时迟，那时快，运仔把头一缩，敏捷地从梯上跳下。"咔嚓"一声，木棍打在楼口梁上断为两截。

运仔脚未站稳，就地一个翻滚，对准楼口边缘"叭"就是一枪，屋外民兵听见枪响立即冲了进来。

"别打了，你们别打了，我们下来。"听见枪声，毛树森知道已被包围，无路可遁，同藏在一起的土匪张国宾双双走下楼梯，束手就擒。

再说悍匪陈胡子逃脱之后，在洋江村徽德会馆"眼楼"上撒些稻草，躲睡其间，真个人不知，鬼不觉。这天下午，陈胡子一来抵不住肚子饥饿，二来胡子拉碴，满脸浑身污垢难忍，他找了顶破斗笠戴上，来到路边，胡乱买了些包子、油饼之类，边啃边钻进一间较为僻静的剃头店。

也是陈匪活该有事，他刚剃了半边头，从门外进来一位顾客。这顾客见陈胡子边吃东西边剃头，疑心顿起，他掉转身子就向门口走去。

陈胡子也很警觉，料想事情不妙，回头对师傅说要上厕所，解下围布，推开后门，急急如丧家之犬，溜之大吉。

刚刚带领民兵巡逻到此地段的黄运仔，接到顾客报告，马上包抄过去。

一见店中没有人影，断定没有走远，迅速指挥民兵顺大路尾追。

翻过一座小山岗，前面是一片开阔地。奇怪，前面空荡荡的。难道他遁地不成？黄运仔见山岗下面有一口很深的水塘，赶过去仔细地搜索水面，他一眼看见杂草丛生的塘边孤零零地翘起一根微黄的芦棍，灵机一动，用枪尖向下一戳，"咕嘟嘟"，一阵水泡过后，陈胡子乖乖地举起了双手……至此，17 名越狱逃犯几乎被黄运仔带领民兵全部生擒。1952 年，黄运仔喜上北京，光荣地出席了"全国民兵英模大会"，荣获"全国民兵一等模范"的光荣称号，受到了毛泽东主席的亲切接见。

（录自中共广丰县委宣传部、中共广丰县委党史办编：《赤岩翠竹红军魂——广丰革命故事选》，1991 年，第 121—125 页）

（四）剿匪"链接"

《剿匪"链接"》收集了 12 篇与匪情有关的回忆性的文章。每篇文章中，都出现了有关广丰匪首的名字或广丰剿匪的史实。因此，我们可以把这些文章理解为与剿匪有"链接"关系的文章,这个部分也就冠名为"剿匪'链接'"。

有关部队收编土匪投诚的两个文件资料

文件一 赣东北区党委与地方党、游击队会合情况（节录）

（1949 年 6 月 1 日）

我们 5 月赶到浮梁，8 日与皖浙赣工委之前进县委及浮、乐、婺、开四县工委会合，12 日在鹰潭与闽浙赣省委曾镜冰同志会合。

一、皖浙赣、闽浙赣地下党的游击同志长期坚持与开展了游击战争，保持党在赣东北的革命旗帜，保持了赣东北党的组织与干部，保持了一支精干的武装，并与人民取得了联系

（1）皖浙赣武装原在浮、婺、德边区活动……

（2）闽浙赣省委约有 350 名党员，400 名游击队员。闽北地委介绍，上饶南部 3 个乡中有 100 余党员，100 余游击队员，党员均系农民。在广丰有 10 余名党员，新发展与改编青帮①武装近 900 人（现剩有 200 多人）。党长期不敢发展。在筹粮政策上仍用打土豪的方式,"左"的思想情结较厚。

---

① 青帮：土匪。

（3）赣南工委介绍，赣南大部是新党员，是从去年11月以后发展的，发展路线是从城市到乡村，从知识分子到农民。在广丰、横峰各有100多名党员，上饶、玉山各有10余名党员。解放初期，广丰曾组织100余游击队员。现广丰已接上关系的98名党员中，有43个是知识分子，大部分是今年入党的，只有两个正式党员。其中已了解有19个参加过反动派别组织。但已接上关系的农民党员尚好。

上述党员，我们已依照华东局的指示，接上其组织关系（近450名党员），干部都及时作了安排，如原皖浙赣支队司令倪南山任浮梁军分区司令员，前进县委书记朱农分配为上饶区专员，原闽浙赣省委介绍的夏润珍，分配为贵溪地委民运部长，婺源、德兴、玉山、上饶、弋阳、横峰等一般区干部，亦作适当配备（多是协同曾镜冰、倪南山商讨确定的）。对一般党员已注意进行审查教育和了解。

二、（略）

三、这次和赣东北地方党、游击队会合，依华东局指示经领导重视，虽双方工作环境不同，生活习惯及语言不同，但基本没有发生意外问题，尤其在皖浙赣领导下的婺源、德兴一带，在政策、思想基本上是吻合的。仅在个别地方发生不够协调，如广丰地方党多为知识分子，江北干部对其生活习惯、作风看不惯。而本地干部又认为江北干部文化程度低，在思想上发生互相看不起现象，已注意纠正。

四、今后对当地坚持的党员有计划进行训练，以提高其质量与政策水平。在外地干部中进行深入教育，着重指出与地方党、游击队会师是搞好赣东北工作的第一关键，是外来干部奠定依靠群众的桥梁，并着重指出，如发生关系问题，江北干部要负主要责任。并指示有关之地委、县委召开会议，对会师与会师后，进行一次总结检查。

区党委

文件二 会师工作报告（节录）

（1949 年 6 月 24 日）

一、会师工作一般情况：

上饶地区一带，党坚持工作的，一般有两种形式，一种是武装斗争，第二种是地下党（在解放前不久转为武装斗争）。

第一种形式如四县办事处以朱农同志为主，他们活动上饶、玉山、德兴、开化等四县……

第二种形式有闽浙赣、江西省党委两个领导系统，他们活动地区，横峰、广丰的大部，玉山、铅山一小部，上饶南半部等地区。闽北地委王文波同志为主，江西工委以熊荒陵同志为主的。他们这些地区建立了党的组织，坚持了工作，共发展了党员 319 人，广丰 162 人，横峰 59 人，铅山 7 人，玉山 7 人，上饶 60 人，上饶市 16 人。这些党员一般是在 1944、1948 年 8 月至 11 月间、1949 年 1 至 4 月间，共分三个时期发展的。其中一部党员是城市青年知识分子，他们一般是中农成分以上，其中有些人曾参加其他党派（三青团、民社党、国民党），一部分是农村党员，这些党员大部是农民出身，成分较好，中贫农占大多数。这两部党员，农民党员占多数，如广丰，江西工委发展的 120 个当中，农民只占 84 个人。以上两部分党员，学习机会不多，得到教育较少，所以对党的认识与政策了解较差。同时又多半是后补党员，有的在入党手续上不严格，甚至有的是口上入党。但是他们一般革命热情均很高，工作很热情积极，如广丰党员和我们会师后，马上要求我们分配他们工作，并积极地反映情况，我们认为还是很好的。这是我党很大一笔财富，给今后工作打下有力基础。但另方面，这些党员必须很好审查、改造和提高，这是组织上目前很重要的工作之一。

另闽北地委、江西省工委两个领导系统，在解放前不久，在广丰他们均有一小部武装，如闽北地委以杨文中为主及 5 个党员在解放前几天中成立起来一股武装，当我们打过长江后，他们奉命到广丰进行一切接管工作，到后即成立 90 余人，后又收编伪保警队一个连。我军 5 月 7 日到后，他们即将全县区乡保武装收编共 700 余人（内有土匪[①]），后被 3 师编走，大部跑掉了，余下整编 240 余人，内有 4 个土匪青帮头子，和杨文中有关系人均任中队长。这部分人成分复杂，土匪较多，现在还和外（面）土匪有关系，虽有几个党员也不起作用。江西工委这部武装是用打入关系与合作斗争而组织起来的，如派俞文椿去将伪武装拉到山上，以防匪自卫的名义成立起来的武装，在解放时又收编了一部土匪 70 余人，后由 51 师编走，大部跑掉，现尚有 50 余人，领导人和地主有关系，部队成分一般还较好，并有党的组织。

二、会师的方式与步骤：会师一般的采取了两种方式与步骤：

1. 召开会师会议，互相交换意见与交流经验，介绍情况，研究工作和配备干部（如在德兴和四县办事处即是如此）这种方式较好。

2. 经一定党的介绍，派专人配合当地党的同志到各地或介绍党的同志到各县进行会师工作。（如闽北地委、江西工委即是如此）。这种方式比较简单，不够慎重，因此在会师后出问题较多。

三、对会师工作的估价：

根据会师工作的指示，虽然开始我们不了解当地情况，但由于我们事先主动地进行了各种情况了解，因此在会师工作上，一般我们认为还是比较及时与顺利的，如在德兴开始和四县办事处会师很快地接上头，并举行会师会议，双方交换了情况意见与经验，同时将这些同志的工作，很快地分配了适当的工作，有些好的同志并得到提拔。这点我们认为比较好而且

---

① 此文在第一部分写到我游击队收编土匪一事，与本书《枪决匪首李志海、潘求丰》一文（档案号为县府办 1950-12-14）吻合。收编的土匪大部分是土匪头子李志海、潘求丰的股匪。

成功的。到上饶中心区后，一般还说比较主动的，虽然没出什么大问题，但由于在方式上较简单，不够慎重，所以出了偏向，这是我们做得不够的地方，应作检讨的，也是今后须要补上的一课。

四、对会师工作的检讨：（略）

五、今后工作的意见：（略）

上饶地委组织部

（录自中共广丰县委党史资料征集办公室编：《中共广丰党史资料》，1990年，第53—57页）

广丰县人民政府接管总结报告（节录）

（1949 年 6 月）

（前略）

如何接收

1.军管时期

5 月 7 日，野战军 5 兵团 49 师解放广丰，在野战军与地下游击队（即江西大队闽浙赣独立团）会师接收广丰，它主要是着重土匪枪支缴获（所缴长枪不知多少）及伪自卫队的枪支。广丰伪党政军人员均未跑，唯党部书记俞毓生当时逃出几天，在我们宽大政策影响下也回来。

2.敌人对我们

在绅士俞永瞻主持下，他们组织维持会，会长俞永瞻，副会长谢石醒，伪县长李尊邑，伪书记俞毓生，伪商会长潘希哲，伪党部书记长张继良等均参加。他们派米派柴支应我们，但实际是应付我们。此时，我们军队编走一部分伪军及土匪,伪教养院在广丰有 3000 人,处理大部,剩下有 200 人,我们接收处理。其他物资伪各部门大部搞乱。卫生院药械被 51 师、49 师搞走大部，县府的收音机也拿走，及银行东西均不详。

3.我们接收

我们到广丰是 5 月 8 日，因 49 师已走，有政治部田主任和两个科长在这里，当天他们奉命到浦城去，城防又换 51 师接防。我们和 51 师政治部吕主任接洽。由于时间紧迫，一切情况介绍不够全面详细。20 日 51 师又换防。由于情况紧急，三天政府未能正式公开，只进行了解情况和准备工作，并检查维持会工作，与地方党员接头，并认识敌人是有计划地对付我们的。当时我们的仓库粮有两万五千石，李尊邑、谢石醒、俞毓生不但不交仓粮，反而给群众摊粮。例如伪党部书记命令他解散组织、停止活动、交出档案及戴罪立功，不但不执行，相反的而造谣活动。李尊邑不但不将所有贪污的东西坦白自新，相反的再贪，故将李、俞两人扣押，解散维持会。

4. 各部接收情形及物资附表

表册是接收敌人机关内重要物资，一般日常用具桌凳等不在其内。如要时以后造册再报。

5. 争取土匪[①]

（1）广丰县土匪活动较为严重，其所以严重的原因，主要是本地士绅与土匪关系是有历史性的相结合。根据以上情况，由梁县长召开一次士绅座谈会，在5月29日上午召开，到会人有谢石醒、徐纶、周麟生、周映天、潘希哲、潘竹铭、汤又斋、俞咏瞻、王性良、周继尧、俞伯鸾、张继良、顾韵球、刘沐生等人。

（2）讲解内容：1. 报告当前形势；2. 约法三章；3. 对土匪争取政策。并且说，一切危害老百姓的东西，我们绝不允许他存在，有的是力量，指明治安问题。大家发言，工作办法、明确分工，周益水股匪由谢石醒、潘希哲、周麟生、汤又斋、俞咏瞻、王性良、周继尧、俞伯鸾、张继良、顾韵球、刘沐生等人。大南乡由汤又斋去说服。东北乡由潘竹铭、徐纶、徐子超去说服。决定在两天内汇报情况。

（3）结果：王其雨、周益水向政府悔过自新，以后又有匪首黄老五并土匪一名自动缴出枪来。枪支：3支快机、2支卡宾、两把盒枪1支、三把盒枪1支、左轮2支、白朗宁3支。以上是上缴县公安局的，交军区的有盒枪4支、白朗宁2支、左轮2支。

接收经过

1. 接收前情况

广丰县于5月7日解放，由51师负责管理，他们只注意武装工作和

---

① 争取土匪，就是说服、争取土匪，让他们向人民政府投诚。

国民党组织工作。只交代散匪活动情况、国民党组织情况和档案，但伪政府各科局原封不动，叫他们听候交代，尤其是财粮上，我们接收时，仓库一两粮食都没有，部队和我们吃饭都是支付，吃一顿向他们交一顿，伪组织人员都已经准备好一套对策来应付我们。

2. 接收情形

5月17日正式开始接收，财政科接收6个部门：二科（财政科）、田粮科、地政科、会计室、统计室、公产管理委员会。先后召开伪科长会议，指明过去他们是罪恶的，是压迫人民的，现在应该为人民来立功。立功不是空洞的口号，要有事实表现，是否能立功。就这次交代结果，忠实交代不隐瞒，有什么说什么，政府对你们是宽大的。18日是分头召开会议，上午在会计室，指明他们从去年7月份起（因以前的账目已经清算过）到5月7日要有会计表、文件情况表、人员统计表；下午召开四科（建设科）、二科、地政、统计等会议，叫他们将全县地亩、人口、工具、人员、物资列表。24日个别了解情况、搜集资料，谈各部门互相关系，按表抽查账目、物资、工具等，如不对，发现一点毛病就追查到底（办事处现粮问题、数目字要追出原因）。

3. 粮食情况

接收（田粮）办事处，仓库只有数目字，粮食一点没有。大部分办事处主任、田粮科长、加工厂都贪污，所以田粮科长、洋口正大加工厂、源德加工厂都逃跑。

4. 职员的处理

先搜集材料，成分比较好的、在交代中表现好的、没有大问题的，经行政会议研究后留用一部分，但科长、局长、股长以上都减去。

5. 职员思想情况

接收前，他们想：人民解放军宣传宽大，是否会对我们宽大？现在宽大，今后是否宽大？所以，交代时很小心，实际对咱们是有计划地来应付推脱，问什么说什么，总是不愿多说。看咱们不懂得什么，没有官僚架子、不讲卫生、衣服不够清洁，轻视咱们。经过接交手续后，认为咱们对事情认真、能吃苦。我们就针对这些问题加以分析研究，召开会议，加以揭发他们的弱点，说明我们衣服不整洁的原因。另一方面说明我们的缺点正是他们所学习的方向，革命的本质。现在他们还认为是给咱们做事，按钟点上下班，不管什么工作，只要到钟点就下班走。有一部分职员工作表现是积极的，住在机关，每天晚上还积极工作。总而言之怕到不到，由应付到不应付，原因是经过每日早晨两小时学习和教育，转变他们的思想和作风。

在接收中发生的问题及解决办法

1. 力量的组织

根据人的数目多少及困难情形配备力量，共分两个组，明确分工。工作步骤：整顿组织，将留下的人员（共7个部门合并2科）明确负责具体分工，指明工作和领导关系，宣布薪金，每天每人两斤米、三斤柴，按时工作。

2. 清仓情形

先按会计室交来的账目，召开各办事处主任及加工厂负责人会议，说明欠的数目，你们应当及时拿出来，叫你保存，我们解放军要用粮，指定他任务，限期完成一定数目，分别对象，有重点地定出计划，当时他们提出问题：（1）有过去伪政府提粮证；（2）伪政府私人借的；（3）伪政府四个月未发津贴，又去年9月至今年2月，发的津贴是款，当时米价很高，他们就自己动用公粮；（4）运费没有报销；（5）修理仓库没有报销；（6）这个办事处的花户那个办事处替他代收，没有转账；（7）我解放军的红条子米票没有清算；（8）咱们刚解放广丰时，群众抢去的粮食。

根据他们谈的情况，没有粮食。我们根据他们提出的问题，加以分析研究，基本上不愿拿出粮食来，拖延时间，拿些理由来应付，我们确定暂时不清算账目，说明这问题有些应除去的（如米票红条子），有些不应当开支的都应除，如自己动用的、私人借的，限两天交谷500石，由伪县长来督催，并叫伪县长找保人，结果两天交谷子280担。又了解到各办事处主任过去囤积很多粮食做生意，伪县长贪污很多，群众反映，伪县长老婆走的时候带去金子 100 两。我们研究后，将伪县长、各办事处主任扣押取保。开始时，说明保人还是保粮食，从早到晚没有商人取保。我们又开会研究，都扣起来不能搞粮食，已经失败，所以就降低条件，限期交粮，如外逃由保人负责，保出后交的粮食很少。

5 月 24 日，我们重新开会研究，组织力量，明确分工。梁县长带一个班武装到城里，搞永丰办事处的情形，义大、禄丰加工厂，用押追的办法，当时没有粮食，叫他们转借，咱们也到户说服，借条办事处自己出。杨鲁峰带学生 16 人，到洋口镇搞正大、惠源加工厂。开始我们分两组，有督促的，有了解情况的，这两个加工厂欠的粮食数目很大，计 6900 石，在一个月前（经伪政府扣押过后）全家都逃跑，又派人抓他的老婆也没有抓到。根据我们了解的材料，有很多地主和上层人物借他好多粮食，如洋口镇商会长吴国真，借 300 余石。我们就召开群众会，一方面宣布逃跑是有罪的，群众交出粮叫他保存，现在人民政府借粮，应很快地拿出来。另一方面他虽逃跑，有些人借他的粮食，号召他们自报，报出来是开明，不报有罪，因粮食是人民的。了解吴国真借支，就将吴扣押，说明他借的数目，用打一百的办法，他承认借了 60 石。这样一搞，潘凤奎（地主）自报出来 10 石。

账目处理：我们建立清算委员、审讯委员。财政科长杨鲁峰、周慧吉，会计张士林、王信高等组成。第一次研究死账目的会议决定：（1）人民解放军红条子一律兑换正式收据；（2）过去伪政府正式提粮单转账；（3）以转原粮账的（这办事处代收那办事处粮食）；（4）仓库损耗除去，其他一律不除，并给他们订出会议制度，每天晚上到财政科汇报当天交的数目，不定期地召开保人和办事处、加工厂会议，经常督促检查。其他办事处一律将保状和清算具体数目，交区政府负责督促处理。

（下略）

谨呈：广丰县委会

（录自广丰县军事志编纂委员会编：《广丰县军事志》，2010 年，第 208—212 页）

鳌峰暴动记

叶善成

鳌峰暴动是在中共赣东工委领导下，经中共广丰县城关支部精心部署，由秘密到公开的一次武装斗争。

早在一九四八年十一月间，信江解放社（中共地下党的外围组织）社员赵瑞家和我二人，发展了家住鳌峰的王应元同志参加信江解放社。并请王应元同志在鳌峰一带做农运工作，发动、组织农民开展"抗三征"（抗征兵、抗征粮、抗征捐税）活动。于是王应元同志在鳌峰山区十都里洋地方，以结拜兄弟、喝鸡血酒发誓的形式，组织了十多个农民。其中誓言的大意是：团结一致，生死与共，反抗"三征"。为了迷惑反动派，有意把这个革命的农民群众组织饰以带有封建色彩的外衣，名之曰"义友会"。接着，又以义友会员相互串连的方式，继续扩展，先后发展会员达四五十人。于是鳌峰乡农民的"抗三征"活动就轰轰烈烈地开展起来了。据王应元同志说，有一次有个伪保长下乡抓壮丁，义友会员就把这个保长抓到山上，给以义正词严的教育和严厉的警告。此后，不管是征兵、征粮、征捐税，凡有义友会员的地方，国民党的伪乡政人员，就不敢肆意横行。这就更加鼓舞了人民的斗争意志，使农民群众亲眼看到团结起来斗争的力量与出路，为以后中共地上党的鳌峰乡的各项活动，打下了群众基础。

一九四九年二月，中共赣东地下党城关支部为贯彻中共江西工委《一二五决定》的指示精神，对鳌峰乡的工作作了详尽的总结与研究，并做出如下决定：一、吸收王应元、王友春入党；二，决定在鳌峰筹建隐蔽练干基地；三、准备买个伪乡长的职务，派俞玉琨同志担任，相机搞"枪换肩"。

为了执行中共地下党广丰城关支部的决定，于一九四九年三月某日，我和赵瑞家、纪仍禄三人前往十都王应元家，分别做王应元、王友春的入党介绍人，吸收他们入党，并秘密分别举行了入党宣誓仪式。

一九四九年三月下旬，祝怀才同志和我碰头，向我传达了党组织的决定。他说："党组织已经通过主会关系，用金钱买下了鳌峰乡乡长的职务，现决定派俞玉琨、王应元和你三人，打入该伪乡政府，俞的公开身份是鳌峰乡乡长，王应元的公开身份是警卫干事，你的公开身份是民政干事。主要任务是：1. 在鳌峰筹建隐蔽练干基地；2. 搞'枪换肩'。你和王应元同志，一定要协助俞玉琨同志很好完成这个任务。"

在此之前，我的公开身份是卫生院挂号员。接受了新的任务后，为不引起敌特的警觉，我特意托我岳父徐学璿（卫生界知名人士）出面向卫生院长提出辞职，并一本正经地办理辞职手续，获准后，就赶往鳌峰乡"到职办公"了。

到达鳌峰乡伪乡政府后，俞玉琨同志以伪乡长的身份，通过王应元同志的宗教关系和该乡的乡绅们交往，虚与委蛇，常与他们一块吃饭喝酒，俨然是国民党官场中一位善于交际的乡长，以便麻痹他们，好从中及时掌握敌特动态。由于俞玉琨同志活动能力强，装得像，经过一段时间的周旋，居然很快取得乡绅王之贞、王尚友等对他的相信，从而站住了脚。如有一次王之贞曾将某敌特叫他密切监视俞玉琨行动的密信，出示给俞玉琨看。王应元同志除帮助俞玉琨同志打通该乡上层人物关系外，主要是严密控制伪警卫班的武装。我则装作和王应元、俞玉琨等并无深交，避免过多接触，整天在伪乡公所埋头处理日常事务，不与社会上任何人发生关系，以便做好上下联络工作。王友春潜入十都小学当教员，装作和俞玉琨，王与我均不认识，主要负责和"义友会"联系。以上就是我们打入伪乡公所的分工情况。

打入伪乡公所后，我们抓紧时机，做了如下工作：一、具体落实筹建隐蔽练干基地的准备工作。二、继续扩展"交友会"组织，发展到八十余人，加强了"抗三征"运动的领导，采取或拖或抗，隐蔽的或公开的等斗争手段，破坏国民党的征兵、征粮、征捐税，使全乡人民，在此短暂时间内，解除了被鱼肉的痛苦。三、在义友会中培养了积极分子，为以后暴动，准备了骨干力量。

一九四九年四月中旬，解放战争形势发展迅速，空气异常紧张。广丰县城城门口、十字街警哨森严，伪县政府大量收编四乡土匪①，扩大伪保警队，接二连三成立自卫队；还有什么"雄师部队""广竹部队"在上饶、广丰一带到处张榜，招兵买马；特工分子也伸出魔爪，四处活动，要尽伎俩，一心企图侦破广丰地下党组织。反动派已经在磨刀霍霍，积极推行他们的所谓"应变计划"。就在这个时候，俞玉琨交给我一封特急密信，叫我把它送到广丰三岩中学去，交给一姓潘的胖子老师。于是我把信件藏好，立即赶往三岩中学，把信交到潘老师手中，然后，进城回家吃午饭。刚吃完午饭，赵瑞家同志就闯进门来了，虽好久不见，也没半句寒暄。一进门，他就极其敏捷地拿出一张折叠好的字条给我，说："这是个特急绝密指令，必须在下午带回十都，按指令执行，千万勿误了时间。"观其神色，我知事关重大，且时间紧迫，接下密令，立即拔脚离开家门，返回十都。到达时，已将傍晚。取出密令一看，才知党组织根据当时形势，已经作出果断的措施，命令我们于当日立即举行暴动，把人枪带到桐畈乡王家村会合，到时，以鸣锣三下为号。虽然任务刻不容缓，由于有了先前的工作基础，我们并不手忙脚乱，几个人一商量，一个暴动计划便立即形成。

晚饭后，我们便按计划分头执行了，王友春同志赶到里洋去约集义友会的骨干分子，赶回十都待命，俞玉琨同志仍然安详地到十都几个乡绅家中去转了一圈，假意与他们周旋一番。我和王应元同志就去准备武器、绳索和联络用具。大约晚上八九点钟光景，王友春同志已将暴动队员（义友会骨干）带来十都，偷偷埋伏在伪警卫班驻守的一座碉楼的小山包脚下。俞玉琨同志从乡绅家出来，就到十都自卫队驻守的另一碉楼中去（位置与

---

① 这些土匪白天在伪保警队上班，晚上行劫打抢、为非作歹。

伪警卫班驻守的碉楼遥遥相对），向十都自卫队借十支卡宾枪，借口要下乡剿匪用。我与王应元先潜入伪乡公所，把电话机拆下，然后到碉楼去缴枪。王是警卫干事，我则装作陪同他，当然不会引起乡警的怀疑，便很顺利地进入碉楼中，连哨兵也被骗进去。当时，那些乡警们正坐在床上脱衣就寝。枪支弹药都挂在墙上。我们一走进去，一声断喝："不准动！"这威严的一声，把那些伪乡警们弄糊涂了，一个个瞠目结舌，呆若木鸡，不知这个天天见面的"顶头上司"，今天什么事发作了。趁他们惊慌莫测，尚未明白过来的时候，我一跃跨到伪警班长床铺前，首先把他的枪摘下来。埋伏在山脚下的暴动队员，见我们进入碉楼，也随即跃起，向山上运动。当我们把伪班长的枪摘下来时，暴动队员也冲进碉楼，赶忙收缴挂在墙上的枪支、子弹，背在自己身上，配合得非常合拍。待缴械全部完毕，王应元继续以威严的口吻向伪乡警进行训话："我们是共产党，四周都是我们的人，谁敢轻举妄动，我就先毙了谁。共产党是讲政策的，只要你们放下武器，不顽抗，我们的政策规定，可以宽大，不打、不杀。只是暂时委屈一下，并不为难你们。你们以后好好种田做老百姓就是了。"其实，这不过是镇住他们罢了。因为我们计划，在此得手之后，还要进一步去缴十都、十一都两个自卫队的枪械。所以要求此时只能不声不响地把枪拿下。如果枪声一响，不仅影响下一步计划实现，还会引来十都自卫队和十一都自卫队的夹击，置自己于腹背受敌的地位，何况俞玉琨同志此时正在十都自卫队碉楼中和他们借枪。这里枪声一响，后果就更不堪设想了。所以当王应元同志向乡警们训话的同志，我就把事先准备好的绳索拿出来，将他们一个个捆绑起来，以防测。暴动队员们则故意在碉楼中进进出出，使他们摸不准我们究竟有多少人。一切处理完毕之后，我们才退出碉楼，隐蔽在小山包上，静待俞玉琨同志信号（以电筒光画圈为号）。若玉琨同志枪借到手，发回信号，我们便立即前去与玉琨同志会合，去缴十都自卫队的枪。等了片刻，玉琨同志发出借枪不成信号，接着他人也回来了，于是我们整装上路。本来我们还想在途中偷袭十一都自卫队，去缴他们的枪。我们离开十都约一里路，背后枪声大作，是十都自卫队开的枪。原来我们走后，伪警班长挣脱绳索，跑下山去大喊大叫，十都自卫队才知道我们缴了警卫班的枪，故开枪追击我们。枪声响后，我们便越过小溪，登上山头，敌方摸不准我们的去向，响了一阵枪，也不敢远追，我们也不得不放弃偷袭十一都的打算。于是我们便按暴动令指示，率领暴动队员向桐畈乡王家村进发。总计这次暴动的收获，得长短枪十四支，电话机一部，拉起了十四个人的农民武装。

离开十都，为了避免意外的遭遇，我们大小道路都不走，只朝着王家村方向翻山越岭，一直到天微亮时，才到达王家村边的山头上，不知王家村是否在我们的控制中，不敢鸣锣联系。于是决定由俞玉琨同志单独下山，进村探听虚实，把队伍暂隐蔽在山背后，少顷，我们看到有人（王树枫同志）用竹竿撑着一幅白布对着山头摇晃，好几个同志也到村口迎接。这时我们异常激动、兴奋，率队直奔山下，首先与祝怀才、赵瑞家、王树枫等同志握手相会。我们被领到王树枫同志家中，还会见到吴大机、周祥、徐杨、俞玉琨等同志。他们是头一天（即我们暴动的那天）汇集到王家村的。大家都喜气洋洋，我虽跑了一天一夜的路，这时都无半点睡意，确实太兴奋了。

我们到达王家村后，当天就立即公开打出信江支队的番号，政委江浩（化名）、司令员雷雨（化名）。并将鳌峰暴动队与在王家村的隐蔽武装合并组织信江支部直属中心，俞玉琨同志、王应元同志分别担任该中队的指导员和中队长。信江支队司令部，就暂设在王树枫同志家中。当时在司令部具体指导工作的是祝怀才同志。司令部下分四个大队，分别在五都、洋口、东井、珠岭、三都、吴村、管村、玉田一带拉起队伍，收缴各地乡公所、自卫队的反动武装。熊熊的革命烈火，在广丰四乡猛烈地燃烧起来了。乡公所、自卫队被缴械，保警队装备最好的四中队的反戈起义（张志学同志做的策反工作），毛学祥部被信江支队某大队缴械，与此同时，各种各样的警报，从四面八方，接二连三地向广丰伪县府告急。伪县长李尊邕等被迅雷不及掩耳之势，惊得坐立不安，却又一筹莫展。东南西北四乡，均在我信江支队的武力控制中，构成瓮中捉鳖之势，所以他想逃亡也来不及了。

我们驻扎在五家村时间不长，但也做了些工作。有一次途经桐畈的国民党正规部队，被我们直属中队的几个战士，吃了一个小尾巴，俘虏了六个国民党士兵，缴获了六支卡宾枪。四月二十二日晚，我和周明祥等同志在收音机旁收听到中共中央军委发布的渡江令。翌日，信江支队司令部就派人到桐家畈召开了群众大会，散发了传单，把这个最激动人心的消息，送到桐畈乡四周的群众中去，从而揭穿了敌人的谎言，鼓舞了群众斗争意志，在政治上狠狠地打击了敌人。

五月初，我们随着信江支队司令部到十六都，会合杨石同志领导的武夷支队向五都进发，并由五都出发去围攻广丰县城。这时信江支队各个大队，也从各自的活动地区出发，向广丰县城靠拢，四面包围了广丰县城，置敌特于四面楚歌之中。当晚，我和几位同志就借宿于东门外东关的老百姓家中，因日间我们在城外接通电话，严正迫令李尊邕投降，李表示愿意投诚，故有部分同志此时已先进城去和李接谈投降事宜了。所以信江支队在配合中国人民解放军接管广丰县城，完整地保证了敌伪的枪支弹药、粮食、档案，未受任何破坏与损失，顺利地接收过来。全县人民未受丝毫惊扰。在一片欢乐声中，庆贺解放。

鳌峰暴动是中共赣东工委领导下的信江支队的武装斗争中的一个小小侧面，仅将我的亲身经历和所了解的一些情况，作如上的记述，远远未能反映信江支队活动的全貌。但仅此就足以证明中国共产党是中国人民的救星，深得人民群众的衷心拥护。同时也说明了广丰人民是富有革命传统的人民，是英雄的人民。

（录自《广丰文史资料》第一辑，1985 年，第 36—43 页）

武夷支队始末

广丰县委党史办

广丰东南乡山区紧靠福建省的浦城、崇安和浙江省的江山。又有同上饶紧紧相连不可分割的封禁山，属于武夷支脉仙霞余脉。这里山峦重叠，森林茂盛，非常有利开展秘密的革命活动。明、清的农民起义和共产党领导的游击战争，都利用了这里的独特地形，打败敌人，取得了革命战争的胜利。在解放战争时期，这里就是闽北地委领导的武夷支队的革命根据地。

1947年2月，闽北地委根据闽浙赣省委"古田会议"精神和敌我态势，确定了"背靠福建，面向江西"的发动游击战争方针，组建了闽北游击纵队，计40多人枪，由地委书记王文波兼任司令员。下设1个警卫分队和1个中队。警卫分队由地委委员程胜福负责。中队由宣金堂任指导员，罗天喜任中队长。中队辖2个分队，一分队队长苏火金；二分队队长吴木金。这支武装来源：一是来自地委机关警卫班20多人枪，负责人为程胜福，二是经省委决定从建松政游击支队调来的一个分队20多人枪，分队长罗天喜。由宣金堂和罗天喜率队负责护送王文波从古田回闽北而来的。宣金堂原是建松政游击队的指导员。纵队成立后，在闽北地区（包括闽赣两省的边缘地带）开展游击活动。

1947年12月，游击中队长罗天喜率队途经崇、浦交界的田坑，遭敌伏击，一分队长苏火金（又名张武火）当场牺牲，罗天喜负重伤，抢救无效，不幸牺牲。后任杨金生（又名徐福祠）为中队长，杨石（又名杨文中）任指导员，分队干部也做了调整，游老杨任一分队队长，余立岱任二分队队长，程仁义任三分队队长，全中队已发展到70余人枪，活动在上饶与广丰的封禁山一带，开辟新的游击根据地。

1948 年 4 月，闽北地委决定成立上广县委，杨石任县委书记（仍兼游击中队指导员），杨金生任组织部长（仍兼中队长），黄知琛任宣传部长，从而加强了党对游击队的领导。如攻打上饶黄坑桥的县保警队一个加强排和在广丰鸡爪岗伏击花厅乡的国民党自卫队一个班，都获全胜。

1948 年 12 月，闽北地委决定，游击队由过去隐蔽整训改为向外发展的活动方针，并把游击队改名为武夷山人民游击支队（简称武夷支队），公开亮出牌子，对外宣传，扩大影响。同时，对各地国民党地方武装采取了争取和利用的政策，用收编、改造的办法，扩大人民游击武装。如盘踞在广丰境内的李志海等 4 股土匪 300 多人枪，他们见游击队日益壮大，解放战争节节胜利，为谋求出路，便派人找游击队联系，要求改编，经闽北地委同意，收编了这支土匪队伍。并派宣金堂、杨石同他们 4 个头目谈判，向他们宣传党的政策。谈判达成协议后，对他们的队伍加以整训，分别编入游击队各班排，充实游击队的力量。

1949 年 4 月底（即广丰解放前夕），由赣东地下党策反起义的广丰民众自卫队第 4 中队 160 多人枪和信江支队转交的一个大队人马，总人数达 900 多，于是组建了广丰独立团，由杨石任团政委，李志海[①]（原土匪头目）任副团长，何荣贵任团政治部主任，他们率全团武装连同信江支队向广丰县城挺进。5 月 5 日配合解放军二野五兵团解放了广丰县城。武夷支队司令员王文波和主要干部程胜福、宣金堂、杨金生等与人民解放军会师，并配合解放军参加了解放接管上饶、崇安等地。

---

① 李志海（外号十八子），石山村黄尖塘人，父亲一贯种田，生活贫苦。于 16 岁时出外谋生，后来在国民党的部队里当兵，并当上了排长。1947 年初（26 岁）逃回了老家，带了一个福建女子做老婆，并在洋口专营棉布生意。布店开张不久被土匪抢得精光。一气之下，他自己也当上了土匪。不久，很快成了广丰县内"占山为王，一呼百应"的土匪头，干了不少的敲诈勒索、伤人越货、欺男侮女的坏事。

解放后，广丰独立团交由解放军整编，人员去向是：一部分编入新成立的县大队，一部分补充到解放军部队，一部分自愿回家生产。从此，武夷支队便完成了它的历史使命。

（王松柏整理）

1989 年 8 月 1 日

1948 年上半年，李志海带着手下几十名人丁，攻打了少阳乡伪乡公所，夺取了十几条枪后投奔铜钹山高阳村共产党政权。

李志海混入革命队伍后，仍恶性未改，秘密组织反动地下青年救国团，与人民政府为敌，后于 1951 年被人民政府处决。

（录自中共广丰县委党史资料征集办公室编：《中共广丰党史资料》，1990 年，第 190—192 页）

吴村乡的武装斗争

王渊源

1949 年初，解放战争正处在我军即将渡江解放全中国的新形势，广丰地下党根据中共江西工委决定和赣东工委的指示精神，积极开展斗争。

我参加地下党之后，组织上交给我的第一个任务，就是打入伪吴村乡公所，夺取乡自卫队的领导权，实现枪换肩。1949 年元月，周明祥同志（我的入党介绍人）代表党组织同我谈话，说组织上已研究决定，要我辞去广丰青年书社（地下党领导的进步书店）的营业员工作，去完成这个任务。我借故回吴村乡，通过一些渠道了解有关方面的基本情况，分析了该乡自卫队的力量后，觉得开展工作虽有不少困难，但有利的条件也有很多，首先一条是其中成员与我沾亲带故的不少。第二天我回城向组织汇报后，愉快地接受了任务。经过几个星期的活动，伪县府军事科于 1949 年 3 月初任命我为吴村乡公所自卫队副，我就以此为掩护开展革命斗争。临走前又和周明祥同志详细地研究了工作重点、工作方法和注意事项。最后，约好秘密联络信号，即以"李明"作为组织上与我联系的姓名，就是说，任何人来找如持有"李明"的介绍信，那就是上级派来的自己人。约在 1949 年 3 月底，党组织增派俞庆铨、俞玉昌两同志来吴村，会同早就在吴村坚持工作的俞其炎、官金泉、傅水仙等同志一起共同研究工作。为了方便工作，俞庆铨同志住施村其姐家中，庆铨同志的外甥女傅燕兮察觉她舅父去进行革命活动，还主动给予许多支持和帮助。俞其炎的公开身份是吴村乡中心小学校长，傅水仙、官金泉都是该校的教师，3 人仍住学校，并负责上下左右的联系，传达消息，印刷宣传资料。后又发展刘水仙、傅雪眉两同志为秘密联络员。

回到吴村后，我就以"乡队副"的身份为掩护，迅速开展活动。主要抓了以下几方面工作

一、宣传解放战争胜利形势，培养骨干、团结群众、分化敌对势力

国民党长期封锁其在战场上惨败的消息，是他们宣传机构的一贯做法。他们在东北、西北、华北各个战场的节节败退，报纸上却颠倒黑白，或者轻描淡写掩盖真相，以此愚弄群众，欺骗人民。对此，我们采取各种办法，在广大群众中，在乡政人员中，在自卫队士兵中，宣传新华社真实战讯，宣传解放军打胜仗的消息，并进一步说明国民党军必败，解放军必胜的道理。这些宣传在乡自卫队士兵中起了很大分化瓦解作用。通过认真了解排查，首先选择了部分出身好、思想纯、作风正，被抓兵出来当自卫队的，而且时间短靠得住的人，如王渊泉、周添高、纪树洪、阮长和、周维金等加以重点培养，使他们较快地提高觉悟。先是从关心他们生活着手，同时通过各种形式，揭露国民党统治黑暗，阐明共产党为工人、农民和一切劳苦大众求彻底解放的主张，提高他们的思想认识。经过一段时间的工作，这些同志的进步很快，革命立场坚定，表示愿意跟共产党走，一切听从命令及行动，骨干的核心形成后，依靠这些积极分子，分别去团结其他可以团结的人，分化敌对势力。经过反复细致了解、分析，较反动的只有三个人，是严盛炘（三个乡的联防营长）从自己家乡介绍来的，实际是监视乡武装进步活动的。对这几个死心塌地为蒋介石效劳的敌对分子，我们采取严密的反监视办法，分别把他们控制起来。只要他们有什么活动，我们能很快获知他们的变动。

二、设法增加武器弹药，充实武装战斗力，这是上级布置的一项重要任务

根据当时具体条件，我们利用乡自卫队的合法地位，保卫地方安全为名，以公开的或隐蔽的去争取、去斗争。1.写报告向伪县政府领取弹药；

2.用地下党同志悄悄捐助的钱去买枪弹；3.动员大家各显神通去找。该乡原有步枪 15 支，每支只有二十来发子弹，手枪一支只有 10 发子弹。到后来，我们公开队伍组织时，每支步枪就增加到 50 多发子弹，有的达到 100 发，短枪增加到 2 支，每支都有 50 多发子弹，每个战士还有木柄手榴弹 2 颗，这就使这支游击队武装大大增强了战斗力。

三、保护地方安全，与各种反动势力进行坚决的斗争

严密监视并粉碎国民党溃退下来的军队骚扰。4 月 21 日凌晨，我人民解放军胜利渡过长江，接着以迅雷不及掩耳之势向江南国统区进发，蒋介石的军队全线溃退，狼狈逃命，从 23 日起，就不断发现有蒋军的散兵游勇，从江山至广丰公路上经过，抢劫群众财物。我们采取坚决的抗争保护好群众，以各种灵活的办法：能打则打，不能打就赶。有一天，伪军一个营在离吴村乡公所一里多路的小村子，村里的群众怕遭抢劫，就向我们报告，要我们去保护，我们的队伍调到村后已深夜一点钟，经研究决定，由于敌众我寡，采取不打的办法，设法将他赶跑，我们在后山部署之后，向村里打了一阵枪，敌人突然听到枪声，不知发生何事，像惊弓之鸟一样马上逃跑。4 月 24 日下午 5 点钟伪军一个团经过吴村，他们准备住下，我们及时地散发信江支队印发的宣传资料，送到团部，他们以为是我们的根据地，害怕被游击队袭击，连刚煮好的饭都不敢吃，就慌忙地向福建方向溃逃。4 月 25 日群众来报告，约有 30 多个国民党官兵，有的背着步枪，有的空手，沿着江广公路向吴村走来，我们决定把队伍埋伏在公路旁边，等他们走近时，突然进行出击，他们全部举手投降，经过查实，他们是国民党的逃兵，我们即刻向这些官兵宣传党的政策，并警告他们沿途别坑害群众，其中有一个被流弹击了脚的，我们还发给他 4 块银元，叫其同伙将他扶去就医。

4月25日，当地土匪头子纪老呆①突然出现。他原是一个持枪惯匪头子，过去也曾四处为害人民，抢劫财物。向国民党自新后，在伪三战区驻浙江衢州县带领一支部队流窜，由于形势紧张而突然回来探家的。那天下午，他领着17人带着五支短枪、一支步枪，在村里停下来休息，晚上又不声不响把人拉出吴村到吴家坞住下。吴家坞正是我们武装营地，它后面有接连不断的大山，山高林密，小路崎岖，与闽浙两省毗邻，是游击队活动的好地方。纪老呆到底干什么？或者看到国民党大势已去，企图回来重操旧业——当土匪头子？还是想趁我们不备偷缴我队的枪支弹药？我们一时未摸清其底细，但决定加以防范，绝不能让其阴谋得逞。当晚几个地下党员俞其炎、俞玉昌、官金泉等在我家秘密商量，认为纪老呆在深夜带着人突然去吴家坞，有偷袭我们的可能，因此应立即采取措施，监视他们的一举一动，如有机会就缴他们的枪。我和俞玉昌同志立即动身，摸黑路、爬围墙、翻菜园到武装驻地，集合全体指战员，传达党的决定，动员大家，提高警惕，认真做好防范措施，营房增设双哨兵，非执勤同志要和衣带武器休息。当晚没有发生什么事，第二天早上，纪老呆领着他的人，在一家老百姓家里吃饭，有的同志主张，把他们包围起来，趁其不备向屋内摔几颗手榴弹，保证一个跑不脱，亦可缴到全部枪支。我考虑到，这样干虽然达到目的，但室内群众不少，一定会受到伤害。因此没有惊动他们，只是严密监视他们活动，等待更好时机再围攻。纪老呆看到我们严密的防范措施，无法捞到什么油水，又把人拉去塘边（距吴村约五华里），在那里吃过午饭后，借口要进城办什么紧要事，就灰溜溜地走了。

四、抗拒伪县政府集结命令，公开信江支队革命武装进行打游击

约在4月23日上午9时，伪县政府命令全区各自卫队于当天下午随

---

① 纪老呆，广丰吴村人，土匪头子，开始做土匪时在城北、施村、吴村一带活动，后转到沙田、盘岭及广浦边境等地，手下有160余人。解放初，被我县公决枪毙。

驻区的保警队一同进城集结。对此党内立即召开紧急会议，研究对策。当时情况是解放大军已经解放了国民党反革命统治中心南京，广丰县伪党政军反动头目一片混乱，而信江支队已打出革命旗帜。根据以上情况，决定公开树起革命旗帜，抗拒进城集中的命令，并立即采取了如下行动：1. 立即把严盛炘派来的 3 个士兵缴了枪，枪支弹药全部收缴；2. 向士兵们和社会上公开我队是共产党领导的"中国人民解放军信江支队"，是革命的武装，如有不愿意的可以回家生产，在骨干分子坚决行动的影响下，绝大多数都参加到支队来；3. 为防止敌军的突然袭击，把队伍撤出原驻地做好战斗部署，还击县区的保警队，并写出警告条子交给该队队长，他看后就进城去了；4. 公开后，我们队伍设置流动性营房，一边学习《三大纪律八项注意》，一边向群众宣传解放战争取得重大胜利和党对解放区的方针政策，教育全体同志，充分认识到革命武装旗帜的重要性，今后的任务更加繁重，斗争更加复杂，生活更加艰苦。公开后就得到消息，伪县政府企图集中保警队来围歼我们，但它并没有吓倒我们。为了防范伪县府的突然偷袭，为了保护群众不遭蒋军散兵游勇骚扰，我们选择离吴村不远的山区活动。在公路上除派有战斗小组不定期巡逻外，还动员了一批男青年放哨。有几个较紧张的晚上，队伍要转移三四个驻地，负责沿公路巡逻的战斗小组，整夜执勤，全体指战员几乎没有得到过休息，熬夜饿肚更是平常事。

5月5日，信江支队与解放军会师后，所属各大队、中队奉命集中在广丰县西山观——广丰私立三岩中学（即现在的广丰中学）进行整编，整编方案是：新成立广丰县游击队，为连建制，设三个排、九个班、一个分队部，所有排、班干部和全体战士，都从信江支队中选择出身好、思想纯、作风正、身强力壮年轻同志充任。吴村乡武装被选入游击队的有王渊泉（班长）、周添高等人。广丰游击队的武器装备，也是从信江支队自有武器中按需要择优配给的，排长有短枪，班长、战士各有一支步枪，队部通讯员有卡宾枪，每班配一挺轻机枪。游击队由俞祥春同志担任队长，周明祥同志担任政治指导员。游击队建成后就在 51 师派来的政治指导员协助下，进行两个星期的整训，然后驻进县人民政府。同年 8 月份，广丰游击队又升级到上饶军分区，改名为警卫连，后又西进到贵州。信江支队各种枪支弹药，除已经给广丰县游击队使用外，一律交师部接收。

我受地下党的派遣，在吴村乡所进行的地下武装斗争，到此胜利结束。

（作者王渊源，原广丰地下党成员，曾任赤水县税务局、工商局局长。）

（录自中共江西省广丰县委党史工作办公室编：《迎接曙光》，1999 年，第 59—64 页）

注：原标题为"吴村乡地下武装斗争的回忆"，现标题为编者所改。

关于广丰革命斗争的回忆

王文波

1935 年以后，我们的红军断断续续地在铜钹山脚一带进行活动，来来去去，没有固定的根据地。

三年游击战争时期，我们派人去上饶和广丰交界的封禁山建立了上广特区（比县小、比区大），卢仕兴担任区委书记。活动范围：在上饶这边是封禁山和广丰的鸡爪岗一带；在浦城古楼、梅溪一带，建立了广浦县，县委书记是吴华友，1936 年又调连福生（他现住在崇安北门，可去访问他一下，具体情况他知道）。同时有广浦独立团存在，团长名字记不起来了，团政委叶全兴后来牺牲了。活动范围多半在浦城和铜钹山脚一带。具体情况访问一下广丰盘岭黄泥岗的何天福，他是本地人，是我们当时队伍的队长。

闽北分区司令员李德胜叛变投敌后，这时把党政工团等领导机构都合并组成一个司令部。后来，司令部把我们兵工厂护送到樟村广浦县委，那里还有村苏维埃政权，就在山上搭了一个棚，继续修枪造子弹。住了四十多天，敌人又来进攻。当时有些挑担卖东西的广丰人，实际上是国民党的便衣队，把我们侦察得一清二楚，发现了我们游击司令部驻地，司令部扎在山边，犯人厂在山顶上，结果，敌人就打劫犯人厂，闽北司令部就搬到岚谷凹畲，与敌人打了一仗后不知去向，兵工厂搬到四县交界的铜钹山。以后到古楼小梅源，住了 10 多天，兵工厂找不到司令部，司令部也找不到兵工厂，过了半个多月，司令部才找到兵工厂，兵工厂又从铜钹山搬到磨石坑，回到岚谷大坑司令部驻地。

1936 年春（5 月间），黄道等同志又返回闽北，仍回到岚谷大山，成立闽赣省委，省委书记黄道，司令员吴先喜，独立师师长黄立贵，青年团书记兼政治部主任曾镜冰，独立师政治部主任卢文卿。下设闽北分区，管辖崇安县委、广浦县委、建阳县委、上铅县委。分区书记汪林兴，司令员熊家村，青年团书记兼政治部主任王礼运。

接近国共合作时，只剩下 4 个总队。崇安一分区有：崇浦独立营、广浦独立营、上广游击队、西南游击大队（即桐木关大队）、崇西游击队（即大安区游击队）。

国共合作时期，五团（新四军）走后，黄道同志调南昌任中央东南分局宣传部长。留在闽北的闽北特委，书记曾镜冰、组织部长汪林兴、宣传部长王助、城工部长俞雅鹿。

（特委即地委，七大后改的）。

国共合作以后，1938 年，仍有广浦县和上广特区，1938 年以后，成立了浦城县。

抗日战争时期，广丰县盘岭整个根据地都被青帮占领，我们曾经派人去争取他们，争取不来，我们的人仍旧回来了。

1938 年到 1940 年，在上饶有赣东特委，它主要是做城市工作。我们闽北这边主要是做农村工作。具体情况不了解，因为我那时没在那里做具体工作，实际工作是区一级干部做得多。

1941 年 1 月皖南事变后，敌人向崇安进攻，重新又和国民党正式开火。1944 年赣东特委被破坏，闽北只留下我和一些生病的妇女、老头，省委要我负责，只十几支枪。到鹅眉坂，计划由此撤回崇安，但不巧又碰到反动甲长，从对岸村庄向我开枪，双方对打一阵，不幸把汪林兴同志打死了，队伍情绪不高，再由上饶到广丰，在封禁山进行整风。到 1945 年 1 月，队长何天福开小差跑了，我们不得不赶快冒雪搬家。10 月，我们又上封禁山，这里群众基础好，在此，过了苏联十月革命节，我又带杨金生等几个警卫员从崇安到古田。这时，曾镜冰去延安，我这一班人由古田返回崇安，张翼也来了，当政治部主任兼宣传部长，成立闽浙赣纵队。

1946 年 4 月，回到崇安吴家畲上，把队伍整顿一番，再分 3 路出发，一路由程胜福带去邵武，一路由张翼带去封禁山开展工作，一路由我带罗天喜等到江西开辟根据地。

1947年11月，再由浦城回到江西禹溪，在此集合队伍庆祝苏联十月革命节。

1948年春，罗天喜队伍走到崇浦交界田坑处遭到敌人伏击，中队长罗天喜和分队长张武火都不幸牺牲了，机枪班长被俘。

同年三四月间，中队长杨金生（指导员杨石）带队伍去江西活动，机关分2批活动：程胜福带一批到禹溪做群众工作，我带一批小孩老人在另处，以后我又回队伍。

七八月间，队伍又组织两批活动，杨金生带主力到上饶、广丰交界进行活动，打击来我活动地区抽丁派款的伪乡公所警备班，另一批人搞筹款和发展党的组织，扩大武装，巩固队伍，迎接解放。并在禹溪创造一个小解放区。在这里镇压了反革命，建立了党的组织和村政权，没收了地主和反革命分子的土地，分配给无田或少地的农民。同时组织了民兵，发给了武器。

1947—1948年，我们把重点转到江西，当时我们的发展方针是："背靠福建、面向江西。"

1948年8月，我们看清了形势的发展，采取大发展的方针，不再像过去一家一户地做工作，采取大刀阔斧的做法。队伍到一个乡村驻下，就召开群众大会，讲当前形势，说明国民党必败，共产党领导的革命必胜，谁要反动，谁就要倒霉。在一般号召中，发现积极分子，个别进行发展。在军事方面，也采取积极主动的方针打击敌人。8月间，杨金生在上广地方打了几仗，打黄坑桥，缴乡公所2个班10多条枪；另一次在鸡爪岗，配合群众打民团狗，放走了被抓的壮丁。此后，队伍就在封禁山整训。那里有一批青帮，力量比我们大，有好几挺机枪，20多条驳壳枪，他们也打乡公所。我们派宣金堂等假意与他们结拜兄弟，以便争取他们，共同对付国民党。他们赠送了我们枪支和子弹，并接受我们的领导。

1948年12月形势很好，我前线大军节节胜利，我们也到处打敌人。1949年2月，又在封禁山整训队伍，并拉过来一批青帮武装，在鸡爪岗庙里会师。这批青帮有300多人，会师时，只准他们来30多个人，我们去60多人。首先由我报告当前形势，进行动员。住了三四天，基本上搞成功，青帮4个头子（团长、参谋长）都来，都带有快慢机手枪。以后把他们的士兵派到外面去行动，叫他们去发展力量，打击反动派。并答应他们发展多少人，就给一个什么官。4个头子留下，开个特种训练班，训练1个月，内容有3：第一，讲思想；第二，讲政策路线；第三，讲方法。讲了两个内容，到第三个内容就不给他们讲了，叫他们出去干一段时间，并给他们封了"官"。不到2个月，他们就发展到八九百人到1000人。这时形势越来越好。到了4月，解放军渡江，我们就派人到处活动，大抓一把，搞了不少枪，也搞了不少人。上饶伪县长向我们投降。收编了一批经我们集训后派去的青帮①，并解放了广丰县。我们派何荣贵、杨石等同志去广丰，把他们编成独立团。过了几天，解放军赶到，我们就把这一批青帮交给解放军五兵团处理了。同时，我们又配合了解放军解放了崇安，一部分人去上饶与五兵团会师，到5月整个闽北都解放了。

（录自中共广丰县委党史资料征集办公室编：《中共广丰党史资料》，1990年，第65—70页）

---

① 青帮即土匪头子李志海、潘求丰及手下股匪。此文是根据王文波同志1958年10月3日在南平地区党史工作会议上所作的《关于闽北革命斗争历史》的报告节录和1959年6月17日访问王文波记录整理。

闽北游击队在广丰的活动

郑老毛

1943 年下半年，我家住在广丰铜钹山和上饶五府山交界的长滩地方（属广丰县岭底乡管辖）。当时，我 22 岁，还没娶亲，整天和父亲在大山里做木勺（一种舀水的用具）。一天下午，程胜福、杨石等三四个同志到我家来找我。在此之前，他们是住在今五府山揭家分场松树底的一户姓傅的孤单屋里，通过熟人介绍，由傅德荣带到我家来。来了以后，他们对我说，他们是当年朱、毛领导的红军，现今是游击队，是为穷人闹翻身，求解放的队伍。问我要不要参加他们的队伍？我说，我能为你们做些什么呢？他们说，根据革命斗争的需要，在我家设个联络点。凡四面八方的有关情况，通过我家再转达给他们，叫我做个接头户。我答应了他们的要求。此后，他们就时早时晚来我家。有时，问我一些有关情况，叫我为他们买些草鞋、烟丝、米盐之类的东西。我就利用父亲挑木勺去廿四都、五都一带出卖的机会，把应买的东西买回来。日子渐渐久了，他们又问我这一带哪些人可靠？地方上的伪乡、保长怎么样？我向他们介绍了情况，并推荐了我家六叔郑老六和六叔的女婿陈狗阎为游击队做地下交通。这样，我们做工作的人就多了。有些情况，你没听到他听到，你不了解他了解。到 1944 年，王文波等同志也不时来我家，他们一来，我就主动为他们站岗放哨，我母亲也为他们做饭烧水。听说，他们的司令部就扎在封禁山桃源坑背后，但我没有去过。这年的下半年，杨石和另外一个同志来我家（这次程胜福同志没有来），把我叫到后背山，叫我去通知郑老六和陈狗阎都来（因陈狗阎外出不在家，当时只有我和老六两人）。他对我们说，今天介绍你们入党，要遵守秘密，无论对任何人都不能说，要永不叛党，即使被敌人抓获，宁可牺牲个人，也不能暴露组织，一定要革命到底，党分配的一切任务，要想尽一切办法完成。并说，今后我们 3 人，就是 1 个党支部，由我担任支部书记。从此之后，我觉得自己换了一个人似的，精神焕发，心底里有说不出的高兴。但是，游击队的生活很艰苦，有时几天吃不上一餐饭，心里很难过。在山上看守玉米时，就挑拣些熟得快的、大的给他们送去，有时卖木勺换来一些米，自己舍不得吃，留下给他们做饭。他们从来不随便吃我们的东西，凡给他们送去的，都按价给了钱，游击队的纪律，真是铁的纪律。

1945 年间，我先后带程胜福、杨石等同志去鸡爪岗、坳头、后岩等地方活动，他们在那里发展了接头户余牛牯、吴运六、吴亨茂、项猪崽等人，为游击队买玉米、买日用品。买来的东西，都放在我家转运。有时一买就是几百上千斤米，游击队员摸黑来驮。这一年的"十月革命节"，游击队的干部、战士共六七十人集中在一起，并请了我们这老接头户二十来人（上饶那边有十几个，广丰这边有我、郑老六、陈狗崽 3 人）去和他们一起过节，闽北地委就设在源坑背后的一个山坳里，顺着一条小山道笔直上去，有一块二三十亩的开阔地，搭了好多竹叶棚，过节时吃了十几桌。王文波、程胜福、杨石、杨金生等领导人都接见了我们。聚餐后，还演文艺节目给我们看。回家时，游击队给了我们这些老接头户每人 6 尺斜纹布以表感谢，我们感激得不知说什么好。

1946 年以后，程胜福、杨石同志不经常来了，主要工作由杨金生、张才生、何荣贵同志负责。

1947 年以后，一直到 1949 年解放，杨石同志在我们这里的活动时间多起来了。在这段时间里，我见杨石同志整天忙个不停，整个上饶、广丰一带的全盘工作，里里外外都由他安排。我记得比较深刻的有：

1.1948 年 5 月，杨石同志部署了游击队打黄坑桥。由杨金生带领了 30 多名队员，在民兵和基本群众配合下，消灭了敌人 1 个分队，缴枪 20 多支，手榴弹 30 多枚，子弹 600 多发。

2.同年 8 月，杨石在部署抗捐税斗争中，由杨金生带队伍在鸡爪岗打埋伏，活捉国民党税收人员一个班，缴枪 6 支，除两个人自愿留下参加游击队，其余均释放回家。

3. 同年 9 月，广丰土匪头子十八子①、雷雷滚、横端、白毛等前来找游击队。杨石请示了王文波，收编了他们，向他们交代了政策，加以利用改造，把他们当中表现比较好些的集中在凤龙培进行训练。一段时间以后，这几个土匪头子为表示立功，带了朱礼荣、黄知琛等缴了沙田乡自卫队的 28 支长枪，2 支木壳枪，1 挺轻机关枪。

4. 争取、利用上饶铁山乡伪乡长陈××、花厅乡自卫队长杨志楼、甘溪地方伪参议员孙寿魁、鸡爪岗伪保长余树有，伪保代表何象仔。这些人都或多或少送了些米、油、鱼、肉、布及日用品等给游击队，花厅杨志楼还给游击队送了些子弹、军号等，鸡爪岗余树有还为游击队传递情报的。如 1947 年秋，廿四都自卫队来大东坑围攻游击队，由于余树有头一天把消息告诉了游击队，游击队及时转移，自卫队扑了个空。

5. 镇压了坏人。花厅的叶敏仔是个特务，由杨志楼派来，假惺惺给游击队送粮钱。来时，他经常向我打听游击队情况，我把此事告诉了杨石、杨金生同志。他们就想了一个办法，搜出叶的特务证后，把他镇压了。花台的熊老积，起初也为游击队买过米，后来，搞两面派，署名游击队去抢人家的东西，对群众敲诈勒索，也被游击队处决了。

6. 关心人民生活疾苦，保护群众利益。1943 年后，我们家那一带经常有土匪②来抢老百姓的东西。有一次，土匪叶女家一伙到我家来把猪也杀去了，米粮抢劫一空，并且用绳子捆绑我、打我。我把这情况告诉了杨石同志，他听后火冒三丈，说：今后你如发现土匪，立即告诉我，我去收拾他们。不多久，他亲自找到当时在铜钹山一带打家劫舍的土匪头子老七老

---

① 十八子，指土匪头子李志海。

② 这些土匪是指铜钹山当地一些占山为王的小土匪，比如叶女家股匪、老七股匪、老八股匪。

八，警告他们说："凡是游击队活动的地方，不要乱来，如果乱来，就对你们不客气。"从此以后，我们那一带就没有土匪干扰了。

7. 秘密建立党组织。从 1944 年起，我们广丰这边，由杨石同志或者由杨石同志委托杨金生、何荣贵、张才生等同志先后发展了 17 名党员，建立了 3 个党支部。我记得：大东坑一个党支部，支书是我，党员郑老六、陈狗闾；鸡爪岗一个党支部，负责人是吴运六，党员有六七个，其中有个是吴亨茂；鹅公坑一个党支部，党员有毛兰英、毛存才、老吃宜、毛存源等。

（根据郑老毛口述整理。郑老毛系崇安岚谷乡樟树村支书，已退休。）

（录自中共广丰县委党史资料征集办公室编：《中共广丰党史资料》，1990 年，第 104—108 页）

我所知道的武夷支队

宣金堂

1946 年，我在建松政特委任支队指导员。这年 2 月，中共闽北特委书记王文波去参加福建省委在古田县山中召开的会议后回闽北，他带了一个警卫员杨金生，省委指派我带个分队负责护送特委书记王文波回闽北特委机关。我带的分队只有 20 多人，分队长罗天喜。我们把王文波护送到崇安县武夷山吴家畲（闽北特委机关所在地），休息了一天，第二天上午闽北特委把由程胜福同志带的一个班（有 20 人左右），合并成立了闽北游击中队，共有指战员五十来人。特委书记找我谈话说，根据革命工作需要，省委决定将你调来闽北特委机关工作，现我任命你为我们闽北人民游击中队指导员，罗天喜任中队长，下设 2 个分队，第 1 分队长苏火金；第 2 分队长吴木金。

在这一年五六月间，王文波同志又对我说，浦城坪洋村人民群众好，有一条公路，我们特委派你带领 5 个人去那一条公路两旁发动群众，建立党组织，开辟新区工作。从此我们在那条公路旁做了半年多工作，建立了 3 个党支部、1 个秘密交通站，还成立了农会组织。大约在第二年夏初，闽北特委机关也由崇安县齐白山中搬移到浦城县坪洋村后背山上搭茅棚住。因为特委机关对门山有敌军守公路碉堡，我们在那里只住了两三个月，又移到建松政特委管辖的浦南特区。闽北特委为解决革命战争经费，经研究，准备派出游击队去浦城县石陂镇附近公路上打国民党的汽车。特委指派游击队分队长吴木金先去侦察地形，结果被国民党抓去了。因敌人利用金钱美女引诱，分队长吴木金终于叛变了。因此，特委机关和游击队又从浦南特区北坑村后背山中转移到江西上饶县封禁山中搭棚住。在转移过程中，我左脚背上不幸被毒蛇咬伤。特委机关和游击队在一家山棚中（群众家里）住了两晚，这大概是 1947 年农历九月间的事。我被蛇咬伤后，由于患小肠疝气病，身体较差，特委书记王文波把我留在身边，帮助特委机关写一些游击队教材，还兼任特委机关党总支书记。以后，游击中队指导员职务由杨石同志接任。在这年（1947 年）10 月底，我身体刚好一点，特委书记王文波同志叫我去上饶县禹溪村一带发展党的组织（这时特委机关已移到燕子坳），他把已经掌握好的一些材料和名单交给我，指定我到禹溪村找姚元生，并由姚带我去串连，发展了彭喜文、彭喜春两夫妻、苏金珠（姚元生老婆）、吴惠相、姚元生等 6 名党员，都由我当入党介绍人，成立了 1 个中共支部。当时，我指定姚元生为党支部书记。过了 1 个多月后，党的工作发展到毛楼、枫树底、船坑一带，特委书记王文波命我去成立中共禹溪区委，指定姚元生任中共禹溪区委书记。中共禹溪区委隶属闽北特委。

1948 年 2 月间，中队长罗天喜在战斗中不幸牺牲，我们北游击队中队长已由杨金生接任。下设了 3 个分队，1 分队长翁赫贵；2 分队长×××；3 分队长游老杨，全中队共有 70 人枪。

我记得 1948 年元旦，特委在禹溪兰家坪同当地群众一起过元旦，并请当地老百姓同吃元旦饭，演了革命现代戏。元旦过后，特委机关便搬移到上饶县封禁山花台村去了，只留程胜福同志带领 20 多人在禹溪坚持工作，并负责照顾 4 个女同志。

同年 4 月间，闽北特委决定成立中共上（饶）广（丰）县委，杨石任县委书记兼游击中队指导员，杨金生任组织部长，黄知琛我记得他是上广县委建团指导员，并参加中共上广县委，相当于现在共青团县委书记。

这年（1948 年）农历十月，我们中国人民解放军在各地战场上打了很多大胜仗，捷报频传。当时广丰县内有一批青帮①，其头子名叫十八子（李志海）、雷雷滚（夏修兴）、横端（潘求丰）、白毛（徐好伦）。为了扩大革命力量，争取和团结大多数中国人，特委书记王文波指派我和杨文中（杨

---

① 青帮即土匪李志海、潘求丰等股匪。

石）去争取广丰县这股青帮分子的武装，改编成为我们人民游击队武装。我和杨文中在广丰县鸡爪岗村庙里和他们4个青帮头子接头谈判。我们运用旧中国喝鸡血酒的方式同他们4位头子结拜兄弟，具体做法是点香烧纸，点红烛，双脚跪在该庙菩萨面前对天盟誓。誓词大意是：今天我们6人结拜为兄弟，有福同享，有祸同当，今后哪个有背叛兄弟之意，应该刀杀头，炮子穿心，不得好死……誓毕，开始谈判，我们代表闽北人民游击队，向他们4人宣传我们共产党的政策，人民解放军"三大纪律"和"八项注意"，要他们爱护人民群众，接受我们共产党的领导，不抢穷苦人民的东西，更不能强奸妇女，乱杀穷人。第二次又在鸡爪岗谈判，内容是：队伍收编为游击队后，一切人员经过游击队教育训练，并在他们队伍中挑选了年龄较轻、为逃避国民党反动政府抓壮丁的人，参加青帮队伍不到3年、家庭成分好的人，共有30多人，放在革命根据地封禁山区金竹坑山中训练，我是这个训练班总的领导人，他们4个青帮头子任训练班见习教练。训练的主要内容和教材是：第一，讲人民游击队是人民子弟兵，要爱护人民；第二，讲我们人民解放军"三大纪律""八项注意"。军事上也讲了一些，但不是主要的。训练时间有20多天，然后把他们分别编入游击中队里各班当战士。他们4个头子，也给了一定的头衔——闽北军分区游击队司令部见习参谋。

1948年冬，闽北特委在封禁山花台村研究决定：将闽北人民游击中队改称为武夷山人民游击支队。当时我在闽北军分区，游击司令部司令员王文波曾告诉我说，如要对外发传单、写布告，署名都可用武夷山人民游击支队名义。

1949年5月3日，中国人民解放军二野五兵团解放了上饶县城，我们闽北特委书记兼闽北游击军分区司令员王文波先来上饶县和二野五兵团胜利会师了。

大约5月7日，我带了几名游击队员来上饶县城，向王文波同志汇报国民党上饶县花厅接收杨志楼武装情况，并成立了上饶县人民政府花厅区，由共产党员朱礼荣任区长，杨志楼任副区长（原国民党花厅乡乡长）。

在花厅区还接受了国民党上饶县县长罗炳超投降（因罗逃在花厅里面的大山上），收缴了 8 支驳壳枪和一颗伪上饶县政府铜印。上饶县城解放这天，我和花厅区长朱礼荣同志带领花厅区区队战士 50 余人，到上饶县四十八都接收伪自卫队武装。这天下午，群众对我们说，国民党铁路警一个团驻在上芦坂村。于是我立即带了三四个战士黑夜赶到上饶县城报告解放军，请他们出兵去歼灭，当我们走到上饶县城水南街，碰到解放军警戒哨，命令我们后退 100 步，把枪放下后，由一个营长接见我们，说明缘由以后，受到解放军热情招待。当时，住宿在他们营部里，次日早晨，由营长带我去见五兵团司令员杨勇同志。杨司令员笑着说：明天我派两三人先向他们宣传，由他们自己出来缴械投诚就是了。后来据我了解，我人民解放军一枪未发，铁路警团就被二野解放军争取过来了。

会师时，我们闽北游击队有 100 多人，由王文波带领去福建省建阳专区，王文波任建阳专署专员。杨石、何荣贵和林清良等同志到广丰县收编了一些青帮武装和自卫总队第四中队段思坚的起义队伍，组建成立了独立团，由杨石任团政委，何荣贵任政治处主任，林清良任警卫连长，后改编为广丰县大队，杨石任县委委员、县大队政委。杨金生带了七八十名游击队员配合解放军解放崇安县城，担任崇安县人民政府县长。我和战友夏润珍、黄知琛留在赣东北区党委，由赣东北区党委分配我去任弋阳县副县长、县委委员；夏润珍任贵溪地委民运部长兼贵溪县委书记，黄知琛任横峰县委青年部长。

1989 年 4 月 29 日

（录自中共广丰县委党史资料征集办公室编：《中共广丰党史资料》，1990 年，第 109—114 页）

闽北游击队在上广一带的活动（节录）

程胜福

从 1947 年起，闽北地委根据"背靠福建，面向江西"的发展方针，开辟江西工作。于 1947 年 2 月，决定成立闽北游击纵队，王文波任司令，我任副司令。闽北游击纵队下设 1 个中队，两个分队。中队长罗天喜，指导员宣金堂，1 分队长苏火金，2 分队长吴木金。纵队一成立，就决定分兵 3 路，我带一部分人到上饶地区活动，任务有二：一是策动上饶自卫队兵变；二是恢复老区工作。兵变工作本来是可以成功的，后因特务破坏，未成功。恢复毛楼、禹溪、船坑一带老区的工作，开始开展不起来，主要是群众害怕当地伪保长和特务，不敢多接近我们。我们了解情况后，经研究确定，先镇压反革命分子，后发动群众，再开展工作。反革命分子被镇压后，群众很快发动起来了，禹溪村建立了党组织，先后发展党员 20 多人，支部书记是彭喜文。先后组织了农民协会、青年团、民兵等群众组织。民兵先后发给步枪 20 余支，建了乡村政权。禹溪成为我们公开的根据地。地委从 1947 年起搬到禹溪，直到解放。这期间，宣金堂带一部分人到浦城搞伐木工人暴动，未成功。王文波带领主力打崇安洋庄乡公所，镇压了伪乡长，烧了乡公所，消灭敌人 1 个分队，缴枪 10 余支。后来又到桐木关的三港，抓到 1 个美国佬，缴到 1 架收音机和许多西药，后转移到邵武的上坪村，镇压了 1 个恶霸。

1947 年 5 月，我们都回到了崇安吴家齐。地委研究打坑口炮台，决定由我和罗天喜、杨金生带部队去打。我们化装成挑担做生意的人，利用地下关系，乘敌人开饭之机，冲进坑口炮台，歼敌 1 个分队，缴枪 20 余支，俘敌分队长 1 人，对其他俘虏，愿参加我们队伍的就留下，愿回家的，发给路费。留下的一部分，加上当地青年自动报名参加我们队伍的共有 10 多人。这次还镇压了 1 个叛徒。此时，我们队伍已发展到 80 余人，编为 3 个分队，1 分队长苏火金，2 分队长吴木金，3 分队长游老杨。打下坑口炮台后，部队由罗天喜带去浦城。10 月，队伍由浦城回到上饶县禹溪集中，庆祝苏联十月革命节。之后队伍由罗天喜中队长带去浦城、松溪、政和，执行新的任务。到 1948 年初，部队准备回禹溪，因走漏消息，路经田坑村遭敌人伏击，分队长苏火金当场牺牲，罗天喜同志脚负重伤，抬回来就牺牲了。在苏罗等人出事之前，我带了警卫班的几位同志去接他们，在齐白等了两天，没有接到，就知道可能出事了。罗牺牲后，中队长由杨金生同志接任，指导员杨石，1 分队长游老杨，2 分队长余立岱，指导员吴日富，3 分队长程仁义。我们在禹溪村过农历年，封禁山的群众还派代表参加，我们还演了戏给群众看。

1948 年春，王文波生病时，我们都住在禹溪。群众自动为我们放哨，购买生活用品，妇女还替游击队洗补衣服等。毛楼、禹溪这个地区的工作，已发展到圣塘庙、七树坪、里湾、外湾、金钟山一带。

1948 年春，叛徒带敌人来打我们，但由于我们已在事先转移到上饶与崇安交界的焦岭关火烧坑，没有遭到敌人的进攻。在此，住了 20 多天，刚把棚搭好，又叛变了 1 个战士（也是坑口人），我们又立即转移。叛徒带敌人来进攻，结果又扑了个空。

1948 年上半年，中队长杨金生、指导员杨石带部分队伍在封禁山开展工作，党组织发展到花厅、铁山、广丰一带，建立了上广县委，县委书记是杨石，团县委书记黄知琛（兼花台区委书记，据他自己说是宣传部长）。当时工作开展比较好的地区有：江西上饶的五府岗地区、封禁山地区；崇安有坑口地区、齐白山地区、桐木关地区；浦城有青山岗地区、平阳地区和北坑村；光泽有铃龙和司园村；邵武有大山地区和大际村；顺昌（建阳）有西门丁厝。

下半年，形势发展很快，我们每到一处，就召开群众大会，宣传当时的大好形势，说明国民党一定要失败，革命一定会胜利。在军事上，我们主动进攻，积极打击敌人。我带一警卫班配合禹溪民兵，打崇安黄土岭炮台，俘敌班长 1 人，缴枪 8 支；打铅山平阳炮台，俘敌 1 个班，缴枪 6 支。伪班长自愿留下参加我们的队伍，其余的发给路费回家。还打垮铅山伪英将乡公所自卫队，活捉 2 人，缴枪 2 支，杨金生在上广地区打黄坑桥伪乡公所，缴枪 10 多支，在鸡爪岗配合群众打击自卫队，缴枪 10 多支，放走了壮丁。

1948 年春节后，王文波和我研究，他去封禁队伍，并把那一带青帮①武装争取过来。后王文波来信说，那一批青帮经过做工作，4 个头头经过训练后，接受我们的领导，叫他们回去发展力量，打击反动派。两个多月后，队伍已发展到近千人。王文波同志派杨石和林清良等一部分同志，带领队伍解放广丰县。过了几天，解放大军到了，就把这批青帮武装交给解放大军。

4 月，我人民解放军渡过长江，解放江南地区。国民党匪军大败。匪交通警一部分逃窜到毛楼、禹溪，沿途抢劫群众财物，强奸妇女，群众恨之入骨。我带警卫班 3 个同志配合禹溪民兵，打匪警队，12 人，缴卡宾枪和冲锋枪 12 支，其中包括两支"三八"步枪。

5 月上旬，上饶解放，闽北地委书记、闽北游击纵队司令王文波同志，带了数十人到上饶县与二野大军会师。闽北游击纵队 100 多人，除留一部分在江西外，一个分队随杨金生带解放大军一个团由绵羊关进崇安；一个分队随程仁义和吴日富带解放军一个团由寮竹关进崇安，队伍到达崇安数天后，省委机关和部队及王文波同志也到崇安，省委曾镜冰和王文波乘船到建瓯军管会，我和省委队伍也到建瓯军管会。

（程胜福当年是闽北地委委员，离休时是建阳地区副专员，已故。）

（录自中共广丰县委党史资料征集办公室编：《中共广丰党史资料》，1990 年，第 115—118 页）

---

① 青帮即李志海、潘求丰等股匪。

杨石和武夷支队

杨焕藩

我解放前一直在上海读书，仅仅是解放前夕与解放初期对杨石烈士的英勇事迹了解一二。现就记忆零零碎碎地提供下列线索供参考。

1. 这支游击纵队的全称叫：闽浙赣人民游击纵队武夷支队。杨石烈士的直接领导人是王文波，王的领导人是曾镜冰（解放初期任福建省委书记）。

2. 据烈士生前告诉我，游击队从闽北出来的任务是 16 个字，即发动群众、组织武装、占领城市、响应前方。

3. 经游击队多次策反，1949 年 4 月初，伪广丰县政府自卫队一个中队，由中队长段 × × 带领弃暗投明。该中队有人枪 80 余，接洽地点在湖里村一个小庙里。该小庙即闽北出来的 80 多名游击战士的住处。谈妥后，为了安全，避免出现反复，命该中队仍住原址待命。

4. 经多次策反，广丰县伪县长李尊邑眼看大势已去，曾亲自书写一信派人送来向游击队投降。这封信原在我身边。接到你们 3 月 5 日的来信后，我曾多次找，可惜至今没找到。日后如找到，当专函寄上。此信内容，据记忆主要有 3 点：①李已下令伪县府所属武装部队不得抵抗，听候游击队解放县城并且接管；②欢迎游击队向城移动，进城后的治安工作由游击队负责；③游击队所需的粮食、给养等由他们解决。这封信实际上是投降书，是 1949 年 4 月初，在湖里村时收到的。

5. 广丰是 1949 年 5 月解放的，当时解放县城的部队是二野 51 师。游击队曾多次派人去上饶及更远点的地方迎接。

6. 二野 51 师政治部主任是田平同志。田同志曾给游击队一信，纠正游击队进城出的布告里某些不合党的政策的文句等。这封信原在我身边，可惜至今也未找到。

7. 杨石烈士是在湖里村收到信,才决定来县城的。与他同到东门外一小庙的有何荣贵及烈士的爱人等。杨石来到县城时,曾带来广丰县人民政府大印。以后,据说广丰不属闽北,属赣东北行署,所以该印章就未使用。

8. 广丰解放后,部队即筹组军管会。杨石烈士是军管会成员,任务分工是接收伪政府武装、剿匪。当时我大军南下急需军粮,所以游击队也派人协助征粮。

9. 当时二野 51 师政治部需要吸收一些小知识分子参军,游击队协助找来一些人,共 20 人左右,都是十七八岁的中学生,每人填一张表,是杨石同志与我一起在一次去田平同志处时交给田平同志收的。

10. 杨石烈士当时对李志海①、潘求丰②等人是存有戒心的,这在与我同去一处路上隐约可见。

不少事在我的记忆中已经模糊,今后回想起来,再作补充。

（录自中共广丰县委党史资料征集办公室编:《中共广丰党史资料》,1990 年,第 120—122 页）

---

① 李志海,即广丰土匪头子,外号"十八子"。
② 潘求丰,即广丰土匪头子,外号"横端"。

谈闽北游击队在封禁山的活动

朱礼荣

1942 年上半年，闽北游击队总队司令陈古老（陈贵芳）带领了 60 多个游击队员从我家门口经过，并进入我家向大家宣传革命道理。当天晚上，叫我带领他们去抓土豪，国民党的兵就追来了。从此，我就开始与游击队取得了联系，经常替他们带路、探消息，活动在广丰与上饶交界一带。干了 8 个月以后，被国民党政府发现，将我提去坐牢 4 个月，以后逃跑出来跟人家学做棺材。

1943 年 3 月间，碰到程胜福、杨文中、徐福祠等同志，到我们那里买米，我替他们买了 3000 多斤米。他们还在我们那里召开了一个会，于是我又与游击队联系上了。以后我经常替游击队采购粮食和其他生活用品。1944年，我到盘岭采购物品，碰到郑老毛，他对广丰盘岭一带情况很熟悉，于是我俩就带杨金生到柴狗洋、悟道尖底一带做秘密工作。当时，杨金生同志带领一个游击分队驻扎在师公岗、鸡爪岗一带。广丰的群众非常好，竭力支持我们，替我们打听敌情，自己吃番薯，把大米卖给游击队吃。为了不让敌人发现，他们将粮食放在粪箕底下，上面用一层牛粪盖着装作送肥下田，把粮食挑送给游击队。没过多长时间，我们就在这一带发展了五六个党员，7 个团员，积极分子也多了，这样我们的活动也就更顺利了，群众经常提供消息，向我们报告土匪情况，我们还在坳头庙里三四户人家的地方建立了一个通讯组，给我们带路、送情报。郑老毛的贡献很大，当时广丰方面的工作什么都靠郑老毛，他以后担任了大东坑党支部书记。以后，广丰方面的工作就由何荣贵、张才生、郑老毛等人去做，我调到上饶那边去工作。

当时，广丰的青帮很多，有 4 个头子：即十八子（李志海）、雷雷滚（夏修兴）、白毛（徐好伦）、横端（潘求丰），他们的武器都很好，子弹很多，名义上是打土豪劣绅，实际上什么都干，奸淫掳掠，连拿得出三五担谷的中贫农都要分票给他们，群众被他们搞得非常苦，所以群众对他们十分仇恨。为了顺利地开展工作，后来我们还做了争取青帮的工作。1947年冬，我们第一次去悟道尖与青帮联系，想争取他们。他们有130多人，青帮头子之一纪老呆不相信我们共产党，说共产党与他们不相投。因此，他带了五六十名青帮走了，十八子、雷雷滚、白毛、横端等头子被我们争取过来了，归属游击队。我们向他们立了条约：拿不出300块银元以上的人，不准放条子，不准奸淫掳掠。当时，群众不了解我们的意图，对我们有怀疑，说我们这么好的游击队怎么会收纳这伙土匪。

农历1948年二月十二日，我们游击队打过一次黄坑桥，缴到敌人12支枪和一些手榴弹和子弹等，打死一名伪班长，捉了一些敌人；以后又打过一次花厅，缴了7条枪、抓来两个敌人，打死了杨志楼的弟弟。

为了利用青帮，1948年我们还将青帮头子叫来训练了半个月，由王文波司令员亲自给他们上政治课。在训练中，他们交待了全部历史。训练结束后，他们向王司令员作了保证，愿意听从闽北游击纵队司令部的领导。同时，还保证在1949年内，替游击队缴来500支枪。因而于1948年冬天，到沙田缴了敌保卫队的枪支。缴枪的情况是这样的：原来沙田地方驻扎了敌人保卫队一个排30多人，是专门剿我们游击队的。有一天下午，十八子等就带我和黄知琛等6人到那里去，当时，敌排长正在那里吃晚饭，十八子当即给了这排长一枪，把他打死了，我们就喝令敌人全部放下武器，敌兵就乖乖地把枪全部交给了我们。一检点，有长枪28支、木壳枪2支、轻机枪1挺。于是，我们花了4元钱，雇了两个士兵把枪挑了回来。

4个青帮头子通过训练暂时被我们利用了，但是他们的本性没有改，他们挂着闽北游击队的牌子，到处抢劫民财和强奸妇女，群众反映极坏。针对这种情况，我们对青帮连续开展了三四次整顿，先把一些坏的和惯匪出身的整顿出去，又由杨文中同志给他们做思想政治工作。

1946 年我加入了共产党。1948 年 2 月，封禁山成立了闽北游击纵队司令部，派我任上饶花厅区区委书记兼区长，但不以区长出面。花厅区有5 个委员，即：组织委员、宣传委员、文教委员、青年委员和区书。这时我们的工作就有些公开了，有好多人要求参加我们的队伍。不过我们要看情况才能吸收。1948 年底和 1949 年初，我们的队伍由原来的六七十人发展到 200 多人，组织民兵 300 多人。党支部发展到 17 个，团支部要少一些，其中广丰有三四个党支部，鸡爪岗、小峰、大东坑和坳头等一些地方都有党支部，具体党员数和姓名郑老毛都知道。

闽北游击纵队司令部驻扎在封禁山，司令员王文波、副司令员程胜福，下设 3 个中队：第 1 中队长杨文中；第 2 中队长杨金生；第 3 中队长何荣贵。当时第 1、2 中队都在上饶这边活动，3 中队在广丰那边活动。司令部的团委书记是黄知琛，兼第 3 中队指导员，司令部有个科长叫王忠华。

当时活动的范围很广，上饶的八保、九保和广丰的十三、十四、十五保都是我们的根据地。而且这几个地方的保长和上饶县铁山乡的乡长都被我们拉了过来，一时被我们所利用。在这范围以外，敌人活动很猖狂，广丰的敌人要数洋口的"三划"（匪首王其雨）[①] 最嚣张，我们几次想去收拾他都没有动手。

1946 年以后，我们改变了策略，抓到土豪不杀，只叫他们援助点款，打了条子给他们，允许在解放后抵交公粮。

1948 年至 1949 年间，有许多人要求见司令员，当时有些是土匪，不让他们接近。以后我们做了半年多的准备工作，才让他们到司令部去见了一次王司令员，王司令员向他们作了一个报告。

---

① 土匪头子王其雨及其手下股匪，共 120 余人枪，盘踞于洋口，常在河北、鹤山及广饶交界处活动。1949 年初，王其雨和柯国金、纪老呆、邱老芳、吴运潭等 300 多人枪，参加了国民党特务反动武装，成为政治土匪，充当反革命工具，于 1949 年 9 月至 10 月间，乘中国人民解放军二野部队和四野部队换防的间隙，攻打区乡人民政府，妄图颠覆新生的人民政权，活动甚为猖狂。后来，被人民政府所镇压、剿灭。

　　1949 年四月初（农历），解放军第二野战军张团长的队伍，解放了上饶和广丰县城，上饶是农历四月七日解放，广丰是农历四月八日解放。广丰解放后，这些青帮有的就随二野整编了，有的就叫他回家了。农历四月八日我正式到花厅任区委书记兼区长。程胜福同志去上饶县。为了利用敌人，还让枫岭伪自卫队长杨志楼担任副区长。四月初十（农历）杨文中同志到广丰县担任县委书记兼县大队大队长（后为县委副书记兼县大队政委）。同时，何荣贵和 4 个青帮头子也一起跟杨文中同志去广丰，十八子任县大队教导员，白毛为县大队参谋长，雷雷滚为连长，横端为管理员，他们的职务都是副的。当时，杨政委知道他们的本性没有改变，所以时刻都注意他们。

　　1949 年八九月间，趁我给王文波同志送行李去福建南平的空隙，上饶铁山区的杨志楼为首带领的区中队叛变了。9 月底，广丰县委书记杨文中同志在盘岭剿匪中不幸牺牲。

　　（本文系 1959 年 6 月 2 日访问记录整理。朱礼荣当时任崇安县红桥公社副书记，文中所说青帮即土匪）

　　（录自中共广丰县委党史资料征集办公室编：《中共广丰党史资料》，1990 年，第 99—103 页）

信江支队的建立及其历史作用

广丰县委党史办

在全国解放战争取得战略决战大捷的时候，为配合人民解放大军渡江作战，中共闽浙赣省委湘赣边工委（又称江西工委）东工委广丰城关临时支部，领导组建了中国人民解放军信江支队。现将这支武装的始末综述如下。

（一）

1948 年 10 月，中共广丰城关临时支部建立以后，根据当时敌我态势，国民党在军事、政治、经济上都临近全面崩溃，辽沈、淮海、平津三大战役先后取得了辉煌的胜利，人民解放军百万雄师渡江在即。因此，国民党正规军大都集中在前线，后方比较空虚。在军事上，广丰没有国民党的正规军驻防，只有毛鹤翔临时招募的一个保安独立第二营（后来扩建成团就开往本省樟树镇了），本县也只有一个民众自卫总队（习惯叫原名保警队，下设 4 个中队，兵力 400 多名），警察队、乡公所警卫班，乡保自卫队，以及地主恶霸的自卫枪支等地方武装 800 多人枪。另有土匪武装 3000 多人枪，分散在全县各乡村，中共城关临时支部根据当时的这一形势，认为在广丰开展游击武装斗争不仅确有必要，而且条件也具备。广丰地处闽浙赣三省交界，县境东南崇山峻岭，又曾是苏区，群众基础好，有光荣的革命传统，其次是国民党政府腐败，可用金钱买到官职，打入旧政权，控制旧武装，为我所用。在经过充分酝酿，统一了思想后，城关临时党支部提出了组建人民武装的方案。

（二）

1949 年 3 月，中共湘赣边工委（即江西工委）批准了城关临时党支部提出的开展武装斗争的方案，并任命俞祥春（雷雨）为司令员，祝怀才（李晖）、俞其炎（江浩）先后为政治委员，城关临时党支部迅速将组建信江支队的方案付诸实施，成立了由俞其炎、祝怀才、俞浴云、吴大机、俞祥春 5 人组成的武装委员会，负责抓武装筹建与武装斗争，地下党员除几名留县城继续隐蔽工作外，其余 30 多名被派往四乡"招兵买马"。采取的主要方法为"枪换肩"，即搞策反工作，秘密发动一批地方旧政权的武装起义投诚，其次是从国民党手中夺枪，收缴国民党败退下来的散兵游勇的武器和乡保、自卫队、地主恶霸的自卫武器，具体组织经过是：

直属中队：3 月，地下党用金钱买到鳌峰乡乡长一职，由党员俞玉琨出任，之后又充实王应元、叶善成、王友春 3 名党员协助，去控制鳌峰乡警卫班和自卫队，但因该乡自卫队头目顽固，策反未成，因此，在 4 月底的一天，从革命群众组织"义友会"的会员中挑选了 12 人与俞玉琨、王友春等里应外合，一举缴获了警卫班的枪支弹药，并于当晚赶到信江支队司令部驻地（王家村），编入信江支队直属中队，由俞玉琨任中队长，王应元、王友春任正副指导员。

第一大队：3 月初，周明祥、祝受尧两党员利用同学关系争取了国民党珠岭乡乡长余文椿，吸收余秘密参加革命，在周明祥、祝受尧两同志的协助下，余于 4 月 15 日早晨，指挥该乡自卫队 30 人枪举行起义，起义后编入信江支队第一大队，由余文椿任大队长，俞庆铨任大队政治委员，这个大队在向信江支队驻地进发途中，还收缴了柱石乡、杉溪乡两个伪乡公所的武器（32 支枪）和周义坞恶霸周衰辉、大山底吴家恶霸吴邦坤的自卫武器（16 支枪）。5 月初，五都地下党员韩金汉、杨贞良收编的五都商民自卫队等 38 人枪也编入了第一大队。

第二大队：由党员赵瑞家利用同学关系，争取国民党江西保安独立第二营副营长郑信能（又名郑信吾）率队起义，于 4 月 19 日从洋口驻地，拉出 27 支枪，加上途中缴获国民党败兵的卡宾枪 7 支和王家村的自卫队，合编为信江支队第二大队，支队任命郑信能为大队长，赵瑞家为大队政治委员。

第三大队：由党员赵瑞家利用宗族关系，争取桐畈乡伪乡公所民政干事赵伯安于4月底率队起义，拉出桐畈乡及各保武装70多人枪，编为信江支队第三大队，支队任命赵信安为大队长，赵瑞家为大队政治委员（兼）。

第四大队：由支队领导人俞祥春、俞其炎亲自负责筹建。

他们派党员王西堂、王渊源分别赴洋口、吴村开展具体筹建工作。王西堂（又名王鹄翔）被指派加入驻洋口的江西保安独立第二营任特务排长后，利用宗族关系，于5月初争取收编了该部连长（后升营长）王其雨 [①]（原国民党六乡联防队队长），他们还收缴了洋口镇公所和警察分局的枪支，总共有枪80多支。王渊源于4月23日受指派打入吴村乡乡公所后，积极开展策反工作，拉出伪乡公所自卫队17人枪起义。支队将这2支队伍合编为第四大队，由俞其炎、俞祥春分别兼任大队长和大队政治委员。

总之，信江支队是在较短的时间内，发展壮大起来的。从支队司令部成立时的30多人枪，到同二野会师时拥有450人、323支枪。这个数字不包括由党员张志学策反，原队长段思坚率领起义并编入闽北地下党领导的广丰独立团的自卫总队第四中队160多人枪，以及信江支队收编并转交给广丰独立团的王水碓公 [②]、杨贞华为首的300多人枪土匪武装。

------

① 据《广丰县志》（2005年4月出版）第676—677页记载，王其雨，又名三划，洋口人。王其雨曾与吴大荣、吴大升一起被"收编"，分别委以联防队长、自卫队长、侦缉队长等重任。这三人，白日为兵，夜间为匪，为害更烈，使"收编"之举成为泡影。王其雨"收编"后，仍然夜晚为匪，名声很坏。又据《赤岩翠竹红军魂——广丰革命故事选》（第57—60页）记载，王其雨股匪，120余人枪，盘于洋口，常在河北、鹤山及广饶交界处活动。

② 据《赤岩翠竹红军魂——广丰革命故事选》（第103—105页）记载，王水碓公即水碓公，是东南乡一股最大的土匪头子，真名王永师，桐畈乡下社村人。国民党保丁出身，1945年上山为匪，到1949年手下拥有100多人。1949年，与纪老呆、王华仔等土匪头子，带领手下人攻打过沙田区政府。当年10月下旬，被剿匪部队击毙。

（三）

信江支队成立后，司令部设桐畈王家村。在司令部的指挥下，这支队伍不时地袭击国民党正规军从前线溃退的残兵败将，这不仅从敌人的手里缴到了冲锋枪、卡宾枪、步枪60多支，用来充实自己的装备，而且也有效地制止了敌残兵败将在溃退沿途骚扰百姓的罪恶行径。例如：在吴村，由于信江支队的活动，震慑了敌人，4月24日，国民党军队溃退下来的一个团，到吴村宿营，在将开晚饭时，因找碗筷到处翻腾，偶然发现了信江支队的一张宣传资料，吓得嘴边的饭都不敢吃就逃跑了。还有一次在广浦路边的一个村庄，有一支国民党的败兵，看到信江支队的半截传单，立即报告他们的长官，这个胆小如鼠的长官吓得半截传单没有看完，立即吹哨集合，拔腿便逃。半截传单就为这个村庄的农民消除了一场灾难。其次是与土匪作斗争，广丰土匪之多，危害之大在闽浙赣毗邻地区是闻名的。他们神出鬼没在四乡八坞，打家劫舍，杀人放火，无恶不作。一次，有一伙土匪来到桐畈集镇，当地群众惊慌异常。但土匪一听这里有共产党的队伍，当即转移他处，当地群众便免遭了这场劫洗。信江支队第四大队在洋口也追歼了一小股土匪，生俘土匪18人，缴获步枪18支。

（四）

1949年5月5日，信江支队和其兄弟部队广丰独立团（又称武夷支队）同时向县城进发，配合解放大军二野五兵团17军的49和51师，未开一枪一炮，就解放了广丰县城。据查，在解放前夕，党领导的这两支地方人民游击武装，都曾向国民党当局发起过政治攻势，宣传了党的政策，迫使他们老实地向人民投降，争取宽大处理，所以，当解放大军要进城时，他们大开城门以示迎接，国民党县长，自卫总队队长等都老老实实向解放大军投降，县党部书记长吓跑了几天，就被争取回城了，敌伪档案、财产基本完好。

　　这两支人民游击武装与解放大军会师后，都接受了二野的整编，信江支队的整编结果是：从全支队中精选出 100 多名年轻力壮、觉悟较高，作风正派又志愿继续革命的指战员，组成一个连队，命名为"中国人民解放军广丰游击队"，任命俞祥春为队长，周明祥为政治指导员，下辖三个分队，然后在西门外巷村集训一周，迁驻县人民政府大院内，负责城防工作，当年 8 月初，全队调去上饶军分区编为警卫连。整编后的剩员，一部分自愿补员到二野大部队，一部分留下搞地方工作，还有一部分则自愿回家生产。信江支队的武器弹药全部交二野部队处理。

　　信江支队整编的广丰游击队以及搞地方工作的同志，在党和政府的领导下，积极开展配合接管旧政权、征借粮草支援前线、剿匪反霸①、动员参军参干等工作，其中许多地下党员和骨干分子还积极带头参加西进行列，历尽艰险，又为革命为人民作出了新贡献。

（王松柏执笔）

1989 年 5 月 8 日

　　（录自中共广丰县委党史资料征集办公室编：《中共广丰党史资料》，1990 年，第 184—189 页）

---

① 剿匪反霸，即全国解放前后在新解放区开展的大规模的肃清土匪、特务和反对恶霸地主的斗争。

解放后的兵事及匪首郭永槐的行踪

解放后重大的兵事活动是解放初期中共领导的剿匪斗争。

1949 年 4 月 21 日，人民解放军横渡长江，国民党败局已定。同月底，国民党衢州绥靖公署情报科长陈达甯到境内，策划制定潜伏方案，配合国民党将来反攻（简称"应变"计划）。5 月 5 日，县长应泽和国民党县党部书记长章复心主持召开"应变"会议，决定在永兴乡设立临时县政府，由应泽、章复心分别担任反共正副总指挥，下设机要、谍报、事务、补给、财务、文书、交际、审核、军事、侦察等 10 个组和 5 个游击大队，以及运输队和救护队。5 月 10 日，陈达甯到境内召开紧急"应变"会。决定改组县自卫常备大队为"闽浙赣边区民众自卫总队"，下辖 4 个纵队，应泽兼总队长，军事科长李斐然，商会长詹仰孟（又名詹大头）为副总队长，警察局长孙文杰为总参谋长，县政府秘书齐成章为秘书长，军统特务、特种会报秘书季资柔为机要室秘书，警察局督察长马亦骏为副官长。拟定一、二、三、四纵队分别在东区（富岭）、北区（忠信）、南区（石陂）、西区（永兴）一带活动，布置军统浦城谍报组上校组长叶实棠和县侦缉队队长郭永槐等 20 余人潜伏城区，组成"浦城临时治安维持会"，伪装进步，收集情报，伺机里应外合，配合国民党军队反攻。

5 月 13 日，人民解放军解放浦城。月底，潜伏城区的"浦城县临时治安维持会"阴谋败露，郭永槐潜逃，其余人员全部落网。郭永槐潜到农村网罗匪徒，组织一支 20 余人的武装队伍在下沙一带活动；詹仰孟在忠信组织一支 20 余人的武装队伍，到九牧中垄一带活动；国民党散居各区乡坚持反动立场与人民为敌的军政人员、反动会道门骨干分子和恶霸、地主、流氓地痞相勾结组成土匪，盘踞各乡活动，至 6 月上旬，全县共有土匪 10 股 800 余人。他们还在全县各地建立情报网、联络站。

6月中旬，郭永槐派人到江西省广丰县，勾结当地土匪，攻打广丰县的沙田、鳌峰新建立的乡公所，分得枪13支。7月，浦城匪首和浙江省江山县、遂昌县的匪首，在遂昌召开"三县联防会议"，制订"联合反共"的协议。随后郭永槐与詹仰孟确定"行动方案"，起草《章程》和《布告》。把全县各股土匪统一编组，称为"闽浙赣边区民众自卫总队"，郭自任总队长，詹仰孟、王德有任副总队长，总队下设参谋、军需、副官、秘书、政工等5个办公室和特务、警卫、行动及东南西北乡各1个大队共7个大队。每个大队下设3个中队，共600多人，有轻重机枪、卡宾枪、冲锋枪、短枪、步枪等各种枪支共400余支。他们频繁出动，危害四方；8月，在忠信同凹背伏击民兵，致使民兵牺牲1人，重伤5人，被抢去步枪1支；9月，袭击富岭乡公所；10月6日，攻打观前区公所，杀害民兵1人，抢去步枪3支；仙阳区干队民兵6人被策动上山为匪；10月中旬，郭永槐在水北设立"募捐委员会"，自封主任，詹仰孟为副主任，将新兴、洋溪、古楼、九牧、棠秀、毕岭、忠信、游村、溪南等乡划为募粮区，规定每亩征收大米40公斤，把水兴、招贤、枫溪、山下等乡划为募钱区，规定各乡征收银元的数额；11月，詹仰孟纠集150余人埋伏在忠信临峰亭伏击县武装剿匪部队，致使县大队战士、公安队、民兵伤亡10余人；12月，杀害解放军在古楼里山征粮的3名战士。

1949年5月至1950年底，各股土匪杀害干部群众157人，绑架452人次，抢劫枪支38支、子弹2000余发，抢杀耕牛30余头、猪204头；抢劫国家粮库9次，计大米100余吨；砍电话线杆53根，毁线2250米，抢去电话机9台；袭击公路汽车13次；强奸、轮奸妇女60余人，烧毁民房50余间，桥梁2座；勒索银元300块、黄金1250克、"募捐"粮食10余吨。

1949年冬，人民解放军第七十师奉令进军闽北剿匪，于12月27日派二五二团进驻浦城，成立"浦城县剿匪指挥部"，由县长秦尚武任总指挥，团长江涌、县大队队长陈志钧任副总指挥，中共浦城县委书记刘健任政委，各区成立剿匪指挥小组，由解放军、县大队、民兵、公安人员组成一支强大的剿匪队伍,根据"军事清剿、政治瓦解、发动群众"的方针,执行"首恶必办、胁从不问、立功赎罪、立大功受奖"和"镇压与宽大相结合"的政策,对境内的土匪进行全面清剿。1950年1月,在前洋击溃匪第一大队,在海溪击溃匪第三大队,在溪南击溃匪行动大队等。2月,在山下击溃匪第四大队,在古楼大路村击溃匪特务大队,在柘溪击溃匪警卫大队等。自剿匪至此,共击毙匪首5人,俘获匪副总队长王德有、匪秘书室主任季资柔,青帮头目陶仙、张先进等匪首46名,俘获匪徒400余人。经过发动群众,政策攻心,并对在押土匪进行政策教育,先后有17人写信,并通过其他关系,劝说匪首下山自首。在强大的剿匪部队震慑下,匪副总队长詹仰孟等17名匪首率领所部200余人到公安机关登记自首,境内各股土匪大多被击溃,匪首、匪徒大多被抓获或自首。同年2月3日,大规模进剿土匪工作基本结束,3月底,解放军部队奉令调离。残匪由公安队、县大队、民兵继续清剿。

同年4月,潜逃匪首郭永槐窜到松溪县,与松溪、水吉、浙江庆元等县匪勾结,建立四县联合组织,成立"闽浙边区民众自卫总队",郭永槐任总队长,下辖5个大队,共100多人,95支枪,活动在四县边境。4月16日,郭永槐等残匪窜入水北金竹坑,将匪组织改名为"国防部青年救国团闽浙赣总队",煽动已自首土匪再次上山为匪,并派匪徒潜入水北,策动水北、渡头两乡民兵17人携枪上山为匪。5月13日,彭仲铬股匪40多人再次攻打山下乡公所,匪患又猖獗一时。

6月,浦城、松溪、水吉三县组织县大队、公安队民兵联合清剿。23日,击溃匪第二大队,抓获匪大队附1人,俘匪徒41人。匪大队长袁志坤与另一匪首率所部共40余人下山自首。26日,溪南、登俊民兵、群众共100余人,追捕匪首周泽生,经过两天搜山,在关山口抓获。9月,彭仲铬股匪被抓获,匪首被击毙。10月25日凌晨,江德美股匪10人及大刀会40多人攻打水北乡公所,杀害解放军2人、民兵1人,剿匪队伍获悉赶去追捕,击毙大刀会坛主,俘会徒11人。至年底,各股土匪除郭永槐潜逃外,余皆抓获。

自 1949 年 5 月至 1951 年 1 月，经过军事清剿和分化瓦解，共击毙、俘获和自首土匪 800 余人，缴获轻重机枪 3 挺、步枪 363 支、卡宾枪 5 支、短枪 101 支、手榴弹 1050 枚、子弹 1 万多发。至 1951 年 1 月，境内匪患基本肃清。

注：郭永槐是土匪攻打广丰沙田区政府的策划者与参与者。后文"众说剿匪"章节里叙述过郭永槐参与攻打沙田区政府之事。

（录自蒋仁主编：《浦城县志》，中华书局，1994 年，第 945 页）

中国人民解放军470团命令

1950年3月30日于广丰本部

根据剿匪指示，为明确剿匪工作，完成剿匪任务，因部队要地方化，由部队变为地方武工队，特命令公布之：

一、组织问题

大南区武工队，3个班，25人，队长李龙；

排山区武工队，3个班，25人，队长胡兴宝；

杉溪区武工队，3个班，25人，队长李光亮；

七都区武工队，4个班，30人，队长李鹤林；

沙田区武工队，3个班，25人，队长唐兴禄。

为统一指挥领导起见，特决定各武工队长一律参加区委。驻排山之县大队连长参加天桂区委，驻双桥之县大队参加杉溪区委。

二、领导关系

470团各营对武工队在思想上、行政管理上、生活上有领导责任。除此之外，在工作上、指挥上由各区委负责领导，总的统一于团、县领导指挥。各区委书记兼任各区武工队指导员。

三、任务

各区武工队负责消灭各区所有之股匪、散匪，并发动群众挖匪根，要求在4月底将境内土匪肃清。

大南区武工队负责消灭叶化龙股匪；天桂区武工队负责消灭管村所有散匪；排山县大队协助吴村区武工队负责消灭狗吹子及天桂、吴村所有散匪，配合双桥县大队负责消灭周绵富、刘盘崽、朱老伍等。

杉溪区武工队、县大队负责消灭周绵富、刘盘崽、朱老伍、于老一等匪；七都武工队负责消灭柯国金、周绵富、小吕等匪；沙田区武工队负责消灭华仔；吉岩区武工队负责消灭郑老鸭子及11保保长王某。

11连抽一个排为机动排，于四十二都边沿活动，负责剿除县境边沿的股匪及散匪，并负责消灭周绵富。

5连抽一个排为机动排，于二渡关一带活动，负责清剿边沿股匪与散匪，并要专门负责消灭纪老呆股匪……

各剿匪部队10天内向团部汇报一次剿匪经验教训及报告各区域土匪活动……发生特殊情况及时报告。

此令。

团长张庆诚　政委何郁亭

副团长张以诚　副政委白洁

（录自广丰县军事志编纂委员会编：《广丰县军事志》，2010年，第212页）

四、众说剿匪

（一）群众笔记

伏击战

刘世薰

  故事发生在江西省东北部的广丰县下坊区。1950年新中国成立还不满一年，五月间的时候，下坊区土改工作队男女队员30余人，被区公所安排到屏阳七工村执行土改工作，队部暂设在地主被没收的房子叫七工大屋中。土改工作是公开的，因而悍匪三划王其雨就发信邀请其狐朋狗党共同商讨密谋杀害工作组人员，缴获工作组十几支护身武器。由十八子李志海、纪老呆、大头新、大头雄、水碓公、白头公等十多伙匪首，合共约三百来匪兵计划在五月某日实施。十多伙匪兵总计三百余众，但对外号称五百人马及人手枪。土匪的计划被当地民兵获知，将这一情况向下坊区作了详细汇报。当时区长张吉诚考虑，根据动向，屏阳乡暂住的土改工作队有可能是匪兵进攻的目标。一、男女队员战斗经验不足。二、武装薄弱，弹药也不充足。三、对多达十倍的敌人，没有坚强的领导核心确难取得胜利。区公所举行了会议，详细讨论了对敌斗争的方法和策略，一致同意土匪的目标是进攻工作队的观点。

五月某日下坊区命令区中队王麻子队长带领二、三排战士约五时前开赴七工村。保障工作队人员安全，令一排战士镇守区公所维护安全。同时，与县大队取得联系。

五月某日拂晓，区中队战士在操场全副武装列队待令，张区长说：据可靠情报，今日土匪偷袭在屏阳的土改工作队，上级命令二排、三排战士用急行军速度，到屏阳帮助工作队，确保其人身安全，并待机歼灭匪兵。路上前方一定要派出尖兵，注意敌方伏击。到达后派人与屏阳乡取得联系，随时掌握敌情，不打盲目之战。

区中队一小时许跑完了十多华里，进入工作队驻地，派出侦察兵查明四周情况，作出战前安排及单兵伏击点。近十时许，匪兵进入屏阳工作队驻地附近相距三十余米，便大声喧哗。企图让工作队出逃，乘机杀人。但是所有战士在王队长指挥下各自坚守战位，任凭匪兵高叫。大屋内鸦雀无声，仿佛空无一人，匪兵见势不敢前进，在匪首的追迫下又向前推进了十米左右，在相距二十米时匪兵呈半圆形包围，近三百匪兵再也不敢前进一步，发出谩骂和恫吓的叫骂。双方就这样相持着。近午有两名匪兵匍匐到窗前侦探。只听乒乒二声夹着悲惨的哀号而被击毙了。战地又恢复了寂静，连叫骂声也减低了不少，

好在双方都没有机枪、冲锋枪之类的快速武器，只有一些中正造的长枪短枪，杀伤力都非常有限。这时匪兵传出广丰大兵已出发很快就能到达，因而匪兵部分开始溜之大吉，阵脚也开始松动，匪首见大势不妙，竟发起强攻。双方一时枪声大作，正式的战斗开始了。

这时我解放大军已秘密地进入了屏阳乡，听取乡长的汇报，作战前的筹备，突然听到枪声变化，唯恐工作队及区中队有失，因而向敌发动攻击。一时激昂的冲锋号声，冲杀之声响彻长空。匪兵大呼解放军来了，快逃！一时间匪兵遁逃而去，战士们漫山遍野追捕敌人。土匪仗着熟悉地形而逃脱，大部被捕入法网。

一场匪兵精心设置的围歼战，结果以匪兵大败匪首被擒而结束，又一

次证实人民是不可战胜的。螳臂当车注定了粉身碎骨的下场。

（刘世薰，现年 92 岁，广丰区政协文史馆馆员，曾经目睹过下坊区剿匪战斗。）

难忘的战斗

——记 1949 年 800 多名土匪围攻沙田区政府的保卫战

鲍德行

　　我于 1949 年 6 月参加赣东北革命干部学校上饶分校学习，毕业后，经广丰县委组织部分配到沙田区人民政府任区文书，年仅 19 岁，当时的区委书记王觉民、区长汪文仔系二野部队，我和他们工作不久，他们随军南下，进军大西南。前来接管的，系四野随军南下干部大队。到沙田区工作的有广丰县委民运部副部长王世新，区委副书记傅振寰，副区长崔宝山，区委委员沙俊峰、高凤洲，我仍然担任区文书。接管后，二野部队和地方干部全部南下，四野地方干部先到，大部队还在后面。就在这两军调接防空隙时间，我区仅有中国人民解放军广丰县大队沙田区中队和桐畈、岭底、吉岩、沙田 4 个乡中队 80 余人，加上区、乡干部 60 余人，共计 140 余人，长、短枪 160 多支。盘踞在沙田、桐畈、比古一带武装土匪，利令智昏，认为时机已到，在匪首郭永槐（国民党团长）、纪老呆、王华仔、王水碓公等人的周密部署和指挥下，首先，对沙田区政府所辖沙田、桐畈、岭底、吉岩等四个乡政府连续袭击。我方为了保存实力，将四个乡政府干部和乡中队战士先后撤退到沙田区政府驻地，集中兵力对付土匪的围攻。但土匪越来越猖狂，到处扬言："要攻打沙田区政府。"终于在 1949 年农历八月十一日早晨 5 时多，800 多名土匪携带机枪 5 挺，长短枪 600 多支，洋号几十支，向我沙田区政府和 4 个乡政府驻地发起猛烈总攻，这一天是我最难忘的一天，也是我参加革命后，经受最严峻考验的时刻。

　　战斗的头一天，即农历八月十日傍晚，太阳下山后，800 多名土匪陆续到达沙田街附近，首先，派一股土匪窜入沙田街、乡政府驻地周围埋伏，其余大股土匪实行全面包围整个沙田街，决定在 11 日早晨由埋伏在区、乡政府附近的土匪，采取摸杀的办法，摸一个，杀一个。妄想把我沙田区、乡干部和区、乡中队战士全部消灭掉。就在这天晚上半夜，区政府周围发出了几声枪声，我随王世新等同志外出巡逻一遍，未发生任何动静，仍返回驻地,直至 11 日早晨 5 时多，集中住在区政府的沙田乡十四村自卫队（民兵）十人背着枪回家铲豆草，刚走出区、乡政府联合守防的第一岗哨——沙田街寨门时，与伺机冲进来的土匪相遇，即发生战斗。当时，值班战士系沙田区中队班长赵清廉，他手负重伤，退回住地。当时一声枪响后，土匪认为是冲锋信号，枪弹齐发，号声四起，大股土匪嘶喊："冲啊、杀啊……"似乎大年初一放鞭炮一样，震响了整个沙田街及其周围。我当时系区政府值班干部，听到第一声枪响后，立即把区政府大门关上，急速跑到王世新等同志住房，连喊："报告，情况紧急，土匪冲向寨门！"他们正急忙挎好背包，走出房门，傅振寰同志连声叫我把大门关上，我回答说："大门已关上。"他们齐声说："好。"马上按分工上岗指挥战斗。崔宝山同志守区政府大门上大窗，对准沙田街寨门，这是土匪冲锋主道；王世新、傅振寰同志除巡逻指挥外，各守一道要口；沙俊峰、高凤洲、王世新三人到区政府菜园阵地作战。第一道要口由沙俊峰负责，对准正风小学，这也是土匪冲锋主道；第二道中间要口，由高凤洲负责，对准道路上冲过来的土匪；第三道要口，由王世新负责，对准沙田里冲上来的土匪。这时，我腰插二号木壳一支，肩背长枪一支，随傅振寰到区中队巡查，发现赵姓副排长仓皇带几个战士携枪往外逃了（该赵后上山为匪，土改时被枪决），傅振寰马上叫我把区中队大门关上，避免土匪冲进来，这是一条更为重要的通道。接着，我又返回菜园阵地，一方面"三步并两步"，飞奔来回，从区政府住房把子弹、手榴弹运往菜园阵地各战斗要口，以供作战需要；另一方面，帮助各要口用刺刀对准三合土围墙，挖了三个碗大的对外射击洞口，当时力气不知从哪里来的，仅用了 20 多分钟就完成了任务，这有利于当时还击向区政府冲锋的土匪。以后，土匪一次又一次发起进攻，经过十多次的进攻，均未冲进我区政府，反而在冲锋过程中被我方击毙土匪 11 名。这样，使震惊全沙田街的一片枪声逐步停下来，我方也停止射击。接着，我和傅振寰同志返回区中队作战重地，傅振寰同志与我交谈："土匪为什么突然停止进攻，一枪不发？"我说："上楼梯到窗口看一下底下的豆田。"果然有一个放牛小孩，我问他："土匪到哪里去了？"他回答说："土匪到谢子丹家里吃饭去了。"问清后，我向傅振寰提议："我们也开饭。"傅问我："吃什么？"我回答道："已叫炊事员做好，一个人两个饭馃。"他说好，我马上从厨房里拿来饭馃，一个个送往区政府四个战斗要口。直到上午10点多钟，土匪又再次发起进攻，但始终冲不进来，最后土匪就疯狂放火燃烧了沙田街二十多间商店，以及靠着各乡政府、乡中队的临时驻地营房。在熊熊烈火中，土匪乘机冲进营房，双方爆发生死存亡的枪战。而我区政府这边，稳如泰山，虽然土匪火烧房屋，多次冲杀，但都不能得逞。

待战斗至上午11点多钟时，我区政府仍然被土匪层层围住，电话线早已被土匪切断，与广丰县委失去联系：沙田两座浮桥昨晚被土匪拆掉，情况十分紧急。现在如何想方设法与广丰县委取得联系，以便派部队支援，这是个重大问题。区委会研究决定：动员前几日来区中队做炊事员的林孙盛携带密信一封，我用针线把信缝在林手袖里面，化装成叫花子（讨饭），戴破斗笠，穿破衣服，沿菜园围墙角爬出去，冒着危险渡过沙田河，直奔五都县大队基本连，把信送到基本连领导。刚好我沙田区人民政府财粮助理汤德润昨天到广丰县人民政府财政科领粮、钱，今天回沙田，走到石灰潭山岗时，看到沙田街火焰熊熊，一片浓烟，马上跑回五都基本连，报告沙田区被土匪围攻，与送信情况相符，速报县委韩礼和书记。韩书记接电后指令县大队丁副大队长，前往五都带领基本连赴沙田救援，部队开到石灰潭时，摆着五挺机枪对准沙田街射击，土匪听到连发机枪声，以为大部队已到，慌张向湖圹底方向（桐家畈）撤退。下午1点多钟，县大队基本连胜利到达沙田区。我们热泪盈眶，开大门迎接，双方高兴地相互握手高呼："我们胜利了！"

下午2点多钟，沙田区委召开"紧急会议"，决定：第一，人员安排问题，多数人暂时回家待命，等形势稳定，分批学习后继续就业工作。对在这次战斗中表现勇敢积极的区、乡干部、战士当中留下我和其他同志共 14 人，加上北来同志 5 人，共 19 人，继续战斗，保卫沙田区人民政府。第二，分配我对区乡干部、战士、民兵（在这次战斗中被土匪打死的，包括桐畈乡干部赵清狮、赵清兴、沙田乡十四村姓俞的民兵队长），想办法联系家属，做好安慰工作。对牺牲者，购买棺木给予安葬。有关善后事宜在沙田区人民政府迁回沙田区上班时再作处理。第三，在沙田当地雇请十名挑夫，把多余枪支、弹药、电话机以及其他物品，用箩筐装好，听候命令。总之，在这场生死存亡的战斗中，击毙土匪 11 名，打败了八百余名土匪的围攻，保护了沙田区、乡政府和沙田全区人民的生命财产安全。不幸的是，我方牺牲区乡干部、战士、民兵共 8 名，当场手负重伤的沙田区中队班长赵清廉和吉岩乡政府伙食管理员老肖同志被捕后，被土匪押解到桐家畈、后弄两个地方残酷杀害了，赵被毒打后，割腿肉塞嘴嚼后再枪决，肖在后弄地方挖一个深井被活埋致死。

直至下午 6 点多钟，县大队基本连奉命返回五都。我们 19 人背着长、短枪和手榴弹，带着十名农民、挑夫，随后赴五都。在五都（杉溪区政府）住了三天时间，急接广丰县委通知：我们 19 人分成两组，一组由傅振寰同志带领，我随傅书记一组，到吉岩乡配合解放军 470 团开展剿匪、反霸、减租减息运动；另一组由崔宝山同志带领到桐畈，配合解放军开展剿匪工作，全力以赴彻底清理干净，消灭罪恶累累的土匪恶霸！

（作者：鲍德行，副县级离休干部，现年 90 岁，曾于 1949 年 6 月—1950 年 3 月担任沙田区党委、政府文书，1950 年 3 月—1950 年 10 月担任沙田区党委组织干事，1950 年 10 月—1953 年 4 月在沙田区担任副区长，1951 年起主持工作。1949 年，鲍德行在沙田区担任党委、政府文书时，曾经亲眼见过土匪围攻沙田区政府，并与沙田区负责人一起参与土匪围攻沙田区政府保卫战。）

470团官兵在沙田剿匪

鲍德行

1949年秋、冬期间，解放军470团二营官兵在沙田区积极开展剿匪工作。

经过1949年农历八月十一日击败800多名土匪攻打沙田区政府的战斗后，沙田区留守19名人员，于当天下午撤退到杉溪区政府五都镇驻地待命，待到第三天，接县委通知：中国人民解放军第四野战军470团进驻广丰县城（团长张庆诚），下属二营（吴教导员、武营长）和五连驻沙田当地，六连驻吉岩乡（时任乡长沙俊峰）廿四都，七连驻桐畈乡溪头大屋。当时沙田区现有人员分成两组，一组由区委傅书记带领干部、战士速赴吉岩乡（我也随同前往），迎接从上饶火车站下火车的470团二营六连部队通宵急行军从上饶花厅到达廿四都吉岩乡政府，安排食宿，保障供给，配合部队，积极开展剿匪反霸、减租、减息运动。当时，盘踞在廿四都的土匪钟耀荣、占辉洲等股匪，纷纷缴枪投降，吉岩乡、盘岭乡等地的局势基本稳定下来，人民群众拍手欢迎。另一组由当时原沙田区副区长崔宝山任桐畈乡乡长（后接任沙田区区长李福仲）带领干部、战士，配合二营七连官兵，在二渡关、比古、河泉、王家村、桐家畈等地开展全面剿匪反霸，狠狠打击沙田与福建浦城县边界大股土匪。匪首王水碓公（桐畈乡下社村人），在解放军470团二营五、七连官兵全力围剿下，逼得无处可逃，于1949年农历年底隐藏在沙田区俞宅村地主俞佰泉房屋夹墙里，区政府和二营五连得知该消息后，五连官兵全部出动包围俞宅村，动员所有住户群众撤走到村子外面，集中火力对隐藏在夹墙里的匪首王水碓公进行围攻射击，最后被击毙在夹墙内，手里的枪支、弹药也被全部缴获。当时的参战干部、战士、群众拍手高呼：我们胜利了，消灭了罪大恶极的匪首王水碓公。同时，在此期间，在解放军470团张团长亲自指挥下，在区乡干部以及广大群众、民兵的支援配合下，二营三个连的官兵不怕牺牲，英勇战斗，经过一个多月的奋战，消灭了大股土匪，使沙田全区局势基本稳定下来，人民群众非常高兴。

（1949 年，鲍德行在沙田区政府工作时，曾跟随 470 团官兵在沙田剿过匪。）

刘天文搜寻剿匪烈士李秉功遗体

鲍德行

　　1950 年冬季，广丰沙田、吉岩、盘岭等区土改、镇压反革命运动进入高潮时，当时被关押在沙田区中队牢房里的罪大恶极匪首吴毛这，深知自己罪恶累累活不了多久就要枪决，在一个深夜里，他突然向时任沙田区中队副队长李秉功提出："我要立功赎罪，把埋藏在王家村大州进去乌石根（羊角石）山顶上的五挺机枪交给政府。"当时李秉功同志误听其骗计，即率领区中队六七名战士连夜赶往乌石根（羊角石），亲自把匪首吴毛这用绳紧绑，并用枪对准吴毛这的脑袋，防止脱逃，待到达乌石根（羊角石）山顶时，看到的是高岩绝壁、万丈深坑、树林丛生的险崖。匪首吴毛这用手指着山顶一块地，说："五挺机枪就在这里。"于是，战士们用锄头开挖，结果没有挖到。吴毛这见此，就胡说："我记错了，埋在那边（即对面的

李秉功之墓

悬崖下）。"李秉功当时担心吴毛这逃跑，就把绑系吴毛这的另一头绳子在自己手腕紧紧绕了几圈，使他与吴毛这连得紧紧的，吴毛这知道自己难以逃脱，走到悬崖边，纵身跳下崖，手里的绳子也把李秉功拖下悬崖。当时随同前往的区中队战士，看到这情景，急匆匆地奔下山，返回桐畈区中队，向时任区中队队长刘天文汇报。刘天文听取情况汇报后，立即带领中队战士，连夜奔赴羊角石方向，冲进森林茂盛的大山区，冒着生命危险赶到悬崖脚下，搜寻李秉功。当搜寻到已牺牲的李秉功遗体时，发现他全身骨碎，面目全非，有的战士见此，心里发怵。可是，刘天文见自己部下摔到悬崖下的这副面目全非的样子，长叹了一声，流下了几点泪水，随即，他勇敢地将李秉功的遗体从丛林里的悬崖尖石上背出来，一直背到山脚底路边，用车运回桐畈区中队驻地。后来，在土改指挥部和沙田区领导的指导下，他把李秉功遗体妥善安葬在桐畈后背山（三地旺），并立碑作为永远纪念。

（1950年，鲍德行在沙田区工作时，与刘天文是好朋友，对刘天文搜寻李秉功烈士遗体一事很熟悉。）

二哥刘孝丰剿匪二三事

刘孝行

1949 年 9 月，二哥刘孝丰被广丰县大队招收为新兵员，成为一名光荣的中国人民解放军战士，隶属第四野战军编制。县大队肩负着配合野战军剿匪反霸、镇压罪大恶极的反革命分子、保护人民政权的艰巨任务。大队长丁伟盛、政委杨石（在剿匪中被轮值战士误伤牺牲于十五都旱塘地方）。

解放初期，全县多股占山为王、各霸一方的土匪，经人民政府政治瓦解、策反、武装镇压，力量从而有所减少，但仍有不少穷凶极恶、阴险狡诈的惯匪继续负隅顽抗，与人民政府为敌，危害人民的生命财产安全。他们熟悉地理环境，藏于深山密林之中，或化整为零，装扮成老百姓与剿匪部队"捉迷藏""打游击战"。因此，尚属"娃娃兵"的二哥一边刻苦练武，一边与战友经常无分昼夜冒着生命危险英勇地围剿土匪。在排山，经斗智斗勇，活捉悍匪周益水，缴获勃朗宁手枪一支；另击毙土匪两名，缴获长枪两支。在杉溪某山上，击毙惯匪周棉山。在十都、铜钹山，常常顾不上吃饭睡觉翻山越岭追捕心狠手辣、恶贯满盈的股匪匪首柯国金、纪老呆等。柯、纪等反侦查能力、逃跑本领特强，往往部队接到群众举报，火速出动追捕均让其逃之夭夭。

当时部队除练武执行剿匪任务外，还要参加生产自种蔬菜改善伙食，蔬菜接济不上，只能天天吃豆腐、豆腐脑、米汤。进驻排山、管村时，粮食是由战士徒步到城厢粮管所肩挑的。后来转战到铜钹山大丰、小丰等地，除粮食由当地政府解决外，部队能经常吃上蘑菇、笋、麂肉等山珍野味。战士们常常一边吃着美食，一边津津有味地讲述着各自的剿匪经历……

（作者刘孝行，系广丰区政协文史馆馆员。刘孝丰是其同胞兄弟，现年 89 岁，是中国人民解放军县大队兵员，曾多次参加剿匪战斗。20 世纪 90 年代从广丰汽车队退休。）

六月天兵惩腐恶

——回忆七十年前上饶市广丰县剿匪的一段往事

潘维新

写作这篇文章，缘自我初中一位同学在《老友》杂志写的一篇文章。1959 年中央会议期间，她曾抽调上庐山做服务工作，有幸接触了彭德怀元帅。彭总问："小姑娘，哪里人？"她回答说："上饶广丰人。"彭总又说："那地方我熟，土匪多，剿匪去过那里。"彭总到广丰指导剿匪，据我推测，应该是 1952 年 2 月他从朝鲜前线奉调回国，主持中央军委工作之后。心连天下黎庶，情牵百姓安危，这是我们党，我们军队，一贯的宗旨。老同学的一篇旧文，打开我记忆的闸门，一段几近尘封的历史往事又徐徐地拉开了帷幕。

水碓公和华华仔

小时候，我家住在广丰桐畈。当时蒋家王朝濒临灭亡，社会动荡不安，一些不轨之徒，占山为王，落草为寇，在广丰县这个不大的范围内就有 20 多股土匪。桐畈、沙田地处赣浙闽三省接壤的边沿，山高林密，土匪活动非常猖獗。盘踞在这里的主要有两股土匪：水碓公土匪和华华仔土匪。通往福建的浦城公路，往往是土匪拦路打劫的首选之处。来往客商要抢，甚至连挑浦城担（指到浦城县挑担谋生的农民挑夫）也不放过。绰号"水碓公"的土匪头子王永师，手下有 120 多号人，上百支枪，这伙土匪就盘踞在离俞宅五六里路远的叫大塘的山上。这里离广浦公路近，拦劫来往客商转移也快。一时间这里被人称作广浦路上的鬼门关。水碓公王永师，桐畈下社村人，身材高大，一双铜铃的大眼，尖尖的下巴，满脸杀气，就像古小说中的符像鬼怪。他带领一帮人横行桐畈、沙田一带，劫财害命，强奸妇女，杀人放火，无恶不作，成了广丰东南一带的活魔王、土匪头。水碓公视财为命，劫人钱物，不认亲邻，窝边草也吃。俞宅附近有个下淤墩村的小村落，有一天夜里水碓公带着三十多匪徒来抢劫，挨家挨户地抢，全村五十来户无一幸免。该村有一王姓妇女，丈夫去世后，带着几个年幼孩子靠种几亩薄田艰难度日，家境贫寒，家里值钱的只有一头老黄牛。王姓妇女与水碓公还有一点堂兄妹的亲戚关系，土匪打抢牵牛，她上去哀求，要水碓公看在亲戚份上放一马。谁知水碓公眼一瞪，厉声呵斥："我王某人做事干脆，到地方借点粮物，大家都很配合。今天你扫了我的兴头，不是看在亲戚份上，早有你的好果子吃了！"

桐畈当地还有一个叫王华仔（绰号华华仔）的土匪头子，他是典型的两面人，白天是国民政府保安队的中队长，夜晚则是打家劫舍的土匪头子。到了广丰解放的前一年，土匪抢粮抢物，杀人放火，几近公开化、疯狂化了。华华仔这个盘踞在桐畈的土匪头子，竟成了地方上的混世魔王。当时桐畈小学有个教二年级的刘华西老师，家住离桐畈不远的河泉村，一天在上学的路上让华华仔一帮土匪抓走了，人就关在桐畈马路旁的一间民房里，我们班有同学看到了，华西老师怪可怜，不知他家里能不能拿出这笔数额不少的赎金。

王华仔不仅谋财，而且害命。桐畈新街有个叫庆生的，不知什么事得罪了他，大白天拖去枪毙了。那是1948年秋天的一个上午，桐畈新街东头来了一群土匪，头上歪戴大礼帽，穿着纺绸衣衫，身挎盒子枪，枪柄上还有花花绿绿的丝装饰带，显得格外刺眼。随着这七八个土匪急匆匆向街尾走来，"土匪惹不起啊！"紧接而来的是一阵"乒乒乓乓"关店门的声音，母亲将我一把拉进店内，也赶紧关上店门。五六分钟后，门外又传来一男一女的哀嚎。"饶了我吧！我家产全缴啊！""华仔叔，你看在我们孤儿寡母份上，修修心吧，你的恩德，我们全家下辈子做牛做马也会报答啊！"庆生叔前几年死了老婆，有个儿子也是刚上小学，家里的事全靠五十多岁的岳母操持。可是这是一伙杀人不眨眼的土匪啊！小街上，那哀号声，还有土匪的呵斥声，渐行渐远，只有老妇人哀哭声久久在小街上空飘荡……下午一点多钟，庆生叔就被枪杀在距桐畈三里路公路旁的山沟里。

激战沙田街

盼星星盼月亮，深受匪患之苦的广丰人民终于盼到了救星共产党。1949年5月，广丰解放了。6月，在新成立的广丰县委、县政府统一部署下，一场军民齐心协力清剿土匪的斗争在丰溪大地全面展开。我当时是小学生，但当年广丰军民奋勇杀敌清剿土匪的战斗故事深深刻在我的脑海里，至今不忘。

1949年10月，乘驻广丰二野部队和四野部队调防的空隙，以水碓公、王华仔、纪老呆为首的一众土匪头子，勾结了县内外400多名土匪围攻沙田区政府，企图颠覆刚刚建立的红色政权。当时驻守区政府的干部和区中队指战员只有40多人，加上民兵，也不过八十来人。何况民兵多是缺乏作战经验的翻身农民。敌众我寡，土匪的气焰十分嚣张，形势非常严峻。敌军围困万千重，我自岿然不动。当时沙田区的区干部是清一色的北上干部，区中队大多是由部队抽调战士组建，身经百战，枪法精准，子弹就像长了眼睛一样，土匪来一个撂一个。土匪是乌合之众，怕死的多，临近中午，当溪东亭方向吹来嘹亮的军号声和一阵阵"哒哒哒"的机枪声，驻五都的县大队增援赶到了，土匪们哪里是解放军的对手，早就夹着尾巴四散逃跑了。

上中学乃至参加工作后，我不止一次到沙田，有时是路过，有时是出差，有一次是参加人口普查队到沙田碧石村，战地重游，我特地在当时民兵驻扎的安仔大院和毗邻的区政府驻地一幢独立高墙大院（前者改设沙田乡政府，后者改设沙田粮管所）前驻足留步，仔细看，这是一组坐西朝东的典型的明清建筑，大门前是南北向的通道，两头还有小园门，南园门通达沙田十字街口，北园门紧连区政府驻地大院，门上为过街骑马楼，楼上有窗。当年就是区委傅书记、区政府崔区长带领战士登楼倚窗，以精准的枪法，打得土匪人仰马翻，挡住了土匪的正面冲击。沙田街的激战，大长了我军民的志气，挫败了土匪的反扑挣扎，在广丰剿匪斗争史上写下了精彩的一页。

一份特殊的"战利品"

1949年10月7日，距沙田街之战不到一星期，中国人民解放军四野470团部队，奉命进驻广丰，挥铁拳、斗顽匪，在丰溪大地掀起了一场更加猛烈的清剿土匪的斗争风暴。那时我家已搬到五都，五都镇地处我县的中心，是东南各个乡镇通往县城必经之地，所以许多剿匪战场的消息常常是第一时间获得。我曾记得1951年的那个暑天，我在五都区政府大院里，看到被区武工队生擒的匪首柯国金的胞弟、惯匪柯国水。看模样，三十多岁，庄稼人打扮，当时绑在柱子上，装出一副老实的样子。听武工队人介绍说，柯家两兄弟多年在罗城山里打家劫舍，杀人放火，无恶不作。柯国水在山里行走赛野兔，这次是几人包抄，才抓住他，可惜的是柯国金这次让他逃了。

击毙土匪头子水碓公，更是一件大快人心的事。水碓公手段毒辣，阴险狡猾，刚解放时，迫于形势，也向解放军交了几支破枪，假惺惺表示要改邪归正。政府宽大他，交代他回家好好劳动，重新做人。谁知他匪性不改，暗中却纠集同伙，等待时机继续与人民为敌。1949年10月初，他勾结纪老呆、工华仔及浦城股匪攻打沙田区人民政府。四野470团进驻广丰，对土匪围追堵歼，水碓公东躲西藏，最终被解放军击毙在桐畈俞宅一座民房的夹仓里。消息传来，百姓无不拍手称快。1949年11月初一个冬日的上午，我与小学班上的一些同学，看到一份特殊的"战利品"——水碓公那像死猪一样的尸体。陈尸街头，这是对一切与人民为敌的人的最严厉的惩罚。在五都浮桥头的浮桥亭屋里，这支从剿匪前线归来的解放军小分队向围观的群众展示的不只是这一份特殊的"战利品"，还缴获两支快机枪、一支卡宾枪，还有用绿丝带串着的30多个金戒指。

六月天兵惩腐恶，万丈狂飙从天落。广丰清剿土匪的斗争从1949年6月拉开序幕，经过全县军民的大举进剿、重点清剿和肃清残匪几个阶段，至广丰最大的土匪头子纪老呆 1952 年秋季从浙江寿昌缉拿归案，1953 年 1 月 16 日公审处决，前后达四年之久。一千四百多个日子里，寒来暑往，枪林弹雨，那些始终奋战在广丰剿匪斗争第一线的革命老一辈，你们的革命足迹和英勇事迹，早已经与这片红色土地融为一体，早已经与广丰的青山绿水扶手相牵，见证着人民共和国七十载砥砺前行的无上荣光！

（作者潘维新系广丰区政协文史馆馆员，广丰中学退休教师，青少年时曾亲眼见证过剿匪事件。）

（二）群众口述

土匪见了我们，不敢乱来

采访时间：2019年10月10日上午9时至11时

采访地点：区老干部活动中心

口述人员：周洪柳，男，1932年8月18日出生，高中学历，退休干部，曾在原吉岩区（今横山）、广丰县磷肥厂工作

记录整理：刘志明

录音摄像：杨科、刘志明

参加采访：刘志明、杨科

周洪柳：1949年，我18虚岁。当年10月份，我当兵。1950年1月份，分到吉岩区中队，主要是剿匪、搞土改。那一年，四野部队470团已进驻广丰了，有时候，县大队和区中队的军事都要受470团指挥。

1949年年底，沙田区政府被土匪头子纪老呆联合浦城土匪攻打后，县里明显感到军事力量不足，于是向上汇报，470团便立即进驻广丰，吉岩区也进驻了470团的10多名官兵，我们中队和他们关系密切，经常一起开展工作。土匪听说470团来了，也老实多了，不敢乱来。偶尔在少阳街、廿四都街，见到扮成老百姓挑着担子赶圩的土匪，只要我朝天放几枪，他们便吓得尿出屎滚（广丰方言，意为受到严重的惊吓），赶快逃跑得无影无踪。有一次我在少阳街上，远远地看到两个扮成老百姓的土匪，要低价买走一个老百姓的大米，老百姓不肯，于是他们想强行抢走，我朝天放了一枪，一个土匪急忙逃走，另一个被老百姓的筐绳绊住，正好让我赶到，把他抓到区中队。

解放初，我见闻过一些事

采访时间：2019 年 11 月 12 日下午 4 时左右至 5 时 30 分

采访地点：广丰区东街柿树底 22 号

口述人员：诸献英，男，1935 年 4 月 8 日出生，退休干部，曾在广丰人民银行、城郊公社等地工作

记录整理：刘志明

录音摄像：杨科

参加采访：刘志明、杨科、文新中

诸献英：我于 1935 年 4 月 8 日出生在广丰东街柿树底诸家祠堂周边。1949 年那年，我才 15 虚岁，除了帮家里做点生意之外，一空闲下来，便满街跑，听听老人讲古（广丰方言：讲故事），看看街上发生的新鲜事。1949 年 5 月 5 日广丰解放，但在 5 月 5 日前的几天，县城东门城墙外，常常显得很不平静，那里聚集了许多不知形势的呆土匪，他们在城墙外大声吵闹，吆喝着要进入城墙内，到县城逛街。当时，我和几个少年同伴，到东门头城墙的一个城门口玩，从门缝里亲眼看见这些土匪在城墙外大吵大闹，口里不停叫着"开城门，开城门"，县中队几个战士守着城门，根本不理他们。其中有一个战士对另一个战士说：放他们进城，他们就乱来，就抢老百姓的东西。谁会放这些挨刀的进城呢！5 月 5 日这天，解放军四野部队开进广丰县城，这些土匪再也不敢在东门头城墙外吵闹了，无影无踪的，不知跑到哪里去了。这天，东门头城墙周边静悄悄的，我从诸家祠堂这边跑到东门头城墙，才一里多地，这天为了好奇，多次跑到这城墙去看情况，只见一名穿制服的解放军战士，带着五名县大队战士，在城墙站岗，每人背着一支长枪，

威风凛凛的。

后来几天，城墙上贴着解放军让土匪投诚的布告。布告贴出后，大部分土匪向解放军投降了。投降后的土匪在四野部队470团县大队的组织下，经常在东门头进行政治、军事集训，集训后被编成中国人民解放军广丰独立团。团长由土匪头子李志海（外号十八子）担任，后来他搞阴谋叛变，被处决了。几个月后，独立团解散，官兵被分散到其他部队组织去了。这些情况，都是从我舅舅的一位远亲那里了解到的，因为这位远亲是县大队战士，与470团战士一起，对收降后的土匪做过集训工作。

我参与了铜钹山剿匪、土改工作

采访时间：2019 年 7 月 23 日上午 11 时左右至 12 时 30 分

采访地点：洋口镇湖边村集贸市场附近周筱舫家

口述人员：周筱舫，男，1932 年 2 月出生，离休干部，曾在广丰县武装部、盘岭乡（今属铜钹山镇境内）、洋口镇、鹤山垦殖场等地工作

记录整理：刘志明

录音摄像：杨科

参加采访：刘志明、杨科、文新中

周筱舫：我于 1949 年 8 月从中国人民解放军二野部队军政大学五分校结业后，于当年 9 月回广丰，分在中共广丰县委工作队任分组组长，后来又分到广丰县武装部工作。1950 年 5 月份，被派到当时沙田区所管理的盘岭乡剿匪。当时的盘岭乡就在现在的铜钹山镇境内，所管理的范围有岭底、庙前、小丰、柴九洋、高阳。那时我到盘岭剿匪时，解放军 470 团已进驻广丰了。根据上级剿匪指示，470 团实现地方化，分成了大南区武工队、七都区武工队、排山区武工队、沙田区武工队等七个区武工队。记得我们沙田区武工队队长叫唐兴禄，个子高高的，腰里常常挎着一把手枪。我们广丰县武装部组成的其中一支剿匪队伍，到盘岭乡剿匪，常常要向他汇报情况的。因为当时盘岭乡属沙田区管理范围。

那年到盘岭乡剿匪，我才 18 岁，去时担任盘岭乡民兵大队副队长。记得吴村的土匪头子纪老呆经常带着一些土匪到盘岭的小丰、高阳等地周旋，当年 6 月份的一天傍晚，我带着两位民兵在小丰周边的一座山上巡逻，听一位砍柴老人说，刚有两位提枪的人从山坳里走过，我们便追上去，发

现不止两人，是一小股土匪已走在前面小山顶上。于是，我们向他们开枪，他们听到我们的枪声，以为是我们埋伏的大部队，赶紧往山下跑，等我们追到山顶，他们不知跑到哪里去了。后来，我们发动全乡的民兵力量，在那座山上周围搜寻，都没有搜到他们。第二天，从沙田区政府传来消息说，这股土匪是纪老呆的，那天晚上，他们跑了一夜，跑到沙田当地一座山上，被沙田剿匪队伍打得很狼狈，纪老呆自己伪装成讨饭的老百姓，不知逃到哪个地方去了……

在铜钹山里面，除了打土匪，我还参与了土改，量田、减租减息等事情都做过。在登丰那个地方，我量田的

时间最多，当时在当地一个叫祝廷芳的农民家里吃饭，与他建立了很深的感情。他今年好像也有九十来岁，还健在，儿媳妇在村里当计生专干，前几天我到祝廷芳家玩过，看望了祝廷芳。

解放时，我目睹一些闹事的土匪

采访时间：2019 年 10 月 12 日上午 9 时左右至 11 时 30 分

采访地点：萃始小学周边的农民公寓王之松家

口述人员：王之松，男，1934 年 10 月 1 日出生，高中学历，退休教师，曾在十都、嵩峰、永丰等地教书

记录整理：刘志明

录音摄像：杨科、刘志明

参加采访：刘志明、杨科

王之松：我出生在现在的嵩峰乡十都村。1949年，我已 16 岁。那年春、夏之间，解放军进驻广丰，宣布广丰解放。记得那年进驻广丰的部队是解放军二野部队，一天清晨起床，我看见自己家屋檐下及隔壁邻居家屋檐下住满了解放军战士，他们好像行军累了，各自规规矩矩睡在屋檐下的地铺里，大部分人还打着鼾声。1949 年那年，我正在十都当地读初中，每日都回家，空时还在十都街上溜达，因此，我也见证了许多事。1949 年土匪攻打乡政府的事情，我亲眼见过，当时在乡里当干部的亲戚王应元也对我说过。1949 年 8 月份，广丰有名的土匪柯国金，认为十都乡政府藏着许多枪支，于是在一天早上，带领 100 多名土匪攻打乡政府，企图夺走乡政府的枪支。当时的乡干部和乡工作人员，在乡长的带领下，及时带着枪支从乡政府后门逃出，后来他们走到十一都拓阳畈时，又被这股土匪追截。无奈之下，他们冲到拓阳畈东面的一座山上，随后，也就从那座山上逃得无影无踪了。

解放初一些记忆深刻的事情

采访时间：2018年8月10日上午9时至11时

下午3时左右至5时

采访地点：广丰区永丰街道裕丰市场门口右侧周培兴家

口述人员：周培兴，男，1933年2月6日出生，系正科级退休干部，曾在县人武部、铜钹山镇、林科所、大石乡等处工作

记录整理：刘志明

录音摄像：杨科

参加采访：夏少波、俞正南、刘志明、杨科

（一）我目睹解放军进城

1949年5月5日凌晨5时左右，我在县城郊外老桥头处放牛，看到这个地方有许多解放军战士，当时我不知道是解放军战士，见到这些荷枪实弹的官兵，有点害怕，想拉着牛离开这个地方，恰好被一个带队的解放军战士看到，他赶到我身边对我说：小朋友，不要怕，解放军战士不会打人的。你安心在这里放牛。听了这个解放军战士的话，我便放开牛绳，安心地让牛吃草了。不一会儿，我便看见城门口的自卫队把城门打开，解放军纷纷

进入县城，接管了广丰县城，广丰县宣布解放。解放军进驻广丰后，秩序相当好。当时，我家在城墙边上，解放军接管县城后，在我家停驻了一个排兵力，我家邻居房屋也停驻了一些解放军。他们把我家及邻居家打扫得干干净净，借了锅铲、碗筷等一些家用器具，洗净后马上归还老百姓。当日下午，听到集结号吹起，有些解放军战士集中排好队后，便往江山那边赶去了。

（二）我1951年便开始剿匪了

1950年，17岁的我，个子长得快，到了一米七几了，这一年没有放牛。当地的东关乡考虑到我个子高，又读了点书，便让我当民兵队长，配合乡、村干部搞土改工作。1951年7月份，我入伍当兵，被编入县武装部（当时县武装部属部队编制）。我在县武装部一直待到1957年转业。1951年一进入武装部工作，便开始剿匪了。记得当时印象最深刻的，就是抓获土匪头子徐祖锋。徐祖锋一股土匪拥有枪支30多支，每人手上持枪多支，且有杀伤力很强的卡宾枪10多支。这股土匪的枪支都是从国民党军队那里抢来的。1949年4月间，国民党大概有一个排的兵力，路过徐祖锋土匪经营的地盘沙田、毛村一带。那天，这个排的国民党官兵途经四十二都（当时属柱石区管辖）一个山坳时迷路了，这个山坳正好是徐祖锋他们盘踞的地方。徐祖锋发现后，杀猪、杀牛、杀羊招待他们，把他们当亲兄弟一样。第二天，徐祖锋要求这个排的国民党军送些枪支给他，国民党军果然送了10多支卡宾枪给他。随后，徐祖锋率土匪，把国民党军送到拔刀岗一个山谷里，告诉国民党军排长说从这里可以到达他们的目的地福建境内。到了这个山谷，徐祖锋那些埋伏在山谷周边的土匪，穿着解放军衣服，四面包围国民党军，这个排的国民党军有的被打死，有的真的以为遇到了解放军，便纷纷投降，把枪放在地上。几分钟后，徐祖锋露出凶恶残忍的真面目，把30多名国民党军官兵全部打死在这山谷，收获了所有的枪支弹药。以后，这股拥有许多武器的土匪，为非作歹的胆子更大了，受其迫害的老百姓内心里巴不得他们早点灭亡，政府也多次出动兵力想全部歼灭他们。1951年夏天，徐祖锋这股土匪躲在四十二都一个山上，县里调了许多兵力围剿他们。当时在沙田武装部工作的我，也被调去剿匪。我们这些剿匪队伍在山腰上守候了多天，也不见徐祖锋的动静。有一次，徐祖锋肚子饿了，到他外婆家找吃的。他外婆先前已由武装部干部做过思想工作，所以，她不但政治觉悟高、警惕性也很高。当徐祖锋到她家时，她一边安顿徐祖锋休息好，一边到邻居家叫邻居到柱石区报告区长，不久，区武装部与县剿匪队伍便来到徐祖锋外婆家，抓获了徐祖锋。

我围剿过土匪，也枪毙过土匪

采访时间：2018 年 10 月 23 日下午 3 时左右至 5 时 30 分

采访地点：小康城华丽世家杨子辉家

口述人员：杨子辉，男，1933 年 10 月 25 日出生，初中学历，离休干部（主任科员），曾在壶峤、县公安局、县粮食局等处工作

记录整理：刘志明

录音摄像：杨科

参加采访：刘志明、杨科

杨子辉：1949 年 8 月 8 日，我在壶峤区中队入伍。进壶峤区中队的第三天，便去抓土匪了。有一次，我们追剿当地土匪头子杨老四那股土匪，追到大南七里弄时，杨老四知道我们追他们的消息，提前跑到大山里躲避了。当我们到七里弄时，杨老四在房里烧的一锅青豆炒粉干没有来得及吃，便慌里慌张逃走了。

1949 年 11 月，我被抽调到县公安大队工作。开始那一两年，也经常随同事去剿匪，我们缴土匪的枪，动员土匪自首。1950 年，我和同事枪毙了 20 多名土匪及反革命分子。

解放初，打击犯罪分子的政策非常严厉

采访时间：2019 年 7 月 23 日上午 9 时至 11 时 30 分

采访地点：洋口镇湖边村狮公塘姚龙翔家

口述人员：姚龙翔，男，1935 年 10 月 4 日出生，离休干部，曾在洋口镇、广丰公安局、鹤山垦殖场等处工作

记录整理：刘志明

录音摄像：杨科

参加采访：刘志明、杨科、文新中

姚龙翔：20 世纪 50 年代，我们国家刚刚解放，新成立的共和国，制定的许多政策和纪律都非常严厉。50 年代初，镇压反革命运动、土地改革运动……一个运动挨着一个运动地来到。1950 年，16 虚岁的我在洋口镇湖边村担任民兵大队副队长，并兼任洋口镇民兵基干队文书。当年 3 月份的一天，我们下

村开展"减租减息"斗争时，了解到镇民兵基干队一个叫南仔的民兵，强奸了一个地主的老婆。后来，把这个情况反映给镇领导，镇领导让我找那民兵谈话，没有几天，便开除了这个民兵，并按当时的政策，对这个民兵进行了严厉的处罚。

1951 年 4 月 28 日夜里洋口区发生犯人暴动越狱事件，我也参与了抓捕越狱犯人。当时首犯纪家荣，是一个匪霸，狡猾多端。他从洋口监狱逃到几公里外的马鞍山，先是藏到好友孙猴狲家，孙猴狲不让他躲藏，他便

藏到马鞍山一个山坑中的一片茂盛的苎麻地。我带着黄运仔等民兵在马鞍山搜寻了好几个小时，都未找到他的踪影。第二天天刚亮，我们在苎麻地上搜索，纪家荣作贼心虚，听到我们的叫喊，从苎麻丛里跑出来，被黄运仔逮住，经过几个回合的搏斗，他终于被我们制服。后来，我们一直没有休息，继续作战，跑到其他几个地方，抓到了好几名越狱的逃犯。后来，根据有关政策规定，有些干部及守狱战士，因为工作失责造成犯人越狱而受到相关处分。

我少年时见闻过有关土匪作乱的一些事

采访时间：2020年6月19日下午3时30分至5时10分左右

采访地点：广丰区永丰街道洋口街李有祥家

口述人员：李有祥，男，1934年9月26日出生，退休干部，曾在广丰报社、鹤山垦殖场、县供销社等处工作。在《广丰报》当记者、编辑时，采写了许多有关本县的时政新闻

记录整理：刘志明

录音摄像：杨科

参加采访：刘志明、杨科

广丰的土匪很猖狂

1948年，我正好15岁，在广丰中学读初一。那年下半年，国民党部队在广丰节节败退，伪政府顾不了整顿社会秩序，造成广丰的土匪横行霸道，为非作歹。听我父亲说，当时县、区、乡三级伪政府的自卫队，常常受土匪的控制，与土匪勾结一起，谋害百姓。自卫队有些败类，晚上把枪借给土匪打劫，白天凌晨让土匪把枪交还，并收取土匪抢来的黄金、粮食等财物。我家住在吉岩乡（现在的横山镇）余村，家里隔壁住了一个乡自卫队的乡丁，有一天晚上，我和父亲亲眼看见那个乡丁把枪交给一个长满络腮胡的土匪。然而，这年下半年，国民党伪政府为了在群众中造成好影响，让群众知道他们对剿匪一事是很重视的，竟然大规模枪毙了一些土匪，但这些土匪都是一些老老实实的小土匪。比如，在廿

四都锯树蓬这个地方枪毙了20多名，在洋口丰溪河溪滩畈枪毙了10多名。这些地方枪毙土匪，我们都跑去看了，站在枪毙现场老远的地方看。这些土匪全是一些小土匪，像雷雷滚、三划（王其雨）、烂丑、占辉洲这些罪大恶极的大土匪（土匪头子）仍然逍遥法外，做尽坏事。他们在公开场合，继续嚣张一时，猖狂至极。1948年7月份，雷雷滚一股土匪与三划一股土匪在县城西关街相碰，双方土匪因一句气话而发生殴斗，其后动用枪支，用子弹进行互相射击，闹得一条街道乱哄哄，幸亏没有打死人。当时，伪县政府知道这个事，也没派任何人员来阻止这件事，后来雷雷滚看事情闹大了，主动叫他的股匪撤掉，才不了了之。三划这个土匪也挺猖狂的，8月，他在洋口鸡面山讨了一个小老婆。在迎娶他的小老婆时，在他自家的村口，由10多个小土匪站成两排，端着汤姆森冲锋枪，朝着天空发射子弹，当作迎娶他小老婆的大礼炮，噼里啪啦地响着……，引来离现场数里外的几百名群众围观，我父亲那天刚好到洋口赶圩，亲眼看见这个热闹而恐怖的场面，回来向我们全家人描述了这个场面。

所以说，1948年的下半年，因为伪政府不作为，广丰的土匪是非常猖狂的，社会治安也很不好。到了1949年，470团来了以后，土匪才被不断的剿灭。

我家因土匪打劫而致贫

1949年5月5日广丰解放时，二野部队到广丰不久，有另外任务撤走。于是，四野部队要进驻广丰。在二野部队与四野部队于广丰需要交接的一段时间里，四野部队还未正式进驻广丰。没有部队进驻的那一段时间，土匪在广丰各地非常猖獗，横行霸道。1949年，我本应在广丰中学读初二，但那一年因社会治安还比较乱，全县各学校停学，但每学期开学时，学生要到学校报个名，留个学习档案在那里。因此，那年上半年，我到学校报了名后，便在老家横山镇余村帮父母做些农活及家务事。在老家余村时，我见到许多土匪白天在廿四都的街道上大摇大摆地行走着，晚上趁着夜色到处打抢。有一天，我看见七八个土匪，每人肩挑着一担大箩筐，手里拿着一面小红旗，在我村里的巷弄里，示威般地行走着。结果，第二天晚上，我们邻村便有人家被土匪打劫了。大概7月份的一天晚上，土匪项牙宜放了一张绑票给我家里，绑票上写着："限三日之内交黄金四两，否则杀人放火。"收到绑票后，无奈之下，我父亲央求项牙宜，让我们少交一些，结果向项牙宜交了两担红烟（紫老烟），两担红烟相当于二十多担谷子。交了两担红烟，我家当年生活负担便变重了，自己家没有粮食吃，向亲戚朋友借，亲戚朋友也是一些穷人，没有粮食借给我们。我们常常吃了上顿没下顿，有时吃一些红薯充饥。因为被土匪敲诈了两担红烟，我家变穷了，交不起我的学费，下半年我也没报名读书，学校档案卡里将我除名了。

土匪围攻天桂区政府

采访时间：2020 年 7 月 7 日下午 2 时左右至 5 时

采访地点：排山镇排山居 31 号

口述人员：周夭午，男，1929 年 12 月 1 日出生，高中毕业，办过企业、当过文书

记录整理：刘志明

录音摄像：杨科

参加采访：刘志明、杨科、刘罗华

周夭午：我是排山当地人，至今一直住在排山居。土匪围攻天桂区政府的时间，是 1949 年 10 月份的一天。那年我正好 20 岁，对这件事很熟悉。那天上午，天气好像是天晴。广丰本地一个叫柯国金的土匪头子和另外几个土匪头子，串通浙江江山土匪几百名，分成两支队伍，向天桂区政府所在地西岩寺攻打。一支队伍从排山后门山的石板垄向西岩寺方向走过去，另一支队伍从排山当地的水口向天桂山下的斜山头（今排山供电所处）走过去。两支队伍走过排山当地，排山街道的老百姓很害怕，纷纷把家门、店门关紧，大人、小孩全躲在屋里，胆大的从门缝、门窗处观看土匪队伍。在土匪攻打天桂区政府之前的一段时间，土匪到排山扰乱的情况非常严重，常常有土匪大白天到街上打劫，有一天，我妈娘家社后陈家一个外号叫野六几（真名叫胡烂）的后生，敲我家的门，准备抢劫我家的东西。我妈打开门，看到野六几，便说："野六几，是你啊！你家与我娘家是邻居，我

认识你，你想干什么？"野六几听我妈一说，竟然语无伦次地大叫大喊："我当土匪了，我当土匪了……"他一边叫着，一边被我妈骂走了。这个野六几这样不停地叫着，其实是想告诉我妈这样两个信息：一是他当土匪了，什么都不怕了；二是他当土匪，可以靠打抢赚钱了。听我妈说，野六几家里兄弟多，并且很贫穷，他是被贫穷逼成土匪的，那个时候，老百姓被国民党政府的苛捐杂税及战争搞得很贫穷，有些人看不清全国解放的形势，认为当土匪能养活自己，并且能发财，于是纷纷被土匪头子收到自己的队伍。所以说，那段时间，到排山当地做坏事的土匪非常多，我到街上游玩，经常看到一些土匪喝醉酒后，扛着枪在街上摇摇晃晃地走着……

哎呀，说了这么多，我就是想证实一下，那个时候，到排山的土匪确实很多。现在言归正传，谈谈土匪围攻区政府的事。那天中午，土匪的两支队伍在西岩寺周边会合后，又分散开来，从多个方向包围西岩寺。当时，西岩寺的区政府内，只有五六个区干部与区中队官兵在坚守。土匪向西岩寺射击的枪声，噼噼啪啪，像放鞭炮一样，枪声响了几分钟，西岩寺的区

土匪围攻的天桂区政府所在地（位于天桂岩脚下）

政府干部都没有还击。大概数十分钟过后，区中队的陈队长一边向当时的县委书记打电话要求增兵救援，一边命令李班长打开西岩寺南边的小门，并守住这个小门。他自己打开西岩寺北边的大门，并坚守住这个大门。当小门打开，只见土匪纷纷向南门包围过来，他看见这种情况，从屋内穿过快速跑到南边小门，用一挺机关枪不停地扫射着包围过来的土匪，当时有好几个土匪被击中倒在地上，其他的土匪纷纷逃跑。与此同时，北边大门前的马路上，有一股土匪纷纷向大门口方向进攻，他飞似地跑到大门，用机关枪拼命地扫射着从马路边攻打过来的土匪，几名土匪纷纷倒地，没倒地的匆匆向街上逃跑。另外几名战士，听从他的安排，也打开了西岩寺的后门和窗户，并狠狠地用机关枪向土匪扫射过去……土匪看到西岩寺突然发出这样密集、凶猛的枪声，以为里面不知有多少挺机关枪，里面不知藏了多少人马，于是，三百人的队伍，也不敢向前冲了。静默了几分钟后，土匪们听从头子的安排，把队伍作了调整，一股队伍爬到天桂岩半山腰上，然后再向西岩寺冲锋攻打，另外两股土匪借着山上的冲锋阵势，迅速从东南方向往区政府的大小门前的小平场、马路拼死地推进……土匪借着人多势众的优势，对区政府所在地西岩寺形成前后夹攻、全面包围的局面，留守在西岩寺屋内的几名干部、战士，此时心里很焦急，一是我们参战人员手中的弹药不多，二是土匪此次真的想拼个你死我活了。然而，正当他们感到十分焦急时，县委书记和470团团长已命令470团一个炮连，正在赶往救援他们的县城至排山的路上，炮连官兵经过近半个小时的行军，经过白马垄岗、金鸡岭，金鸡岭是距排山有四里远的一条比较高的山梁，站在山岭上，能够看到排山当地的全景。炮连连长站在金鸡岭的最高处，看到区政府西岩寺四面围满了成群的土匪，估计有好几百人，西岩寺的干部、战士不知情况如何？是否牺牲了一些？或者他们正做最后的抵抗？或者准备与土匪抵抗到底？炮连连长想了想，对手下的战士说："这些土匪真是不知天高地厚，我们先放几个吊炮，惊吓惊吓他们。"说着说着，他便命令战士往排山方向发射了三炮，第一炮落在排山水口的一条石拱桥边缘，第二炮落在排山的后门山上，第三炮落在天桂岩的岭脚下。落在石拱桥边缘的第一声炮声，轰隆一声，差点把土匪们的胆都吓破了，第二、第三炮的连续轰响，真正把土匪们吓得惊醒了，他们以为解放军的大部队来了，连忙拔腿逃跑。好几百的土匪队伍被 470 团战士三声炮响，吓得屎滚尿流，纷纷逃跑。当时被李队长他们击毙在地上的土匪也无人收拾，伤了胳膊伤了腿的土匪也无人搀扶，没伤的土匪只顾自己逃命，现场一片混乱，最后，这场围攻以土匪失败而告终。

解放初，我在枧溪区与残匪势力作过斗争

采访时间：2018年11月7日上午9时左右至11时30分

采访地点：裕丰小区文培竺家

口述人员：文培竺，男，1932年10月1日出生，大学学历，退休干部（副县级），曾在枧底、县农业局、县政府、县人大等处工作

记录整理：刘志明

录音摄像：杨科

参加采访：刘志明、杨科

文培竺：我于1949年8月参加解放军，在袁州（今新余）军分区政治部文工团当文艺兵。1950年，我随军分区副政委刘振球到萍乡县搞土改试点工作。土改结束后，我到江西军区干部训练队学习培训。

1952年，我调到广丰县枧溪区（今枧底）武装部当政治助理，主要是搞武装工作。当时的三项重要任务是剿匪、土改复查、征购粮食。1952年秋季的一天，区里所有的干部都到县里参加三级干部大会，区里留我一人在区政府值班，以防土匪残余势力的袭击。那天早晨，枧溪区附近的土匪打听到区政府干部到县城开会的消息，果然到我区的东井乡搞骚扰。一位民兵积极分子知晓情况后，便到区政府向我报告了这个消息。我马上拿起手枪，组织了20多位民兵带好长枪，火速赶到东井，向土匪发起攻势，土匪打不过我们，丢下了几条长枪、2000多发子弹，匆匆忙忙地逃走了。后来，我因此次剿匪有成绩，还立了三等功，受到了嘉奖。

我们常常连夜围剿土匪

采访时间：2018年10月25日下午3时左右至5时30分

采访地点：芦林街道金山角项通满家

口述人员：项通满，男，1928年7月27日出生，中专学历，离休干部，调研员（副县级），曾在沙田、县食品公司、县扫盲办公室等处工作

记录整理：刘志明

录音摄像：杨科

参加采访：刘志明、杨科、夏少波

项通满：1949年3月份，我从设在贵溪的省高等师范肄业，5月份结业于赣东北干部学校。干校结业后，分到中国人民解放军广丰县大队当文化教员。6月份，我又被下派到沙田区中队，主要是剿匪、搞土改。当时，外号叫"十八子""水碓公"的土匪头子，常常带着手下

人，趁着晚上黑黑的夜色，溜到沙田区侵扰老百姓。我们中队听到消息后，都是连夜赶去围剿他们，这些土匪很狡猾，一听到我们的枪声，便往大山里跑，躲藏到大山的森林里去。

我们一边搞土改一边剿匪

采访时间：2018 年 10 月 16 日下午 3 时左右至 4 时 30 分

采访地点：永丰街道裕花园对面吕锡凡家

口述人员：吕锡凡，男，1930 年 12 月 25 日出生，退休干部，调研员（副县级），曾在沙田、省纪委、县教育局等处工作

记录整理：刘志明

录音摄像：杨科

参加采访：刘志明、杨科、夏少波

吕锡凡：我于 1949 年 8 月份在沙田区政府当一般干部，当时随区领导经常下乡搞土改，把土地多的分给没有土地的，分田后，沙田区每户贫农平均能分到 1 亩田地，人均 0.3 亩。这期间，我和同事一边搞土改，一边配合 470 团进行剿匪，记得当年有一个月，俘匪 20 余名。

我见证过剿匪、土改工作的一些事情

采访时间：2018 年 9 月 30 日上午 8 时左右至 11 时 30 分

下午 3 时至 5 时 30 分

采访地点：永丰街道横路社区沿河路鲍德行家

口述人员：鲍德行，男，1930 年 2 月 2 日出生，离休干部，曾在沙田、县工商局、县二轻局等处工作

记录整理：刘志明

录音摄像：杨科

参加采访：刘志明、杨科、纪玉渊

一、土匪包围沙田区政府时，我正在值班

1949 年 6 月 1 日，我在赣东北干部学校学习结束 20 天后，于 21 日被分配到沙田区担任文书（同时任区委组织干事）。当年的农历八月，来过

广丰的二野部队随军南下，四野的 470 团也没有驻到广丰。于是，广丰范围内的土匪活动仍然猖獗，沙田区也经常受到土匪骚扰。农历八月初的日子里，浦城县匪首郭永槐，纠集分布在沙田、横山、盘岭的惯匪纪老呆、王永师、吴毛这、王华仔等，准备包围攻打沙田区政府。这些土匪有预谋、有组织，他们事先在群众中放口音、造声势，说要随时攻打沙田区政府，袭击共产党干部。对于这些情况，我和同事向沙田区区长崔宝山汇报。这位打过仗、负过伤的南下干部却操着一口东北口音，说："几个小胡子（东北称胡子为土匪），怕他们什么？"崔宝山口里这么说，是壮我们的胆。私下里，他心中还是重视这件事的，因为土匪要攻打沙田区政府的消息已在全县传得沸沸扬扬。为预防土匪侵扰沙田区范围内的干部，崔宝山遵照上级的命令，在农历八月二日左右，通知沙田区所辖的吉岩乡、盘岭乡、沙田乡、桐畈乡的乡中队（全称：乡公安中队）人员及所有的乡干部共 80 多人，全部集中到沙田区政府内。农历八月九日夜晚，县委书记韩礼和打电话给沙田区委书记傅振寰，说土匪要攻打沙田区政府，并要求在沙田区政府里的所有人员及从各乡集中过来的人员，连夜转移出区政府。当日深夜，我带好两枚区里的公章及重要文件，通知所有人员在区政府门口集中，集中后，我便跟着由区领导带领的 100 多名的队伍，转移到几公里之外的碧山头山坳里。我们在这山坳里，待了一天，第二天（农历八月十日）傍晚，傅振寰书记说："我们不转移了，回去吧！"于是，我们 100 多人的队伍，又回到区政府。

第二天晚上一夜无事，待到第三天（农历八月十一日）凌晨，我正带班值班。这天我格外认真，仔细检查值班人是否在岗。我提着一支马枪，在区政府大院内检查值班，来到大院后面菜园一个岗哨下，大声问："上面的岗哨，谁值班？"在岗哨值班的区中队队长余飞亭回答："是我。"听完话后，我把枪挂在肩膀，准备坐在石板上休息一下。刚坐下，便听到菜园外面及大院四周枪声四起，像过年放鞭炮一样，噼噼啪啪的。听到枪声，我晓得土匪围攻区政府啦，飞快地跑到大院内向傅振寰书记汇报。见到傅书记时，他已知晓土匪来了，正打好背包，做出随时与土匪决战的准备。他当即嘱咐我把大门关好，以防土匪从大门攻进。大门外，有一个岗哨，区中队班长赵清廉在那里值岗，岗哨对着街口。那股土匪在街口赶走了几名民兵，正集中力量向岗哨及大门方向冲来。赵清廉死守在岗哨上，决不放弃这一有利的关口。他用枪不停地向土匪射击，打死了一个土匪，打伤了好几个土匪。最后，因寡不敌众，负伤后被土匪抓住。土匪抓住赵清廉后，继续想往大门里冲。大门内，崔宝山带着几个区中队战士，站在院内一个隐蔽的制高点，用长枪对着街口的土匪射击，这些人枪法很准，一颗子弹几乎命中一个土匪，因为我们的子弹有限，区领导事先交代大家要珍惜子弹，尽量做到百发必中。街口的土匪由于我们的准确射击，死伤的很多。在我们子弹的连续射击下，他们一直靠近不了大门。大院后面菜园边的大门也紧关着，区委委员沙俊峰在菜园那个岗哨上，指挥着区中队战士往院墙外射击土匪。傅振寰书记带着我，往院内区中队住宿的地方走去，刚走到那个地方，区中队一个叫赵副班长的叛徒（与土匪有牵连），带着六七个人向外走去。傅书记叫我打开门，让他们离开区政府，自谋出路。他们走后，我马上关紧门。土匪的枪声停后，我们在区中队住宿的地方的墙上，找到了一个窗口，这窗口对着沙田的街道。上午 10 时左右，我往窗口向外看去，只见一个放牛的小鬼（小孩），在窗口下的街边走着，我在窗口探出头，问："小鬼，土匪走了吗？"小鬼说："土匪到谢子丹（沙田当地知名人士）那里吃饭了，听他们说吃饱后再来打。"我们对话完毕，傅书记往窗口看了看小鬼。随后，傅书记与大家研究对策，以便对抗下午土匪的进攻。想不到过了个把小时，沙田下节街的住房及店面，被土匪点火燃烧起来，那熊熊大火在下节街燃成一片血红的火海。守卫在下节街的四个乡中队战士四处逃跑，两位乡干部从屋内冲出时，被土匪当场打死。我们意识到土匪要继续攻打区政府了，每人用刺刀在大院围墙里撬开一个洞，枪搁在洞口里向外射击进攻的土匪。我们一边反击，一边商量如何把情况反映到县委及住在五都的区基本连那里，那时电话线已被土匪破坏，电话不能打到县委及基本连那里。我急中生智，想起炊事员林孙盛，林孙盛来区政府工作才几天，来报到时，戴着破斗笠，穿着破衣裳。我跟傅书记商量，让林孙盛送一封信到五都的基本连，请求救援。于是，林孙盛戴起破斗笠，穿起破衣裳，像一个乞丐一样。我们把林孙盛扶到菜园的墙下，他便走出区政府大院，带着傅书记写给基本连的信，往五都方向赶去了。林孙盛在半路遇到赶来救援的五都基本连。当时，五都基本连正在县大队丁副大队长的带领下，赶往沙田救援。原来，县委书记韩礼和在前几小时已知晓沙田方向有敌情，用电话命令丁副大队长率五都基本连往沙田救援。在路上碰到丁副大队长的时候，区政府财粮干事汤德润也在场。汤德润从县政府办事回沙田，在十六港一个山岗上看到沙田下节街起大火了，并有枪声响着，估计是土匪正在生事，于是也一路往五都跑，想到五都基本连汇报情况。丁副大队长刚听完汤德润汇报的情况，接着又看到林孙盛带来的傅书记的求援信，于是知晓沙田被土匪围攻的危急，于是，火速带领队伍赶往沙田救急。丁副大队长让基本连战士扛着五挺机枪，来到离沙田街不远的一座山岗上，对着下节街方向，连续不断啪哒哒地射击着，土匪听到清脆的机枪声，知道我们增援大部队来了。当时，我用耳贴到墙角一窗口，也听到那啪哒哒的机枪声，眼睛往窗口看沙田街，那些化装成老百姓担着竹筐的土匪一窝蜂地向湖东方向撤退，急忙忙地离开沙田街。于是，我对身边的傅书记说："枪响了，是部队增援来了。"傅书记说："不错，是我们自己人的枪响。"

下午 2 时左右，丁副大队长果然骑着马，带着队伍冲进了沙田区政府机关大院相邻的正风小学，向我们喊话："傅振寰！傅振寰！"傅书记在大院窗口大声问："你是谁？你是谁？"丁副大队长使劲回答："我是老丁。我是老丁。"听到是丁副大队长的声音，傅书记叫我把大门打开。大门打开，丁副大队长及他的队伍，便进了大院。因为丁副大队长他们未吃中午饭，我便让炊事员做了饭馃，给他们吃。吃了饭后，区委开会研究，决定全体人员撤离沙田区政府。接着又开全体人员大会，宣布撤离到五都那里。我让工作人员把电话机、枪支、文件等，用 10 个竹筐装好，随人员一起撤离到五都（当时杉溪区政府所在地）。在五都住了一夜，第二天，县委书记韩礼和打电话，让我们到吉岩区所在地横山廿四都，迎接赶来剿匪的四野部队 470 团官兵。自此，正式部队的 470 团来广丰，土匪不再猖狂，沙田也安静多了。当时，记得 470 团二营进驻沙田区，二营五连驻沙田区政府所在地，六连驻吉岩区（今横山），七连驻沙田区的桐畈乡，炮连驻华岭乡（今泉波梧桐）。

二、土匪占辉洲自新后经常拜佛求善

土匪占辉洲是一个小头目，他与另一个小头目钟耀荣在 1949 年前常常盘踞在吉岩乡廿四都。1949 年秋季，占辉洲与钟耀荣两人，在匪首郭永槐（国民党团长）、纪老呆、王华仔、王水碓公等带领下，攻打沙田区政府。攻打失败后，这些土匪，受到进驻吉岩乡的 470 团官兵的连番追击，占辉洲与钟耀荣也不例外，纷纷缴枪投降。占辉洲与钟耀荣投降后向政府自新，自新后，比以前规矩得多，不做坏事，对老百姓的态度变好了。听当时的群众说，占辉洲常常到当地周围的庙宇里烧香拜佛，悔过求善。我也亲眼见过一次他在当地万寿宫拜佛。1949 年，吉岩乡政府办公驻地设在万寿宫，当时吉岩乡属沙田区所辖，我那段时间作为区干部派驻吉岩乡政府，所以白天开展工作，晚上常常和乡长沙俊峰、副乡长叶善成住在万寿宫里。万寿宫大厅常年供着佛教神像，供百姓拜佛。有一天早晨，我从床上醒来后走出房间，看见占辉洲跪在一神像前，念念有词：老佛大慈大悲，我以前做过坏事，请您多多原谅！保佑政府不再找我事，让我平安无事……我静静地听他念诵完毕，悄悄地走回我的住房，其后，我把占辉洲念佛之事告知乡长沙俊峰，沙俊峰笑着说：看来，放下屠刀，立地成佛，这句话还是有道理的，占辉洲这次可能要重新做人了。

三、杨石牺牲时，我是第一个文字见证人

1949 年下半年，我已在沙田区田办公室从事文书工作。当年的 9 月 30 日，县大队政委杨石在岭底乡石人村旱塘剿匪时，被自己部队战士误伤，直至牺牲。当时的岭底乡属沙田区所辖，10 月 1 日，杨石牺牲的情况，已汇报到沙田区。沙田区党委政府让我写一个情况汇报，送到县委去。那时沙田区办公室没有正规的书写纸张，书写文字用的是国民党伪政府留下的户口簿空格纸。我在这空格纸的空白处写下了关于杨石牺牲的情况汇报，大意是："9 月 30 日晚上，县大队政委杨石在岭底乡石人村旱塘围剿土匪时，被二营一连一个战士误伤，直至牺牲。"当时，这个战士在旱塘一屋边，用口令与杨石互对暗号，杨石的口令没有与这战士对上，这战士以为杨石是土匪，于是抢先开枪击中杨石，当战士们发现这是一场误会时，杨石已经停止呼吸了。

10 月 1 日下午，我用这空格纸写好了杨石牺牲的"情况汇报"，并把这"情况汇报"送到县里，县里接着便汇报到地区，地区又汇报到省里。所以说，杨石牺牲的书面情况，我是第一个书写者，也是第一个文字见证人。

沙田区政府原址上已建成一排楼房（位于沙田小学斜对面）

沙田区政府炮楼旧址的院墙

沙田区政府古旧的残墙

有关剿匪的一些事情

采访时间：2018 年 9 月 22 日上午 9 时 30 分至 11 时 40 分左右

采访地点：广丰区永丰街道白鹤小区傅乃行家

口述人员：傅乃行，男，1932 年 12 月出生，退休干部，曾在铜钹山、沙田、农工部、农业局、林业局等处工作

记录整理：刘志明

录音摄像：杨科

参加采访：刘志明、杨科、傅庆中

傅乃行：1950 年，18 岁的我被分配到盘岭区（今铜钹山）当征管员，主要做征收公粮工作。那年秋季的一天上午，天灰蒙蒙的，我到盘岭区萧山村征收公粮，当时乡长和我，以及十来名群众，看到四位持驳壳枪的、土头土脑的人，站在村口一条路上，眼睛里好像在搜索什么。我们以为是土匪，便从村里的一条小径往山上跑。村里一名 60 多岁的老人最后一个跑出来，他跑得慢，跑着跑着，

便被那四人截住了。其中一人拿出介绍信给老人看，老人识得了字，看过介绍信，晓得这四人是上面派下来剿匪的解放军战士，属解放军 470 团部队的。老人被拦截时，我们已跑到老远的山顶上。470 团的这四名战士让老人向我们喊话，老人喊道：他们是剿匪的解放军，不是土匪。他们叫乡长下山来，和他们对话。乡长听完老人的话，便半信半疑地下山，与这四人对话。对话中，了解到这四人是 470 团的，他们是来搜索土匪的，都是二三十岁的年轻人。乡长对他们说：你们抓土匪要晚上来，白天时土匪是

隐藏起来的。那四人听后，说道："原来如此，我们是第一次抓土匪，不知道土匪的活动规律。以后，你们要多多帮助。"随后，这四人说没地方吃中午饭，乡长说带他们到村里老百姓家吃饭。我们一行人便叫这四人跟着我们到村里吃中午饭，让他们走在我们队伍的后面。想不到，这样安排，倒让这四人生出怀疑，他怀疑我们到底是老百姓，还是本地化装了的土匪呢？于是，他们让其中两人拿着枪走在我们队伍的前头，另外两人拿着枪走在我们队伍的后头，乡长在队伍中间用指头向他们指路，来到村庄一老百姓家中吃过中午饭，与我们谈过许多句话后，他们才确信我们不是土匪。这四人中午吃过饭后，在村庄周围巡逻了一番便走了。

在萧村这次有惊无险后，我到盘岭征收公粮时，会常常听到群众说，铜钹山的土匪多，你要注意安全。后来，我到单位里，听同事也说这里土匪多。工作了两个月，我心里对土匪有点害怕，想调出盘岭区。于是我多次到盘岭区政府，向当时的崔宝山书记要求调离盘岭区，崔书记都不答应，他说："你怕土匪，你征粮时就跟着我下乡，我护着你。"1950年初冬征粮结束后，我向崔书记要求调离时，他竟然同意了。他说："你一定要调离盘岭区，那就把我写的这封信交给组织部长，让他给你安排一下工作。"他写了一封信，叫我交给当时的组织部长赤峰。第二天，我便起身回到县城。在县城的组织部里，我没有见到赤峰部长，但见到在组织部工作的赤峰部长的妻子（参加过解放战争的女干部）。赤峰部长的妻子拆开信封看过信中内容后，说："赤峰部长出差了，要好长时间回来。看过信后，我知道你的事了。把你安排到法院系统工作，可以吗？"我说："可以的。"听完我的话，她便坐在办公桌边，为我写了一封信，让我把信交给法院院长。当天，我把这封信交给了法院院长，院长看后，对我说："看过信，知道你要到法院工作，你今天回家，明天再来，我回复你。"第二天，我赶到法院，法院院长对我说："我们接纳你到法院系统工作，你先到上饶地区法院学习培训三个月，培训回来后，我们给你安排工作。"我培训回来后，随即被分配到赤峰部长蹲点的沙田法庭工作。我到沙田法庭报到时，见到赤峰部长，他说："小鬼，你到沙田法庭工作，是当书记员，主要是整理、撰写有关法庭工作的有关材料。这是组织上对你的信任，你要好好干。"我回答说："感谢组织上对我的信任，我一定要好好干。"

那次到沙田法庭报到后，我便一直工作到1952年。工作时，我都是整理、撰写有关法庭工作的文字材料。1951年、1952年期间，都是整理、撰写镇反运动的文字材料。1952年审判土匪头子纪老呆及其老婆的文字材料，是由我整理的。当时，整理判决有关纪老呆老婆的文字材料时，我记得判决结果是"死刑，立即执行"。她是在沙田区王家村乡被枪毙的，我在现场看到执行人员枪毙她。

我年轻时在柱石区剿匪

采访时间：2018年7月26日下午3时5分至5时10分

采访地点：广丰区大石街道外寺村汪礼鑫家中

口述人员：汪礼鑫，男，1932年6月17日出生，系正科级退休干部，曾在广丰县政府、人武部、嵩峰乡、毛村镇等处工作

记录整理：刘志明

录音摄像：杨科

参加采访：夏少波、俞正南、刘志明、杨科

汪礼鑫：1949年5月5日凌晨，人民解放军进城，广丰解放了。当天上午，我照样按规定的上班时间到县政府办公室上班，上班后，仍然听到全城各处从早晨一直响起的一阵阵庆祝广丰解放的鞭炮声。

广丰解放那一年（1949年），我才18岁，在县政府电话总机处当电话接线员。当年10月，下派到柱石区乌岩乡当乡农会（农民协会）主席，搞土改工作。1951年3月调到柱石区毛村乡武装部当参谋，部长是徐焕良。当时我们的主要工作是剿匪，干掉活动在柱石区、罗城区范围内的柯国金为首的一股土匪势力。为了消灭柯国金的那股土匪，6月份，徐焕良和我带领乡武装部人员还有从县里派来的剿匪队伍，在四十二都（毛村）毛岩的一座山上，连续蹲点驻守了两个星期，剿灭了柯国金手下的大部分土匪。有一天，柯国金在无路可逃之时，带着小老婆张冬香及手下一个名叫毛刺利的土匪躲在白刀岗周围的一片山岩之

下，剿匪队伍一直没发现他们。等剿匪队伍下山时，柯国金不知逃到哪个地方去了，四处寻找不见其踪影。后来，剿匪队伍又到山下进行围剿，包围的范围越来越小，毛剌利、张冬香与另外一个叫徐祖锋的土匪，被一阵阵枪声吓得向山脚底逃跑了，张冬香跑到山脚底被民兵抓住，被民兵打断一只手的徐祖锋在他四十二都的外婆家被抓获。毛剌利不知藏到哪个地方，一直没有发现。过了一个月后，剿匪队伍准备在拔刀岗大干一仗，当时组织了天桂区、柱石区 2000 多民兵。那天下午，毛剌利在拔刀岗一小山头的小溪边清洗刚从地里拔下的两只萝卜，被山上剿匪队伍发现。当时，站在不远处的徐焕良与一民兵用手指指着毛剌利时，被毛剌利看到了，随即拿起枪往徐焕良方向射击，一民兵当场被打死，徐焕良的右手被打断。后来，民兵们一边向他射击，一边追击他，他使劲地向山上隐蔽处逃跑，民兵们最终包围了他，当场击毙了他。

我亲眼见到解放军战士枪击土匪

采访时间：2020年11月18日上午9时左右至11时30分

采访地点：广丰区横山吴氏宗祠大厅内

口述人员：吴亨虎，男，1938年8月23日出生，中学学历，从事饮食经营，广丰区横山镇东山村人，曾在东山村第四生产队担任作业组组长。

记录整理：刘志明

录音摄像：李依才

参加采访：刘志明、筱凡、李依才

吴亨虎：1949年11月，正是番薯藤叶生长得茂盛的日子，横山各地的紫老红烟叶已从田间地头摘完被收进烤烟房了。那样的日子，11岁的我，经常拉着一头牛，到田间地头放牧。有时，把牛放到农民挖过番薯的地块里，让牛慢慢嚼着被摘完叶子的番薯藤。有一天，我在东山尖山脚下的破磨石处放牛，只见成群的土匪从关里水库尾的上铺、祝村向廿四都（横山镇镇区）方向走过来，土匪们大多戴着竹笠或草帽，把脸遮住，衣服既旧又破。他们把自己打扮成农民的样子，便于伪装，便于干坏事。那天上午，这些土匪成群成群地从关里水库尾方向廿四都走过来，不知道要干什么？有人说，他们要抢吉岩乡（当时横山镇的建制）仓库的粮食，有人说，他们要抢吉岩乡烟库里的烟叶，老百姓对此有各种各样的说法。早上8时左右，有土匪们已走到廿四都街上了，但不久，我便在东山尖山脚下听到街上零零星星的几声枪响，一些老百姓在街上尖叫着：解放军来了，解放军来了，解放军放枪啦！得到土匪进犯廿四都消息的470团解放军战士，果真及时赶到廿四都街上围追土匪了，没有组织没有纪律的土匪队伍，看到解放军追来了，吓得四处逃散。当时，他们分成三股队伍逃跑，一股队伍朝下西山（往洋口方向）逃跑，一股队伍朝八天庙（往上饶花厅方向）逃跑，一股队伍（共5个人）往东山尖山峰上逃跑。470团大概来了一个排的解放军战士，他们分成三组追剿这些土匪。那股往东山尖逃跑的土匪，一直朝经过破磨石的这条小径跑着，解放军在后边追捕他们，我在破磨石放牛，胆都吓破了，蹲在一条田埂下似乎连气都不敢出。追赶土匪的解放军，看到我蹲在田埂下一副畏畏缩缩的样子，连忙叫道：小鬼，把头趴下，不要昂起，不要让土匪看到！听到解放军的叫声，我连忙把头伏在田埂下的草丛里，自己害怕、不安的心跳声，扑通扑通地响着。伏在草丛里，听到解放军对着土匪，一个劲儿地叫道：别跑，别跑，赶快举手投降！土匪们只顾逃跑，没有一个想停止脚步。我有时把头抬起来一看，只见解放军端着枪，一个一个从我蹲着的那条田埂跑过，土匪好像拼命似地向最高的山尖跑去，企图翻过山尖，向东山后面的地方躲避。解放军见土匪们仍在拼命地逃跑，终于向他们开枪了，开枪后，一个土匪倒在地上，受惊吓的另外四个土匪丢掉手上的步枪、大刀，飞也似地向山尖跑去，解放军见状，也懒得追他们，沿着另一条小路，向廿四都街上走去，似乎要去执行另外更重要的任务。那个被解放军打伤的土匪，躺在地上，猪一样嘶嚎着，他的股骨被解放军子弹击穿了，刺心地痛。这土匪是本地东山村人，老百姓看见他躺在地上，蹬着双脚发出痛苦的叫声，便到山脚下的村庄向他家人告知了他的情况。他的家人，抬着担架，将他抬回家中。

自从这次解放军在廿四都追剿了土匪，以后的日子，廿四都这地方再也见不到土匪了。以前，几乎每隔几天，便有土匪到廿四都骚扰、打劫。老百姓见了他们，如避瘟神。我们小孩子，更是害怕他们。有一天黄昏，东山村上东山的一个小广场，聚集了成百土匪。他们一起在那里吃晚饭，一派闹哄哄、乱糟糟的样子。他们所吃的米饭与菜，是放在这里不远的下铺做好的。然后，叫一个老百姓用两只阔大的箩筐，从下铺挑过来的。我们小孩子以为这里这么热闹，可能要开演什么小戏了，于是在远处偷偷地看着他们，后来各自的家长看着这些土匪大多手里端着枪，有些害怕，便急急忙忙将在外玩耍的孩子叫回家，关起了自家的大门。自从那天解放军

土匪逃往东山顶一小径的破磨石处

图右二是吴亨虎

在廿四都围剿了土匪，土匪们再也不敢到我们当地来了，东山村上东山小广场更是见不到一个土匪的踪影。吉岩乡的干部经常对老百姓说：这些解放军是四野部队的470团官兵，专门调到广丰来剿匪的，他们会经常到吉岩乡的各个村庄抓土匪、杀土匪，看见土匪踪迹的，你们要及时举报。群众把乡干部的话，一传十，十传百……，可能也传到土匪们的耳朵里了，土匪再也不敢到横山作乱了。第二年（1950年）土改运动一开始，吉岩乡枪毙了几个恶霸及作恶多端的土匪后，横山各地的治安形势更是一片大好，群众都说：共产党队伍来了，天下太平啦！

沙田被解围后，我随崔宝山到桐畈剿匪

采访时间：2020 年 12 月 5 日下午 3 时左右至 5 时 30 分

采访地点：永丰街道横路社区沿河路鲍德行家

口述人员：鲍德行，男，1930 年 2 月 2 日出生，离休干部，曾在沙田、县工商局、县二轻局等处工作

记录整理：刘志明

录音摄像：杨科

参加采访：刘志明、杨科、纪玉渊

1949 年农历八月十一日，被围攻的沙田区政府，被县大队丁副队长带领的战士们解围了。企图攻占区政府的土匪们，被战士们机挺枪在不远处发出的枪声，吓得四处逃散。他们一边逃，一边叫："北佬（从北方来的解放军，当时县大队指挥员都是北方人）来了，快跑！快跑！"

丁副队长赶到区政府所在地收拾残局时，便与区委书记傅振寰、区长崔宝山一同商量让区政府一大部分干部战士转移到天桂区政府临时所在地五都，其余的干部战士回家待命。同时交代区政府买好棺材，把牺牲的数名区中队战士体面地安葬，并让区干部尽快抚慰好牺牲者的家属。丁副队长是北方人，个子高大，性格直爽，说话干脆利落。临近中午，一到达区政府，他便从骑着的一匹黑马上跳下来，叫开了区政府的大门，与傅振寰、崔宝山交代了这些事，随后吃了一些食堂做的饭馃，骑着黑马带着战士返回县城办事了。

在五都住了一夜，第二天，县委书记韩礼和打电话命令沙田区干部、区中队分两批队伍分别赶到桐畈乡、吉岩乡。沙田区区长崔宝山带领一支队伍，赶到匪情仍严重的桐畈乡剿匪，崔宝山改任桐畈乡乡长，沙田区长

由李福仲替任。另一支队伍（我们一行 20 多人），由沙田区委书记傅振寰到吉岩乡所在地廿四都，迎接赶来剿匪的四野部队 470 团官兵。自此，正式部队的 470 团来广丰，土匪不再猖狂，沙田也安静多了。当时，记得470 团二营总部进驻沙田区，二营五连驻沙田区政府所在地，六连驻吉岩乡（今横山），七连驻桐畈乡溪头村，炮连驻华岭乡（今泉波梧桐坞）。当时最早到达广丰的是二营六连，当时六连官兵从上饶火车站下车，途经花厅，到达吉岩乡所在地廿四都。赶到廿四都，我作为傅振寰书记的贴身人员，与六连一些官兵见面、握手、问候，年轻的官兵们很质朴、很有礼貌。六连官兵驻扎在廿四都街上的水口庙里，刚来的几天，吃的食物全是煮熟的番薯。后来，吉岩乡政府跟当地一些有钱人借了一些稻谷、玉米，送给六连驻军，六连官兵的伙食才有改善。在吉岩乡，傅振寰书记带领我们，配合六连官兵，对当地股匪钟耀荣等进行了多方位的围剿，钟耀荣迫于巨大的压力，后来向我们自新了。傅振寰书记因为区委常常有政事要处理，有时他来不及赶到吉岩乡，便交代我带领一些干部、战士，与六连官兵一起去剿匪。吉岩乡当时属沙田区所辖，作为沙田区办公室主任的我，平时经常到吉岩乡各村调研，对当地匪情比较了解，因此，配合六连官兵，一同搞出了一些剿匪成效。在桐畈乡剿匪的崔宝山乡长，知晓我在吉岩乡剿匪有效，便多次跟傅振寰书记商量：要将我调到桐畈去，帮助他剿匪。傅振寰几次都没有答应，于是，崔宝山又向当时的县长张晓风打电话说："我们桐畈匪情这样严重，需要鲍德行同志来帮忙！请张县长叫傅振寰放行，让鲍德行过来！"听了崔宝山的电话，张晓风便打电话向傅振寰要人了，傅振寰当时很不情愿，听完张晓风要人的电话后，放下话筒，口里不停地说着："老崔，这个人，老是知道要人，要人！"过了几分钟，张晓风又打电话过来，傅振寰便让我接电话，张晓风在电话里说："小鲍，你现在就到桐畈报到去。"我在电话答应着："好的，好的。"

稍后，傅振寰书记便让六连一个班长带着四个战士及区中队的三个战士，护送我到桐畈去了。我们一路步行，经过上孚、十六都，最后绕到桐畈乡所在地桐家畈。刚到乡政府所在地，崔宝山乡长便来了，他高兴地说："小鲍，你终于来了。原来就是老傅（傅振寰）不让你来，是吧！"我没有回答他，只是向他笑了笑……

我去了桐畈后，负责关山、大塘底、大坑、王家村、大洲、河泉、靖安、鲍圩等地的剿匪事务，那段时间，崔宝山乡长没空，便命令我带着五六位乡中队战士，每人端着一支步枪，日夜在这些地方巡逻剿匪，土匪见我们巡逻得紧，白天黑夜都不敢出来。过了两三个月，也就是1949年的春天。这个春节，我记忆相当深刻。当天下午，崔乡长叫我到桐家畈街上，买了一些猪肉、粉条及年糕，做了一顿丰盛的除夕晚餐。正在吃年饭的我，第一块猪肉还没挟进口里时，便有人在餐厅门口报告：土匪邱老芳他们，正在比古大坑处抢劫百姓的两头过年猪，你们快快去救援！听了这个人的报告后，我叫这个人与乡里的通讯员，迅速赶到驻在溪头村的470团二营七连求援。七连随即派了一个排去救援。当时的崔乡长知情后，对我说："我在乡里守家，你带乡中队战士，在路上与七连战士会合。"我当即带了7个乡中队战士，在去大坑的路上与七连一个排的官兵会合，随后，我们马不停蹄地赶到大坑，赶到大坑村口时，放哨的土匪发现了我们，便大喊大叫："北佬来了，北佬来了，快跑呀！"顺着声音看去，邱老芳手下的几个土匪正抬着用绳子捆扎好的两头猪，为了不使他们得逞，走在前面的我，叫乡中队战士向土匪放了几枪，土匪放下肩上抬着的猪，拔腿向村边的一个山坳里逃跑了。两位被抢劫的老百姓，顾不上解开猪身上的绳子，便拦着我们，口里不停地感谢我们，并要我们到他们家过年吃除夕饭。因为被这两位老百姓及他们的家人拦住后耽搁了一段时间，等我们往土匪逃跑的山坳里追去，土匪们不知跑到哪里去了，没影没踪的。470团七连的那个排长看到这种情况，对我们说："今天过年，咱们回家吧！这些鸟蛋，跑得了和尚跑不了庙，终究要落入我们手中的！"随后，我带着七个乡中队战士回桐家畈过年了，七连那个排的官兵也回到驻地溪头村过年了，一路上，听到老百姓过大年放鞭炮的声音。

　　第二年的农历一月份，也就是 1950 年的农历一月份，那几个抢百姓生猪的土匪在一次围剿中全被我们抓到了。1950 年的 3 月份，组织上考虑到我做工作较为踏实，把我从沙田区党政办公室主任的位置上提升到沙田区常务副区长。崔宝山也调到柱石区当区长。几次在县上开会碰到崔宝山，他都要提到我在桐畈剿匪的事，他说："小鲍，桐畈的匪情很重，你在我身边，帮了我的大忙，剿匪很成功，老百姓对我们评价很高啊！"我谦虚地说："还是崔区长领导得好，我们剿匪才会成功！"

后记

　　广丰政协文史资料第十二辑《广丰剿匪追记（1949—1953年）》终于问世了。该书的出版，为记录解放初广丰剿匪的历史记忆，还原广丰剿匪的历史面貌，提供了一份不可多得的珍贵史料，填补了广丰剿匪及镇反文史资料的空白。

　　本书在编纂过程中，得到了许多单位与个人的支持与帮助。广丰区档案馆、区委党史党建研究中心（区地方志编纂中心）、区人武部为本书提供了许多珍贵的历史资料，一些文史爱好者为本书提供了真实的回忆性文字，一些剿过匪的老同志通过口述，提供了许多活生生的素材，为此，向上述提供帮助的单位和个人一一深表谢意，道一声"谢谢"。